AF137541

insel taschenbuch 4936
Das große Weihnachtsbuch

Weihnachten ist das Fest der Besinnlichkeit und Symbol immer wieder erneuerter Hoffnungen. Über allem der Wunsch nach Frieden in der Welt und Glück im privaten Leben.

Die hier versammelten Geschichten erzählen vom Wunder der Heiligen Nacht, mit dem alles begann, vom Kindheitstraum Weihnachten und vom Fest im Kreis der Familie, ebenso wie von freudiger Erwartung und davon, was in dieser besonderen Zeit alles passieren kann. Mit Texten von Hans Christian Andersen, Peter Bichsel, Bertolt Brecht, Alex Capus, Hermann Hesse, Erich Kästner, Rafik Schami, Wilhelm Schmid, Uwe Tellkamp, Elizabeth von Arnim, Marieluise Fleißer, Marie Luise Kaschnitz, Selma Lagerlöf, Root Leeb, Else Lasker-Schüler, Sheila O'Flanagan u. v. a.

DAS GROSSE WEIHNACHTS-BUCH

Herausgegeben von
Gesine Dammel

INSEL VERLAG

Klimaneutral
Druckprodukt
ClimatePartner.com/14438-2110-1001

Erste Auflage 2022
© Insel Verlag Anton Kippenberg GmbH
& Co. KG, Berlin 2022
Quellennachweise am Schluss des Bandes
Alle Rechte vorbehalten. Wir behalten uns auch
eine Nutzung des Werks
für Text und Data Mining
im Sinne von § 44b UrhG vor.
Umschlaggestaltung: Rothfos & Gabler, Hamburg
Umschlagabbildungen: Kristina Balashova/Stocksy
Satz: Satz-Offizin Hümmer GmbH, Waldbüttelbrunn
Druck: CPI books GmbH, Leck
Printed in Germany
ISBN 978-3-458-68236-3

www.insel-verlag.de

INHALT

DAS FEST DER LIEBE

ES BEGAB SICH ABER ZU DER ZEIT

DIE BESCHERUNG

BEI UNS WAR ES AM ALLERSCHÖNSTEN

WENN'S WIEDER GESCHÄHE – WIE VOR LANGER ZEIT

WAS WAR DAS FÜR EIN FEST?

WARTEN AUF WEIHNACHTEN

WALTER BENJAMIN
Ein Weihnachtsengel

Mit den Tannenbäumen begann es. Eines Morgens, als wir zur Schule gingen, hafteten an den Straßenecken die grünen Siegel, die die Stadt wie ein großes Weihnachtspaket an hundert Ecken und Kanten zu sichern schienen. Dann barst sie eines schönen Tages dennoch, und Spielzeug, Nüsse, Stroh und Baumschmuck quollen aus ihrem Innern: der Weihnachtsmarkt. Mit ihnen aber quoll noch etwas anderes hervor: die Armut. Wie nämlich Äpfel und Nüsse mit ein wenig Schaumgold neben dem Marzipan sich auf dem Weihnachtsteller zeigen durften, so auch die armen Leute mit Lametta und bunten Kerzen in den besseren Vierteln. Die Reichen aber schickten ihre Kinder vor, um denen der Armen wollene Schäfchen abzukaufen oder Almosen auszuteilen, die sie selbst vor Scham nicht über ihre Hände brachten. Inzwischen stand bereits auf der Veranda der Baum, den meine Mutter insgeheim gekauft und über die Hintertreppe in die Wohnung hatte bringen lassen. Und wunderbarer als alles, was das Kerzenlicht ihm gab, war, wie das nahe Fest in seine Zweige mit jedem Tage dichter sich verspann. In den Höfen begannen die Leierkasten die letzte Frist mit Chorälen zu dehnen. Endlich war sie dennoch verstrichen und einer jener Tage wieder da, an deren frühesten ich mich hier erinnere.

In meinem Zimmer wartete ich, bis es sechs werden wollte. Kein Fest des späteren Lebens kennt diese Stunde, die wie ein Pfeil im Herzen des Tages zittert. Es war schon dunkel; trotzdem entzündete ich nicht die Lampe, um den Blick nicht von den Fenstern überm Hof zu wenden, hinter denen nun die ersten Kerzen zu sehen waren. Es war von allen Augenblicken, die das Dasein des Weihnachtsbaumes hat, der bänglichste, in dem er Nadeln und Geäst dem Dunkel opfert, um nichts zu sein als nur ein unnahbares und doch nahes Sternbild im trüben Fenster einer Hinterwohnung. Doch wie ein solches Sternbild hin und wieder eins der verlassenen Fenster begnadete, indessen viele weiter dunkel blieben und andere noch trauriger im Gaslicht der früheren Abende verkümmerten, schien mir, daß diese weihnachtlichen Fenster die Einsamkeit, das Alter und das Darben – all das, wovon die armen Leute schwiegen – in sich faßten.

Dann fiel mir wieder die Bescherung ein, die meine Eltern eben rüsteten. Kaum aber hatte ich so schweren Herzens, wie nur die Nähe eines sichern Glücks es macht, mich von dem Fenster abgewandt, so spürte ich eine fremde Gegenwart im Raum. Es war nichts als ein Wind, so daß die Worte, die sich auf meinen Lippen bildeten, wie Falten waren, die ein träges Segel plötzlich vor einer frischen Brise wirft: »Alle Jahre wieder, kommt das Christuskind, auf die Erde nieder, wo wir Menschen sind« – mit diesen Worten hatte sich der Engel, der in ihnen begonnen hatte, sich zu bilden, auch verflüchtigt. Doch nicht mehr lange blieb ich im leeren Zimmer. Man rief mich in das gegenüberliegende, in dem der Baum nun in die Glorie eingegangen war, welche ihn mir entfremdete, bis er, des Untersatzes beraubt, im Schnee verschüttet oder im Regen glänzend, das Fest da endete, wo es ein Leierkasten begonnen hatte.

WILHELM SCHMID
Wozu Weihnachten?

O Tannenbaum, o Tannenbaum! Wie soll ich mich entscheiden? Soll ich die Klischees alle mitmachen, duftender Baum, glänzende Kugeln, silbernes Lametta, künstliche Lichter? Oder soll ich mich still in eine »weihnachtsfreie« Ecke verkriechen? Für moderne Menschen gibt es keine Verpflichtung mehr, den Vorgaben für Weihnachten zu folgen; es gibt nur ein Drängen derer, die mit dem Fest ihr Geld zu verdienen hoffen. Aber niemand muß dem nachgeben, Weihnachten ist kein Muß, sondern eine Möglichkeit. Ich muß wählen.

Wählen? Wer Kinder hat, hat keine Wahl, die wollen das volle Programm. Und sie haben gute Gründe dafür: Nein, nicht die Geschenke, nicht in erster Linie. Vielmehr ihr unbewußtes Wissen von der Bedeutung einer wiederkehrenden Zeit, die so ganz anders ist als die vergehende Zeit in der Welt der Erwachsenen. Was ist Zeit eigentlich? Das weiß kein Mensch, nur die Erwachsenen glauben, daß sie unentwegt vergeht, und unterwerfen sich bedingungslos dem ständigen Streß dieser Zeit. Dabei machen sie doch selbst die Erfahrung, um wieviel menschenfreundlicher eine wiederkehrende Zeit sein kann.

Wozu Weihnachten? Das Wichtigste daran ist seine regelmäßige Wiederkehr. In einer Welt, in der sonst alles vergänglich und ungewiß erscheint, ist diese Gewißheit tröstlich. Das gilt unabhängig davon, was Weihnachten sonst noch bedeuten kann: für die einen das heilige Fest der Geburt Jesu, für die anderen das weltliche Familienfest mit vielen Geschenken und rituellem Verspeisen einer knusprigen Gans, für viele beides zugleich, und für manche schlicht ein Graus. Für alle aber ist es die vertraute Zeit, die zuverlässig wiederkehrt.

Aus freien Stücken kann ich das Fest nun wieder gelten lassen und liebevoll pflegen, mit größerer Hingabe als bei einer bloßen Pflichterfüllung, deren Sinn nicht mehr eingesehen wird. Jetzt erst handelt es sich um eine bewußte Sinnstiftung, die darin besteht, wenigstens für ein paar Tage all das Schöne ins Auge zu fassen, das sonst vernachlässigt wird, endlich auch sich selbst zu öffnen für ein »Darüberhinaus«, über das Gewöhnliche, Begrenzte und Endliche des eigenen Lebens hinaus, wenigstens im Denken, wenigstens für einen Moment. Dann beginnt der Streß des Alltags wieder – aber ist nicht eigentlich auch dies ein Element der wiederkehrenden Zeit? O Tannenbaum, o Tannenbaum ...

THOMAS MEINECKE
Fünfmal werden wir noch wach

Fünfmal werden wir noch wach, summt Rolf Rüttger am 19. Dezember, wobei er aus Dritte-Welt-Bienenwachs sorgfältig eine Kerze rollt, fünfmal werden wir noch wach, heißa, dann ist Weihnachtstag.

Während Rolf mir ein Papiertaschentuchfutteral webt, häkele ich ihm eine Folklorekrawatte mit Norwegermuster, sagt Helene Rüttger, die seit dem ersten Advent, aus rein steuerlichen Gründen, so Helene Rüttger, mit Rolf Rüttger verheiratet ist. Und während ich vor einigen Jahren noch Unsummen, sagt Rolf Rüttger, für Weihnachtsgeschenke ausgegeben habe, verschenke ich heute nur noch Selbstgebasteltes. Bereits im Oktober kaufen wir Bast, Wolle, Holz und Ton, sagt Helene Rüttger materialbewußt. Auf diese Idee sind wir durch Werner gekommen, fügt Rolf Rüttger hinzu, denn Werner hatte Helene zum Einzug in die Wohngemeinschaft vor drei Jahren ganz einfach einen bemalten Kleiderbügel geschenkt, und Helene hatte daraufhin gesagt: Ein bemalter Kleiderbügel ist mir tausendmal lieber als irgendein bürgerlicher Konsumgegenstand in seiner unpersönlichen Beliebigkeit.

Damit hatte Helene den Nagel auf den Kopf getroffen, sagt nun auch Werner, der eben in den Gemeinschaftsraum gekommen ist. Etwas mehr Humanität, so Helene und Rolf Rüttger wie aus einem Mund, etwas mehr Humanität, verkabelt werden wir sowieso.

Heißa, dann ist Weihnachtstag, summt plötzlich Helene vergnügt in ihr Häkelzeug, denn sie hat eine verlorene Masche wiedergefunden. Zuerst, ergänzt Werner, wird der Kleine Prinz gelesen, dann wird das Selbstgebastelte ausgetauscht, um Mitternacht aber, und das ist der Höhepunkt, sagt Werner, wird der Weihnachtsbaum, als antifaschistisches Fanal gewissermaßen und Höhepunkt des Wohngemeinschafts-Weihnachtsfestes seit vier Jahren, um Mitternacht wird der Weihnachtsbaum auf dem Balkon verbrannt, so Werner wörtlich, mit einem breiten Grinsen im Vollbart.

Auch Rolf und Helene strahlen, und zusammen mit Werner summen sie, fünfmal werden wir noch wach, dann schieben sie das gemeinsam aus Ton geknetete Zimbabwerelief in den Ofen.

ROOT LEEB
Karussell

Jedes Jahr erstellt Pauline Z. sorgfältig eine Liste mit den Namen der Personen, die sie mit Weihnachtspost beglücken möchte. Enge Freundinnen und Freunde kommen zuoberst, sie sind schnell notiert, da dieser Personenkreis klein und genau definiert ist. Dazu kommen die Namen von Menschen, denen sie sich auf die eine oder andere Weise verpflichtet fühlt. Ihr Vorgesetzter etwa, oder die Bankberaterin, der sie sich erkenntlich zeigen will, da sie selbst in Finanzfragen wirklich nicht kompetent ist, und auch ihr Zahnarzt, mit dem sie sich verständlicherweise gut stellen möchte, finden sich auf der Liste. Zum dritten sammelt sie gewissenhaft die Adressen aller Menschen, die ihr früher einmal, vor allem im vergangenen Jahr, Briefe mit guten Wünschen zu den Feiertagen geschickt haben, um sich jetzt bei ihnen zu revanchieren.

Es müssen Briefe sein, also die etwas aus der Mode gekommene gute alte Papierpost und keine elektronischen Botschaften. Sie wählt jedes Jahr Karten mit besonderen Motiven, bevorzugt hochwertige künstlerische Gestaltung, verwendet also nicht die fuß- oder mundgemalten Karten, die regelmäßig als Köderkollektion kostenlos ins Haus kommen und eigentlich verkappte Spendenaufrufe sind. Pauline Z. liebt limitierte Editionen und versucht zudem für jede Empfängerin und jeden Empfänger das genau passende Motiv zu finden. Also sehr aufwändig das alles. Nach tagelanger intensiver Beschäftigung und schließlich vollendeter Arbeit lehnt sie sich erschöpft, aber zufrieden zurück und wartet.

Die Glückwünsche der Adressaten kommen erfreulicherweise schnell, manchmal (das lässt sich nicht genau feststellen) sind es wohl Antworten auf ihre Post. Doch dann gibt es jedes Jahr diese unerfreulichen Überraschungen. Da erhält sie – so kurz vor Weihnachten, dass sie nicht mehr darauf reagieren kann – Post von Menschen, an die sie sich nur vage erinnern kann, und von solchen, an die sie sich zwar genau erinnert, aber deren Nähe sie wohl falsch eingeschätzt hat. Diesen allen hat sie natürlich nicht geschrieben.

Sie tröstet sich, etwas verzweifelt, indem sie diese Namen unverzüglich für das kommende Jahr notiert. Edgar und Anja G. etwa hat sie in diesem Jahr vergessen, Ronald D. hat sie in keiner Weise als nahstehend und vertraut erachtet, und ausgerechnet von ihm einen derart warmherzigen und einfühlsamen Brief bekommen, dass er ihr Tränen der Rührung in die Augen treibt. Unverzüglich setzt sie auch diesen Namen auf die Liste.

Im Jahr darauf dreht sich das Karussell weiter. Sowohl Edgar und Anja G. wie auch Ronald D. melden sich nicht zu Weihnachten, obwohl sie ihnen geschrieben hat. Sicher sind sie enttäuscht, dass Pauline Z. sie im Jahr zuvor nicht mit Wünschen und Grüßen bedacht hat und haben sie von ihrer eigenen Liste gestrichen.

Dafür erhält Pauline Z. in jenem zweiten Jahr äußerst herzliche Post von Walter und Nicole K., an die sie sich aber bei aller Anstrengung nicht erinnern kann.

WEIHNACHTLICHER BUDENZAUBER

SIEGFRIED KRACAUER
Weihnachtlicher Budenzauber

Wo sich sonst glatte Straßen und Plätze hinziehen, tauchen vor Weihnachten wunderbare Jahrmarktsstädte auf, die aus Rollwagen, Buden und Tischen bestehen. Sie sind von Tannenwäldern eingebettet, deren entwurzelte Stämme den Ausblick auf die Asphaltflächen verdecken, und lassen den gemeinen Alltag nicht durch. Die Schaufenster weichen in den Hintergrund zurück, die Straßenbahnen rauschen jenseits der Tannen, die selber nicht rauschen können. Eine unübersehbare Menschenmenge – Bazare und Fußgänger gehören zusammen – kommt aus dem grünen Dickicht hervor, bildet Knäuel, die zergehen, wälzt sich weiter und entschwindet wieder im Dickicht. Es ist, als sei das Gewimmel ein notwendiger Bestandteil der hölzernen Stadt.

Feilgeboten werden in ihr Dinge, die für gewöhnlich keine feste Unterkunft haben; es sei denn im Halbdunkel von Passagen. Unnützer Krimskrams, der nicht zu ernster Beschäftigung, sondern allenfalls zum Zeitvertreib taugt. Hier in der Budenstadt wagt sich das Gelichter vollständig an den Tag. Es kriecht aus Ritzen und Schlupfwinkeln hervor und freut sich des Passierscheins, den man ihm in Erwartung der Feiertage gegeben hat. Solange sie dauern, währt seine Herrschaft. Ist doch diese Zeit die der kleinen Dämonen, die sich das ganze Jahr über nicht austoben dürfen. Jetzt endlich werden sie freigelassen, um ihre Saturnalien zu begehen. Kaum sind sie ausgeschwärmt, so tritt an die Stelle unserer Welt eine andre. Eine primitive Vorwelt, die so zusammengeschrumpft ist, daß sie, die einst aus Höhlentiefen bis zu den Sternen reichte, heute bequem in Zimmerecken Platz findet. Erwachsene gelten in ihr nicht mehr als die Kinder. Sie nehmen Angstträume in die Hand, spielen mit überwundenen Göttern und belustigen sich über die Miniaturverkörperungen elementarer Gewalten.

Den Sinnen, die ihre Lust büßen wollen, bietet sich eine ganze wilde Jagd von Gegenständen an. »Alles regt sich, alles bewegt sich«, schreien die Händler. In der Tat regen und bewegen sich diese Nachbilder des großen Natur- und Geisterplunders nach unserem Gefallen. Die Katze lupft ein Bein, der Esel streckt Zunge und Schwanz heraus, und die graue Maus, der »Schrecken der Damenwelt«, huscht pfeilgeschwind über den Boden. Es muß schön sein, wenn die Damen quietschen und sich hinterher alles in Wohlgefallen auflöst. Auch die Babys werden noch halb zum Tierreich gerechnet und wie aus Spaß zur immerwährenden Wiederholung der ihnen eigentümlichen Tätigkeiten genötigt. Das mechanische Krabbeln, Strampeln und Grimassieren wäre zum Fürchten, brächen sie nicht glücklicherweise eines Tages den Bann. Ihrem winzigen Maßstab sind viele Gebilde angepaßt, deren Originale sich manchmal wie besessen gebärden. Wahrscheinlich ist es nicht jedermanns Sache, sich einer Luftschaukel anzuvertrauen. Wenn aber die Schaukel auf einem Rollwägelchen sitzt, das nur gezogen zu werden braucht, damit sie sich zu drehen beginnt, bleiben sogar die zierlichen Figürchen bei Besinnung, die in ihren Kabinen durch die Luft sausen müssen. Nicht minder harmlos ist die Bergfahrt zu einem Gipfel, dessen schwindelerregende Höhe von der eines Fingers übertroffen wird, oder die Veranstaltung eines Pferderennens, das auf einer Tellerfläche gelaufen werden kann. Man zieht die Schraube an und gebietet über Kräfte, die kaum zu bändigen sind und oft Katastrophen entfesseln. Ja, die Erdkugel selber ist uns in Gestalt eines als Globus ausgebildeten Kreisels unterworfen. Ein Griff genügt, um sie so rasch rotieren zu lassen, daß sämtliche astronomische Gesetze in Verwirrung geraten. Während sie auf der Schnur tanzt, werden ihre fünf Weltteile vom Kerzenlicht eines blechernen Leuchtturms beschienen. Dazu ertönt das künstliche Gegacker einer nicht vorhandenen Henne und eine sanfte Flötenmusik, die mit Hilfe eines Metallstücks kinderleicht zu bewerkstelligen ist.

»Alles regt sich, alles bewegt sich.« An die Oberfläche dringt auch ein Zeug, von dem wir nur mittelbar etwas wissen. Es trägt keinen Namen, fegt durch die Stuben und überfällt uns gern hinterrücks. Nachts wird es lebendig, ohne sich je zu zeigen, und im hellen Tag verstört es die Dinge, so daß sie bösen Schabernack treiben. Dadurch, daß diese Unwesen in den Buden sichtbare Formen annehmen, verlieren sie sofort die Macht, die sie über uns haben. Sie enthüllen sich zum Beispiel als Puppengeschöpfe aus Holz, Draht und Stoffresten, die unserer Laune so sehr zu Willen sind, daß sie auf den leisesten Druck hin durch den Hohlraum der Feiertagszeit hüpfen. Besonders kurios ist der Irrwisch ausgefallen, zu dem sich das verborgene Gesindel verdichtet. Weder hat er eine Spur von Menschenähnlichkeit, noch auch gleicht er sonst einer bekannten Kreatur. Seine Gliedmaßen sind Garnspulen und -rollen, und das ganze Gestell wird von einem Seidenstern gekrönt. Wehe, wenn ihn einer abwickelte. Dann verschwände die drollige Schrecklichkeit, und das Fadenmännchen wirkte zu unserem Verderben wieder hinter den Kulissen.

Mitten unter diesen müßigen Artikeln machen sich Seifen, Krawatten, Parfümerien, Schals und andere handfeste Waren breit, die sich über ihre nichtsnutzige Nachbarschaft erhaben dünken. Sie liegen in Koffern zur Schau, die so billig sind wie sie selber, und fordern seriöse Beachtung. Aber wenn sie auch noch so wichtig tun, gehören sie darum doch nicht minder zur Bagage ringsum. Man hat sie aus den Geschäften vertrieben, und nun führen sie in der Budenstadt dieselbe Vagabundenexistenz wie das übrige Gelichter und die Verkäufer an Ständen und Tischen. Der Spuk aus Erdspalten und Möbeln verträgt sich ohne Schwierigkeit mit den Ausschußprodukten der Gesellschaft. Nicht umsonst drohen die Gesichter mancher Arbeitslosen, die hier für einige Tage einen Verdienst gefunden haben, ganz zu vergehen und dem Fadenmännchen zu folgen. Hinter einem Tannenwaldbündel sitzt ein Bettler, der sich ausdrücklich als einen »Zivilblinden« bezeichnet. Er bringt auf seinem Harmonium Melodien hervor, die das Hennengegacker und die Flötenimitation übertönen. Sie werden erst dann lustig klingen, wenn alle diese lebensgroßen Elendsfiguren klein geworden sind wie die springenden Püppchen, mit denen wir spielen.

LUDWIG TIECK
Weihnachtsmarkt in Berlin

Man kann annehmen, daß, so sehr poetische Gemüter darüber klagen, wie in unserer Zeit alles Gedicht und Wundersame aus dem Leben verschwunden sei, dennoch in jeder Stadt, fast allenthalben auf dem Lande, Sitten, Gebräuche und Festlichkeiten sich finden, die an sich das sind, was man poetisch nennen kann, oder die gleichsam nur eine günstige Gelegenheit erwarten, um sich zum Dichterischen zu erheben. Das Auge, welches sie wahrnehmen soll, muß freilich ein unbefangenes sein, kein stumpfes und übersättigtes, welches Staunen, Blendung, oder ein Unerhörtes, die Sinne durch Pracht oder Seltsamkeit Verwirrendes mit dem Poetischen verwechselt.

Nur in katholischen Ländern sieht man große, imponierende Kirchenfeste, nur in militärischen glanzvolle Übungen und Kriegesspiele der Soldaten, in Italien haben die öffentlichen Feierlichkeiten der Priester, die mit dem Volke eins sind, so wie die Nationalfeste eher zu, als abgenommen, im Norden, namentlich in Deutschland, werden öffentliche Aufzüge, Freuden der Bürger und dergleichen immer mehr vergessen, das Bedürfnis trägt den Sieg davon über heitre Fröhlichkeit, der Ernst über den Scherz.

Als ich ein Kind war, so erzählte Medling, ein geborner Berliner, war der Markt und die Ausstellung, wo die Eltern für die Kinder oder sonst Angehörigen, Spielzeug, Näschereien und Geschenke zum Weihnachtsfeste einkauften, eine

Anstalt, deren ich mich immer noch in meinem Alter mit großer Freude erinnre. In dem Teile der Stadt, wo das Gewerbe am meisten vorherrschte, wo Kaufleute, Handwerker und Bürgerstand vorzüglich ein rasches Leben verbreiten, war in der Straße, welche von Cölln zum Schlosse führt, schon seit langer Zeit der Aufbau jener Buden gewöhnlich, die mit jenem glänzenden Tand als Markt für das Weihnachtsfest ausgeschmückt werden sollten. Diese hölzernen Gebäude setzten sich nach der langen Brücke, so wie gegenüber nach der sogenannten Stechbahn fort, als rasch entstehende, schnell vergehende Gassen. – Vierzehn Tage vor dem Feste begann der Aufbau, mit dem Neujahrstage war der Markt geschlossen, und die Woche vor der Weihnacht war eigentlich die Zeit, in welcher es auf diesem beschränkten Raum der Stadt am lebhaftesten herging, und das Gedränge am größten war. Selbst Regen und Schnee, schlechtes und unerfreuliches Wetter, auch strenge Kälte konnten die Jugend wie das Alter nicht vertreiben. Hatten sich aber frische und anmutige Wintertage um jene Zeit eingefunden, so war dieser Sammelplatz aller Stände und Alter das Fröhlichste, was der heitre Sinn nur sehen und genießen konnte, denn nirgend habe ich in Deutschland und Italien etwas dem Ähnliches wieder gefunden, was damals die Weihnachtszeit in Berlin verherrlichte.

Am schönsten war es, wenn kurz zuvor Schnee gefallen, und bei mäßigem Frost und heiterm Wetter, liegen geblieben war. Alsdann hatte sich das gewöhnliche Pflaster der Straße und des Platzes durch die Tritte der unzähligen Wanderer gleichsam in einen marmornen Fußboden verwandelt. Um die Mittagsstunde wandelten dann wohl die vornehmeren Stände behaglich auf und ab, schauten und kauften, luden

den Bedienten, welche ihnen folgten, die Gaben auf, oder kamen auch nur wie in einem Saal zusammen, um sich zu besprechen und Neuigkeiten mitzuteilen. Am glänzendsten aber sind die Abendstunden, in welchen diese breite Straße von vielen tausend Lichtern aus den Buden von beiden Seiten erleuchtet wird, daß fast eine Tageshelle sich verbreitet, die nur hie und da durch das Gedränge der Menschen sich scheinbar verdunkelt. Alle Stände wogen fröhlich und lautschwatzend durcheinander. Hier trägt ein bejahrter Bürgersmann sein Kind auf dem Arm, und zeigt und erklärt dem laut jubelnden Knaben alle Herrlichkeiten. Eine Mutter erhebt dort die kleine Tochter, daß sie sich in der Nähe die leuchtenden Puppen, deren Hände und Gesicht von Wachs die Natur anmutig nachahmen, näher betrachten könne. Ein Kavalier führt die geschmückte Dame, der Geschäftsmann läßt sich gern von dem Getöse und Gewirr betäuben, und vergißt seiner Akten, ja selbst der jüngere und ältere Bettler erfreut sich dieser öffentlichen, allen zugänglichen Maskerade, und sieht ohne Neid die ausgelegten Schätze und die Freude und Lust der Kinder, von denen auch die geringsten die Hoffnung haben, daß irgend etwas für sie aus der vollen Schatzkammer in die kleine Stube getragen werde. So wandeln denn Tausende scherzend mit Planen zu kaufen, erzählend, lachend, schreiend, den süßduftenden mannigfaltigen Zucker- und Marzipan-Gebäcken vorüber, wo Früchte, in reizender Nachahmung, Figuren aller Art, Tiere und Menschen, alles in hellen Farben strahlend, die Lüsternen anlacht: hier ist eine Ausstellung wahrhaft täuschenden Obstes, Aprikosen, Pfirsiche, Kirschen, Birnen und Äpfel, alles aus Wachs künstlich geformt; dort klappert, läutet und schellt in einer großen Bude tausendfaches Spielzeug aus Holz in allen Größen gebildet, Männer und Frauen, Hanswürste und Priester, Könige und Bettler, Schlitten und Kutschen, Mädchen, Frauen, Nonnen, Pferde mit Klingeln, ganzer Hausrat, oder Jäger mit Hirschen und Hunden, was der Gedanke nur spielend ersinnt, ist hier ausgestellt, und die Kinder, Wärterinnen und Eltern werden angerufen, zu wählen und zu kaufen. Jenseits erglänzt ein überfüllter Laden mit blankem Zinn, (denn damals war es noch gebräuchlich, Teller und Schüsseln von diesem Metall zu gebrauchen) aber neben den polierten und spiegelnden Geräten, blinkt und leuchtet in Rot und Grün, und Gold und Blau, eine Unzahl regelmäßig aufgestellter Soldatesken, Engländer, Preußen und Croaten, Panduren und Türken, prächtig gekleidete Pascha's auf geschmückten Rossen, auch geharnischte Ritter und Bauern und Wald im Frühlingsglanz, Jäger, Hirsche und Bären und Hunde in der Wildnis. Wurde man schon auf eigne, nicht unangenehme Weise betäubt, von all dem Wirrsal des Spielzeuges, der Lichter und der vielfach schwatzenden Menge, so erhöhten dies noch durch Geschrei jene umwandelnden Verkäufer, die sich an keinen festen Platz binden mochten, diese drängen sich durch die dicksten Haufen, und schreien, lärmen, lachen und pfeifen, indem es ihnen weit mehr um diese Lust zu tun ist, als Geld zu lösen. Junge Bursche sind es, die unermüdet ein Viereck von Pappe umschwingen, welches an einem Stecken mit Pferdehaar befestigt, ein seltsam lautes Brummen hervorbringt, wozu die Schelme laut: »Waldteufel kauft!« schreien. Nun fährt eine große Kutsche mit vielen Bedienten langsam vorüber. Es sind die jungen Prinzen und Prinzessinnen des Königl. Hauses, welche auch an der Kinderfreude des Volkes Teil nehmen wollen. Nun freut der Bürger sich doppelt, auch die Kinder seines Herrschers so nahe zu sehn; alles drängt sich mit neuem Eifer um den stillstehenden Wagen.

Jedes Fest, und jede Einrichtung, so beschloß Medling seinen Bericht, wächst mit den Jahren, und erreicht einen Punkt der Vollendung, von welchem es dann schnell, oder unvermerkt wieder hinab sinkt. Das ist das Schicksal alles Menschlichen im Großen, wie im Kleinen. So viel ich nach den Erinnerungen meiner Jugend und Kindheit urteilen darf, war diese Volksfeierlichkeit von den Jahren 1780 bis etwa 1793 in ihrem Aufsteigen und in der Vollkommenheit. Schon in den letzten Jahren richteten sich in nähern oder entfernteren Straßen Läden ein, die die teureren und gleichsam vornehmeren Spielzeuge zur Schau ausstellten. Zuckerbäcker errichteten in ihren Häusern anlockende Säle, in welchen man Landschaften aus Zuckerteig, oder Dekorationen, später ganze lebensgroße mythologische Figuren wie in Marmor ausgehauen, aus Zucker gebacken sah. Ein prahlendes Bewußtsein, ein vornehmtuendes Überbieten in anmaßlichen Kunst-Produktionen zerstörte jene kindliche und kindische Unbefangenheit, auch mußte Schwelgerei an die Stelle der Heiterkeit und des Scherzes treten. Doch ist mit allen diesen neuern Mängeln, so endigte unser Freund seinen Bericht, diese Christ-Zeit in Berlin, vergleicht man das Leben dieser fröhlichen und für Kinder so ahndungsreichen Tage, mit allen andern Städten, immer noch eine klassische zu nennen, wenn man das Klassische als den Ausdruck des Höchsten und Besten in jeglicher Art gebrauchen will.

ALFRED POLGAR
Der Maronibrater

Der Maronibrater zählte zu den Winterfreuden der Groß-
stadtjugend. Sein eisernes, dampfumhülltes Öfchen, aus dem
es rot hervorglühte, übte gleiche Anziehungskraft auf frierende, zerlumpte, strolchende Proletarierkinder wie auf feine
Kinder, die an der Hand sorgsamer Mütter und Gouvernan-
ten gingen, so gut gefüttert wie ihre Röckchen und Handschuhe.

Der Maronibrater war ein Bild aus dem Märchenbuch der
Großstadt.

Zwei Kastanien kosteten einen Kreuzer. Das war ein so
unverrückbarer Preis wie etwa der der Semmel. In vielen
konzentrischen Halbkreisen lagen die braunen, mild duftenden Früchte mit geschlitzter Schale auf der Ofenplatte, die
großen am linken, die kleinen am rechten Flügel massiert.
Tüten aus Zeitungspapier waren vorbereitet. Ineinanderge-
steckt sahen sie lustig aus, wie die Hütchen, die der Clown
im Zirkus mit dem Kopf auffängt, eines über dem andern.

Dann waren noch Kartoffeln da auf der Ofenplatte, einen
Kreuzer das Stück, inklusive Salz, das in einem eigenen winzigen Tütchen gegeben wurde. Herrlicher Schmaus! Die dicke,
geröstete Schale war das Beste. Die Kartoffel war so heiß,
daß man jeden Bissen erst eine Zeitlang im offenen Mund
auskühlen lassen mußte. Auch Bratäpfel gab es beim Maronibrater, die dufteten wie Weihnachten. Auf der geplatzten
Schale standen dicke zuckersüße Tröpfchen, und wo nur ein

kleiner Spalt an der Außenseite der Frucht war, dort quoll in weißen Schaumperlen der Saft hervor. Wo die Äpfel auf der Ofenplatte gelegen hatten, dort waren sie ganz schwarz, verbrannt. Aber gerade das schmeckte am köstlichsten. Einen Kreuzer kostete das Stück.

Der Maronibrater stand über sein Öfchen gebeugt und ordnete die Herrlichkeiten, wendete die Kartoffeln und Äpfel, daß sie gerechterweise überall gleichmäßig erhitzt würden, drehte Papiertüten, schob Kohle unter den Rost. Er trug gewöhnlich eine krümelige schwarze Pelzmütze. Der Hauch aus seinem Munde mengte sich mit dem Dampf, der von der Eisenplatte aufstieg, und sein Gesicht leuchtete feuerrot vom Glutwiderschein durch den Nebel. Wenn er gar nichts zu tun hatte, steckte er die Hände in die Taschen – ganz vornehme Maronibrater trugen einen Muff –, trat von einem Fuß auf den andern und rief: »Heiße Maroni!«, auch wenn weit und breit kein Passant in Sicht war.

Meistens aber hatte der Maronibrater Gesellschaft. Der Dienstmann und die Hökersfrau und der Droschkenkutscher wärmten sich die Hände über seinem gastlichen Feuer und besprachen die Härte der Zeiten. Was man so damals »harte Zeiten« nannte! Es war ein Stück häuslichen Idylls auf der winterlichen Straße, aufgebaut um das heilige Zentrum nordischer Geselligkeit: den Herd, den Ofen, die Flamme.

Heute hat der Maronibrater keine Kohlen, sondern heizt mit Holztrümmern. Auf seiner Ofenplatte liegen keine Kastanien und keine Kartoffeln, sondern Haselnüsse; und acht Stück der armseligen Dingerchen kosten zwanzig Heller! Es gibt auch Äpfel, zwanzig Heller das Stück. Verschrumpelte, kleine, unappetitliche Exemplare. Nicht gebraten, nur heiß gemacht. Die Kinder haben kein Interesse mehr für den Maronibrater, und der Maronibrater keines für die Kinder. Er hat weder Pelzmütze noch Muff. In den ersten Abendstunden schon löscht er sein armseliges Feuerchen und legt den Ofen an eine eiserne Kette, damit er nicht von Dieben fortgeschleppt werden könne.

Die dürfen heute auch nicht wählerisch sein.

Mir ist nicht um den Maronibrater leid, sondern um die Kinder. Sie wachsen in einer Stadt auf, die ihnen, wohin sie blicken, nur ein vergrämtes, finsteres, hartes Gesicht zeigt. Sie sind arm geworden. Auch in des Wortes Sinn: arm. Das Zehnhellerstück war Reichtum in der Hand des Großstadtkindes; es barg romantische Möglichkeiten. Heute gibt's dafür: vier Haselnüsse.

Oder eine Extraausgabe.

HERMANN HESSE
Schaufenster vor Weihnachten

Weihnachten ist eine Angelegenheit, von der ich eigentlich nicht gerne spreche. Einerseits weckt das schöne Wort so tiefe, heilige Erinnerungen aus dem Sagenbrunnen der Kindheit, flimmert so magisch im Schein jener blonden Lebensmorgenfrühe und ist so durchstrahlt von unzerstörbar heiligen Symbolen: Krippe, Stern, Heilandkind, Anbetung der Hirten und Könige und Weise aus dem Morgenland! Und anderseits ist »Weihnacht« ein Inbegriff, ein Giftmagazin aller bürgerlichen Sentimentalitäten und Verlogenheiten, Anlaß wilder Orgien für Industrie und Handel, großer Glanzartikel der Warenhäuser, riecht nach lackiertem Blech, nach Tannennadeln und Grammophon, nach übermüdeten, heimlich fluchenden Austrägern und Postboten, nach verlegener Feierlichkeit in Bürgerzimmern unterm aufgeputzten Baum, nach Zeitungsextrabeilagen und Annoncenbetrieb, kurz, nach tausend Dingen, die mir alle bitter verhaßt und zuwider sind, und die mir alle viel gleichgültiger und lächerlicher vorkämen, wenn sie nicht den Namen des Heilands und die Erinnerungen unserer zartesten Jahre so furchtbar mißbrauchten.

Nun, sprechen wir also nicht von Weihnachten – es kämen dabei ja doch lauter Verlegenheiten heraus, zum Beispiel, daß ich noch immer keine Ahnung habe, was ich meiner Freundin schenken soll, und ob zwanzig Mark für die Köchin richtig ist –, ach und wenn ich doch den Freund S. daran hindern könnte, mir wieder ein so kostbares und dabei so jämmerlich unnützes Geschenk zu machen wie im letzten Jahr! Oder, falls es sich nicht ganz vermeiden läßt, an die Weihnacht zu denken, so laßt mich an jene wirkliche und echte Weihnachtsvorfreude denken, die ich auch heute noch, als enttäuschter und einsamer Mensch, zu empfinden vermag: an die Freude beim Herstellen jener Weihnachtsgeschenke, die ich auch heute noch, wie einst in den Knabenzeiten, für einige meiner Freunde mit eigener Hand herzustellen gewohnt bin, kleine Hefte mit neuen, handgeschriebenen Gedichten; Blätter mit Landschaftsaquarellen und dergleichen Dinge.

Nun, trotz allen widerstreitenden und beklemmten Gefühlen muß ich sagen: an manchen Abenden im Dezember, wenn es nach trübem, verschleiertem Nachmittag in den Geschäftsstraßen aufzuflammen beginnt, wenn alle die farbigen und grellen Schimmer aus den Schaufenstern auf den feuchten oder beschneiten Asphalt herausfallen und die Straße etwas festlich Belebtes bekommt, dann macht dieser verlogene, heftige Weihnachtsbetrieb mit seiner lichten Außenseite mir doch einigen Spaß, und ich kann dann eine Stunde lang gerade in jenem Stadtteil bummeln, den ich sonst vermeide, und kann eine Stunde lang verloren und gefesselt an den strahlenden Läden hinstreichen, ins Schauen verloren. Es träumt mir dann, ich sei ein Kalifensohn aus Bagdad und sei nach langer, abenteuerlicher Reise, aus Todesgefahr und bitterer Gefangenschaft entronnen, in eine leuchtende Stadt des fernen Ostens gelangt, und mische mich entzückt und neugierig in das Gewühl um die Basare der Händler.

Nachdenken verträgt sich schlecht mit dieser Stimmung, und das Schöne an dieser abendlichen Bummelstunde ist gerade das Erlöstsein vom Denkenmüssen. Aber wenn ich dabei doch je und je ein wenig gedacht und mich selber beobachtet habe, so machte ich dabei jedesmal mit einem gewissen (manchmal lachenden, manchmal eher peinlichen) Erstaunen die Entdeckung, daß ich, der rüstige Fünfziger mit dem leicht ergrauenden Scheitel und dem milden Brillengesicht, im Grunde meiner Seele ungewöhnlich infantil geblieben oder wieder geworden sein muß. Ich bemerke dies, wenn ich mir Mühe gebe darauf zu achten, wie eigentlich diese vollen, strahlenden Schaufenster auf mich wirken und welcherlei Gegenstände es sind, die mir auffallen und die mich zu Wünschen reizen. Ich mache alsdann die Wahrnehmung, daß die Sachen, die mir gefallen und die mich lüstern zu machen vermögen, beinahe alle noch dieselben sind wie in meiner Knaben- und frühen Jugendzeit.

In der Tat, inmitten dieses schreienden und etwas negerhaften Überangebotes von Waren sind es nur wenige, die ich für meine eigene Person zu begehren vermag, und alle die Errungenschaften der neueren Technik lassen mich schrecklich kalt. Ich sehe mit Erstaunen, daß auch vor solchen Schaufenstern neugierige und begehrende Menschen stehen, in die ich nicht ohne tiefe Langeweile zu blicken vermag und vor denen meinen Schritt zu verlangsamen mir niemals einfallen würde. Das sind zum Beispiel Läden mit Kodaks, mit Grammophonen, mit Sportgeräten, mit Radioapparaten – wenn ich einen Freibrief hätte, der mir erlaubte, aus allen diesen Läden alles zu wählen, was nur irgend zu besitzen mich gelüstete, ich würde den Freibrief wegwerfen und weitergehen. Raffinierte Chronometer, witzige Rasierapparate, blitzende Mikroskope, niedliche Zimmerkinematographen – nichts von allem wäre mir auch nur das Einwickelpapier wert.

Anders steht es mit den Auslagen der Buchhändler. Obwohl auf diesem Gebiet reichlich verwöhnt und überfüttert, bleibe ich vor einem guten Buchladen doch fast immer ein wenig stehen, und nicht nur der geistige Markt interessiert mich, die Namen der Kollegen, die Anpreisungen der Verleger, sondern mindestens ebensosehr interessiert und lockt mich das Materielle dieser Bücher: ein roter Lederrücken, eine schöne englische Leinwand, ein schön getöntes Pergament, ein derbes knotiges Segeltuch als Mappenumschlag. Nun, und es sind ja auch immer wieder manche freundliche Erscheinungen in der Bücherwelt zu entdecken, wenn auch das Niveau im ganzen recht bescheiden ist. Ich sehe mit Freude die sechs braunen Bände mit Rilkes gesammelten Werken stehen und Martin Bubers Chassidische Schriften in einem Bande und Knut Hamsuns »Landstreicher« (O, August, du Teufelskerl), ich freue mich darüber, daß es neue Bände von Josef Conrad gibt, ich blinzle dem Steppenwolf zu und grüße die »Gäste« von Georg Munk, und einmal gehe ich sogar in einen Laden hinein und lasse mir ein Bilderwerk vorlegen, das ich im Fenster sah, Glasenapps »Heilige Stätten Indiens«, stehe lang über die Tafeln gebeugt, nach Indien verirrt, ergriffen davon, daß auch diese so sehr fremden, so sehr exotischen Riesentempel, Höfe, Teiche und Höhlengrotten dieselbe immer gleiche Sprache sprechen wie die französischen Kathedralen und die süditalienischen Tempel, die Sprache des Glaubens und der Hingabe, der Begeisterung und seligen Verschwendung vor dem Göttlichen.

Erinnern mich diese Buchläden an viele Begeisterungen und Begierden der Jünglingszeit, so führen andere Bilder mich noch weiter in meine Vergangenheit, ja eigentlich hätte ich sie zuerst nennen sollen. Das mit den Büchern war zwar keineswegs gelogen, aber ein klein wenig Schönfärberei war doch wohl dabei. Denn siehe, es sind andere Schaufenster und Kaufläden, vor denen ich die stärksten Eindrücke, die wärmsten Erlebnisse, die kräftigsten Wünsche habe. Mit kindlicher Bewunderung und primitiver Lust betrachte ich die verlockenden Eßwaren, und zwar am meisten die kindlichsten, die Süßigkeiten. Dem reisenden Kalifensohn kommen heftige Kindheitsbegierden zurück, wenn er diese riesigen Kristallschalen voll großer Pralinen betrachtet, diese Berge von farbig verpackten Schokoladetafeln, die üppigen Platten voll Meringues und Schokoladeschäumchen. Und in einem anderen Fenster, das unendlich viel poetischer aussieht als jene Ausstellungen von Kodaks und Lautsprechern, entzücken mich, obwohl ich seit undenklichen Zeiten keine Wurst mehr gegessen habe, die feisten glänzenden Wurstkränze, die still und trocken herabhängenden Salami, die in Stanniol gerollten, schräg angeschnittenen Leberwürste, von denen ich mir niemals eine kaufen werde, von denen ich die meisten gar nicht essen und verdauen könnte, denn Wurst ist eine Speise für Optimisten, deren Anblick mich aber dennoch bezaubert und mir eine Vorstellung von Reichtum und Wohlleben gibt. O, und ein kleiner zarter Rollschinken, ein Kleinod von einem hübschen Schinkchen, führt mich tatsächlich in Versuchung – weiß Gott, ob ich ihn mir nicht kaufen werde. Indessen stellt der nächste Laden mir noch Köstlicheres vor die Sinne: in zauberhaften Farben wie große fremde Edelsteine leuchtend sind da kandierte Früchte zu sehen, Birnen, Pfirsiche, Pistazien, Oliven, Ananas. Nichts davon werde ich mir kaufen, nichts davon könnte ich verdauen. Kandierte Früchte sind zwar keine Spezialspeise für Optimisten, o nein, aber doch mehr für Frauen und Jugendliche, jedenfalls aber nicht für schonungsbedürftige, magenzarte und etwas leidende Halbgreise. Taumelt weiter, entzückte Augen!

Es kommt ein Geschäft mit Thermosflaschen, Wärmkissen, Bauchbettflaschen und dergleichen Dingen, ein Geschäft, welchem ich Aufmerksamkeit zu schenken Grund hätte, aber ich gehe kalt vorüber. Eine richtige Apotheke hingegen fesselt mich jetzt; das ist ein Jahrmarkt, den ich gern sehe, und wenn auch mein Verstand die hier veranschaulichte Verbindung von Wissenschaft und Industrie im Zeichen des Mammons eher ironisch betrachtet, so lese ich doch auf diesen farbigen Flaschen, auf diesen hübschen seidigen Packungen und Schachteln mit Interesse und Vergnügen die vielversprechenden Namen, deren Mehrzahl in einem arg verdorbenen Griechisch erfunden sind. »Keine Gicht mehr!« verspricht eine ovale Glasdose, aber weder auf diese Dose noch auf das Plakat »Sind Sie nervös?« lasse ich mich ein, ich hasse solche zu täppischen Fragen. Dagegen sehe ich hier und dort in Glasröhrchen, in Fläschchen, in Paketen gute Freunde liegen, Mittel, die ich kenne und schätze, und von denen es gut ist, eine kleine Auswahl im Reisekoffer zu haben. Namen nenne ich nicht – noch nie hat eine chemische Fabrik mir Rezensionsexemplare geschickt.

Herrlich leuchten die festlichen Läden. Zwei Arten von Läden gibt es, vor denen ich manchmal stehenbleibe, jedoch nicht um die Auslagen, sondern um die von ihnen angezogenen Menschen zu betrachten. Es sind die Läden, in denen man Kinderspielzeug kauft, und jene, in denen elegante Frauen für Kleidung, Schmuck, Haar und Haut, Nägel und Zehen das Nötige angeboten bekommen. Da sieht man schöne Augen, oft im prächtigen nackten Brand des primitivsten

Begehrens glühend, und man stellt mit Freude fest, daß es Welten und Industriezweige gibt, deren Notwendigkeit man zwar nicht auf unmittelbarem, aber doch auf diesem indirekten Wege zu erkennen vermag.

Höchst unmittelbare Wege aber schlägt mein Begehren ein, wenn ich vor einem diskreten Fenster halte, wo ausgesuchte Marken alten Kognaks und edler Weine stehen, und ebenso vor jenen blanken, schönen Fenstern, wo auf Glasscheiben die Tabake und Zigarren locken, die schweren dicken, in Stanniol gewickelten Importen, die schwarzen guten Brasilzigarren, die hübschen lichten Holländer, die köstlichen Manilas.

Und noch eine Art von Geschäften gibt es, die seit den frühesten Zeiten ihren Zauber für mich nicht verloren haben. Es sind die Läden mit Papier, mit Bleistiften, Federn, Farben, Aquarellkästen, Linealen, Zirkeln, Zeichenkohle. Da bleibe ich lange stehen, verliebt in eine Kollektion herrlicher Pariser oder Londoner Wasserfarben, in ein Bündel edler Kohinoorstifte, in eine Schachtel mit sibirischem Graphit, in Rollen und Lagen edler Papiere. So ein Hundert Bogen von einem zart-festen, soliden Büttenpapier, das wäre ein Geschenk, mit dem man mich ködern könnte!

Aber am Ende bekommt man kalte Füße, und zum Kaufen ist ja auch ein andermal noch Zeit. Ach, wenn mir nur Freund S. zu Weihnachten nicht einen Kodak oder einen Korb Orchideen schenkt!

HEINRICH VON KLEIST
Weihnachtsausstellung

Eine der interessantesten Kunstausstellungen für das bevor-
stehende Weihnachtsfest, wert, daß man sie besuche und
auch wohl, das man etwas darin kaufe, ist vielleicht die
Warenausstellung der, zum Besten der verschämten Armen
beiderlei, doch vorzüglich weiblichen Geschlechts errichteten Kunst- und Industrie-Handlung, von Mad. Henriette
Werkmeister Oberwallstraße No. 7. Es hat etwas Rührendes,
das man nicht beschreiben kann, wenn man in diese Zimmer tritt; Scham, Armut und Fleiß haben hier, in durchwach-
ten Nächten, beim Schein der Lampe, die Wände mit Allem
was prächtig oder zierlich oder nützlich sein mag, für die
Bedürfnisse der Begüterten, ausgeschmückt. Es ist, als sähe
man die vielen tausend kleinen niedlichen Hände sich regen, die hier, vielleicht aus kindlicher Liebe, eines alten Vaters oder einer kranken Mutter wegen, oder aus eigner her-
ben dringenden Noth, geschäftigt waren: und man mögte
ein Reicher sein, um das ganze Putzlager, mit allen Tränen,
die darauf gefallen sein mögen, zu kaufen, und an die Ver-
fertigerinnen, denen die Sachen doch wohl am Besten stehen würden, zurückzuschenken.

Zu den vorzüglichsten Sachen gehören:

1) Ein Korb mit Blumen, in Chenille gestickt, mit einer
Einfassung; etwa als Kaminschirm zu gebrauchen. Die Sti-
ckerei ist, auf taftnem Grund, eine Art von *bas relief;* ein
Büschel Rosen tritt, fast einen Zoll breit, so voll und frisch,

daß man meint, er duftet, aus dem Taftgrunde hervor. Zu wünschen bleibt, daß auch die anderen Blumen und Blätter, die aus dem Korb vorstrebend, darin verwebt sind, verhältnismäßig hervorträten, das würde das Bild eines ganz lebendigen Blumenstraußes geben. Eine edle Dame hat dies Kunst- und Prachtwerk bereits für 15 Louid'or erkauft; und nur auf die Bitte der Vorsteherin befindet es sich noch hier, um die Ausstellung, während des Weihnachtsfestes, als das wahre Kleinod derselben, zu schmücken.

2) Eine Garnitur geklöpfelter Uhrbänder. Die Medaillen an dem Ende der Bänder, stellen, in Seide gewirkt, Köpfe, Tiere und Blumen dar; so fein und zierlich, daß man sie für eine Art von Miniatur-Mosaik halten mögte.

3) Ein, in Wolle, angeblich ohne Zeichnung gestickter, Fußteppich. Ein ganzer Frühling voll Rosen schüttet sich, in der lieblichsten Unordnung, darauf aus; und auch die Arabeskeneinfassung ist zierlich und geschmackvoll.

4) Ein Rosenstrauß, auf englischem Manchester gemalt, mit einer Einfassung von Winden, gleichfalls als Kaminschirm zu gebrauchen.

5) Ein ganz prächtiges Taufzeug.

Vieler Kleider, unter welchen ein gesticktes Musselinkleid oben an, Tücher, Hauben, eine immer schöner als die andere, Strick- Geld- und Tabaks-Beutel, in allen Provinzen des Reichs zusammengearbeitet, das Ganze mehr denn 10 000 Thl. an Wert, nicht zu erwähnen. – Wir laden die jungen Damen der Stadt, die Begüterten so wohl als die Unbegüterten ein, diese Anstalt zu besuchen, und glauben verbürgen zu können, daß sie diesen Gang weder in dem einen noch in dem andern Fall, umsonst thun werden.

DER 24. DEZEMBER

PETER BICHSEL
24. *Dezember*

Immer am 24. Dezember, immer um vier Uhr nachmittags, treffen sich Otto und Peter im Restaurant »Rössli«. Das war zwanzig Jahre so etwas wie ein Zufall, aber letztes Jahr sagte Peter, daß er leider nicht kommen könne, weil er ausnahmsweise für das Kochen des Rollschinklis verantwortlich sei, und dieses Rollschinkli habe eine Kochdauer von fast zwei Stunden, und um sieben sei die Familie versammelt. Da sagte Otto: »Aber das ist doch eine Tradition, daß wir uns treffen am 24. Dezember um vier Uhr.« Seither ist der Zufall eine Tradition.

Am 24. Dezember um vier Uhr holt Franz Brunner seine Jagdflinte aus dem Schrank. Schon seit über dreißig Jahren holt er am 24. Dezember seine Jagdflinte aus dem Schrank. Nicht eigentlich, um sie zu putzen, vielmehr, um sie zu streicheln. Das Entfernen des Laufs und das Siebeln des Laufs ist unwichtig und nur eine Gewohnheit. Viel wichtiger ist das Polieren der kleinen Silberbeschläge am Schaft. Am 24. Dezember streichelt Franz Brunner die Silberbeschläge seiner Jagdflinte. Franz ist sonst kein zärtlicher Mensch.

Am 24. Dezember bestellen Otto und Peter im Rössli einen halben Roten. Sie treffen sich oft im Rössli, jede Woche dreimal. Aber am 24. Dezember ist es etwas anderes, ist es eine Tradition.

Am 24. Dezember um vier Uhr holt Walter Binswanger seine Schuhschachtel aus dem Kasten, wie immer am 24. Dezember. Bevor er sie öffnet, streichelt er sie. Walter Binswanger ist sonst kein zärtlicher Mensch.

Am 24. Dezember gegen vier Uhr rennt Fritz zum Einkaufszentrum. Er hatte, wie immer, gesagt, daß ihm kein Weihnachtsbaum ins Haus komme. Um vier Uhr schließen die Läden. Nun rennt er doch noch. Jahr für Jahr überrascht er seine Frau damit, daß er doch einen Weihnachtsbaum bringt. Fritz kauft sonst nie im Zentrum, er findet das Zentrum scheußlich. Fritz mag das Wort »Blautanne«, das klingt so schön. Sonst mag Fritz wenig.

Um vier Uhr zwanzig bestellen Otto und Peter einen zweiten Halben.

Um vier Uhr zwanzig zündet Franz Brunner eine Zigarette an. Es ist die erste in diesem Monat. Franz Brunner raucht im Dezember nie, er beginnt erst wieder an Weihnachten. Barbara Brunner, seine Frau, freut sich, wenn er wieder raucht. Er war nicht auszuhalten. Die Flinte strahlt.

Weil sich Otto und Peter gut kennen, wissen sie heute nicht, über was sie sprechen sollen. Man kann jetzt nicht über irgend etwas sprechen.

Walter Binswanger öffnet den Deckel seiner Schuhschachtel. In der Schachtel ist für jeden Mieter eine Karte. Binswanger hat ruhige, anständige und regelmäßige Mieter. Er hat heute nichts einzutragen. Er zählt heute nicht zusammen. Heute freut er sich nur über seinen Besitz, und er spricht die Namen seiner Mieter zärtlich aus: Graber, Leuenberger, Moser, Hürlimann. Frau Binswanger mag ihren Mann wieder, wenn er die Namen seiner Mieter mit den Lippen nachbildet.

Otto und Peter langweilen sich.

Immer am 24. Dezember um halb fünf bringt Fritz der anderen Frau die Alimente. Er bringt sie immer am Ende des Monats, aber im Dezember ist das etwas anderes. Es ist sonst immer ein wenig ärgerlich, im Dezember ist es ein wenig traurig. Es ist traurig, weil Fritz sich ein wenig freut. Er bringt sehr schöne Geschenke mit.

Otto und Peter sind ein wenig nervös. Sie haben heute noch anderes zu tun. Sie bestellen vielleicht doch noch einen letzten Halben.

Franz Brunner raucht seine erste Zigarette ganz bewußt, ab jetzt wird er wieder viel rauchen und ohne Genuß. Das ist eine wunderbare Zigarette am 24. Dezember. Er drückt sie aus, geht zum Schrank und holt die Ordonnanzpistole. Ordonnanz ist ein wunderschönes Wort, denkt Franz. So wie das Wort Ordonnanz klingt, so stellt sich Direktor Brunner das Leben vor.

Otto und Peter.

Nur am 24. Dezember sitzt Binswanger hemdsärmlig hinter seiner Schuhschachtel. In Sachen Mieter hält er nichts von Computern. Daß er das alles von Hand auf weiße Karten schreibt, das hält Binswanger für Menschlichkeit. Walter wäre nicht auszuhalten, sagt seine Frau, wenn er nicht seine Mieter hätte.

Von den Alimenten weiß die Frau von Fritz nichts. Das ist recht so, denkt Fritz. Aber irgendwie trennt es Fritz von seiner Frau. Fritz ist an Weihnachten immer ein wenig allein.

Peter muß jetzt dann wirklich nach Hause, und Otto hat auch noch etwas zu tun.

Immer am 24. Dezember um zwanzig vor fünf sagt Brunner: »Gopfriedstutz«. Brunner flucht sonst viel und laut, aber heute – wie immer am 24. Dezember – sagt er es fast zärtlich. Er sagt es, weil heute – wie immer am 24. Dezember – die Feder vom Verschluß der Ordonnanzpistole wegfliegt. Brunner kriecht unters Kanapee, die Feder liegt Jahr für Jahr immer am selben Ort, eine Handbreit vor dem hinteren rechten Fuß des Kanapees.

Die Mieter mögen Herrn Binswanger nicht. Aber Herr Binswanger legt Wert darauf, daß ihn seine Mieter mögen. Das wissen die Mieter. Herr Binswanger kann sehr förmlich werden, wenn man ihm die Zuneigung verweigert.

Aber die Enkel mögen Großvater Binswanger. Das ist Binswangers Weihnacht, daß er gemocht wird von seinen Enkeln.

Es gibt nichts Friedlicheres als eine Jagdflinte, denkt Direktor Brunner. Weihnachten hat für ihn mit Jagd zu tun.

Er sagt: Mit dem Wald. Die Ordonnanzpistole, das ist Heimat, sagt Brunner. Er besitzt auch einen Browning. Jahr für Jahr fürchtet sich Frau Brunner davor, daß er auch noch den Browning reinigen und streicheln könnte. Das ist eine schreckliche Vorstellung für Frau Brunner. Aber so ist Brunner nicht.

Um halb sechs legt Peter vorsichtig das Rollschinkli ins Wasser. Bei achtzig Grad zwei Stunden ziehen lassen. Das ist eine Tradition.

Nach der fünften Zigarette wird Brunner schon wieder ein wenig mürrisch.

Als wir noch auf das Christkind warteten

Heute beim Stadttheater bin ich dem Christkind begegnet, sagte die gute Mutter in jenen Tagen, wo das Licht im Zimmer um vier Uhr angezündet werden mußte. Mama, wie sieht es denn aus? Die Mutter sagte, die Erwachsenen wissen, wie das Christkind aussieht, aber sie dürfen nicht darüber reden. Ich steckte meinen Kopf hinter den Fenstervorhang und hatte Herzweh, weil die Zeit so langsam verging. Dann trieb mich die Erwartung wieder heraus. Mama, hast du es denn nicht wenigstens kommen sehen? Man sieht das Christkind nicht kommen, sagte die Mutter fromm. Auf einmal steht es in den dunklen Straßen mit seinen bloßen Füßen, die den Boden nicht berühren. Wenn du einmal groß bist, wirst du es auch sehen. Ich dachte, wenn ich doch groß wäre.

Ich hatte meine bestimmten Vorstellungen von den Unsichtbaren, die ich an niemand verriet. Der liebe Gott war gelb wie eine Sonnenblume und ging mit einer Gießkanne spazieren und das Christkind war kein Kind – ein Kind war ich selbst – eher war es eine engelhafte feine Dame mit einem weißen Gesicht und einem weißen Gewand, das bis auf den Boden ging. Ja, da das Gaslicht das Weißeste war, was ich kannte, war es für mich so weiß wie ein Gaslicht. Das Christkind blendet so, daß es seine eigenen Augen nicht aufmachen kann, dachte ich.

Glaubst du an das Christkind? fragten wir einander in

der Klasse. Es war die Frage, die die Böcke von den Schafen schied. Ich war lange bei denen, die den Glauben nicht hergeben wollten. Ich weiß noch, wie ich aus der kleinen Naturgeschichte alle zwölf Absätze »besondere Merkmale« von den einzelnen Klassen der Säugetiere zusammenfassend lernte, damit die Zeit bis zum Heiligen Abend schneller verging. Ich war also damals in der vierten Vorklasse. Die Lehrerin war ganz gerührt, als ich ihr am anderen Morgen mein Wissen vortrug, und prophezeite mir, daß ich diese Übersicht über die Säugetiere mein Leben lang nicht vergessen würde. Ich schämte mich, weil hier meine Unruhe mit besonderem Fleiß verwechselt wurde.

Endlich kam die Zeit, wo ich bei den unmittelbaren Weihnachtsvorbereitungen mithelfen durfte. Dabei stiegen mir keine Zweifel auf. Das Christkind kann nicht alles allein machen, sagte die Mutter, denke nur an die vielen Familien. Ich war selig, daß meine Schwestern nichts merken durften und trieb sie an zum frühzeitigen Schlafengehen. Im Bett mußte ich furchtbar Schlaf haben und auf das eifrige Gewisper keine Antwort geben, bis die Köpfe nachdenklich und eingesponnen in den Kissen lagen. Wenn ich dann tief und gleichmäßig atmete, kam früher als sonst wie eine Suggestion der Schlaf in die Stube, und mein Herz fing zu zittern an. Ich legte mich sacht aus dem Bett auf den Boden und kroch unter dem Bett meiner jüngeren Schwester durch langsam zur Tür, die ich vorher nur angelehnt hatte. Ich erschrak über das kleine letzte Einschnappen der Klinke. Unten im Wohnzimmer saß schon meine Mutter über einem Korb Äpfel und einem Netz Nüsse. Meine Mutter hatte am Abend meistens Kopfweh und eine himmlische Geduld. Ich durfte mit einem Tuch die Äpfel klarreiben, bis sie rote Bäcklein zeigten. Jetzt sind sie so schön wie die Äpfel aus Seife, sagte ich in meinem Glück. Dann steckte ich die gedrehten, unten platten Christbaumdrähte in die Nüsse an ihrer einzigen verwundbaren Stelle, am Stielansatz, wo das schwarze Blattkeimchen besonders nach Nuß roch. Manchmal waren die Nüsse an dieser Stelle hohl und ich schob immer mehr Draht nach, bis er sich innen sperrte und festsaß. An diesem Draht wurde die Nuß in einem flachen Schüsselchen Bier herumgewirbelt. Vorsichtig wie einen Schmetterlingsflügel legte ich ein Blättchen Rauschgold in die Hand, drehte die angefeuchtete Nuß in das Blatt ein und tupfte die Fetzen mit Watte fest. Die fertigen Nüsse hängten wir die Wände einer Pappschachtel entlang, so daß sie sich nicht aneinander rieben.

Am Heiligen Abend gab es das Christkind zweimal, um sechs Uhr das »kleine« Christkind bei meiner Großmutter und um sieben Uhr das eigentliche und »große« in meinem Elternhaus. Wir sind nie in einer sogenannten guten Stube beschert worden, wie ich das bei Freundinnen häufig sah, in Zimmern, die immer kalt sind. Nein, der Tannenduft gehörte an Weihnachten zu unserem Wohnzimmer wie die Bratäpfel in der Röhre nach dem Schlittschuhlaufen.

Meine Mutter entfernte »die kleine Ware«, wie sie uns nannte, schon am frühen Morgen, damit das Zimmer gestöbert wurde. Den ganzen Tag hielten wir uns in der Großen Rosengasse bei meiner Großmutter auf. Nie wieder sind Tage so lang. Ich sah diese Stube später von Fremden bewohnt, da war es nicht mehr diese Stube, die lebte, weil ein ganzes Leben in ihr verbracht wurde. Die Großmutterstube nannten wir sie. Ständig hing es wie ein leiser warmer Ton zwischen den schattigen stillen Wänden. Irgendwo blinkte eine

Goldleiste, und die alte Uhr tickte ruckweise dazwischen. Das geschweifte schwarze Lederkanapee in der Ecke glänzte friedlich mit den weißen Porzellanknöpfen trotz der beiden Ritterinnen, die in steifem Rahmen über ihm hingen, barbarisch-süßlichen Damen mit engen Taillen, die eine trug einen wallenden himmelblauen, die andere einen blutrünstigen Federbusch auf dem Hut. Ich studierte diese aufregenden Damen aus allen Entfernungen, während ich meinen Schemel aus einem Winkel der Stube in den anderen rückte. Zwischenhinein ging ich auf die Gasse und blickte zum Himmel auf, was der Mond machte. Noch stand er oben wie ein weißer Schemen, ohne zu leuchten.

Kinder warten vier Wochen lang auf den Heiligen Abend; am Tag selbst ist ihnen das Warten zu einer Manie geworden. Ich mochte nicht zeichnen, nicht bauen, nicht schreiben, nicht mit der Schere schneiden, nicht die Raubmorde aus den Zeitungen lesen – Raubmorde sind das erste, was Kinder an den Zeitungen interessiert –, ich konnte nichts essen außer zwei Mandarinen, die das Christkind über dem Haus abgeworfen hatte. Das Christkind ließ mir sagen, es werde nicht kommen, wenn ich nicht endlich Ruhe gebe; so nahe war es, ohne daß ich es fliegen sah! Ich lief an das kleine seitliche Fenster, durch das man bei dieser Bauart den Hausgang überblicken konnte; ungeduldig zupfte ich an dem weißen gefältelten Vorhang, der steif wie Oblaten war. Ich fuhr mit dem Finger die Einlegearbeiten der Biedermeierkommode entlang, klopfte an das lange schwarze Barometer. Ich stand vor der alten Uhr mit den Säulen aus Alabaster und den Spiegelwänden, in die ich hineinblickte wie in einen kleinen Spiegelsaal, als ob ein gutes Geistchen heraustreten müßte. Ich stieg sogar unters Dach hinauf, wo in einer

Kammer ein junger Schreiner Feierabend machte. Er begoß seine bloßen Arme und Hände mit Spiritus, zündete ihn an und rieb und wusch sich mit den blauen Flammen. In acht Tagen habe ich Hände so fein wie ein Schreiber, prophezeite er. Als es unten in der Stube schummerig wurde, kuschelte ich mich mit aufgezogenen Füßen in den großen runden Stuhl. Ein Auge ließ ich offen und sah damit nach dem Feuer, das hinter den Spalten des alten Ofentürchens auf und nieder glitt. Ich behauptete nachher, ich habe mit einem offenen Auge geschlafen wie die Hasen. Aber das Christkind war doch dicht neben dir, als es den Baum aufstellte, sagten mir die Großen. Ja, davon hatte ich nichts gesehen. Ich wachte erst auf, als meine Geschwister mit hoher Stimme sangen und die Kerzen brannten.

Der Christbaum der Großmutter war für mich der Christbaum zum Angewöhnen, das Bäumchen mit den dünnen, schief aufgesteckten Kerzen, das nicht ganz bis zur Decke reichte. Und es war gut so, sonst wäre es nachher nicht so schön geworden. Nach frommem Brauch zog die Großmutter die Vorhänge an den Fenstern auf, damit die, die in den Straßen herumliefen und keinen Baum bekamen, an dem Kerzenglanz teilnehmen konnten. Wie in einem Schaukasten standen wir alle da und sangen. Bei der ersten und zweiten Strophe schauten wir unentwegt in die zitternden Lichte, bei der dritten schielten wir nach dem Gabentisch. Ich begriff lange nicht, warum wir der Großmutter die Hand geben und danke schön sagen mußten, wenn das Christkind doch alles gebracht hatte. Dann holte uns das Mädchen ab, das Schneeflocken im Stirnhaar trug. Wir stapften durch den krachenden Schnee der Straßen, den neuen Schulranzen, der noch ganz leicht war, auf dem Rücken und steckten

den Kopf tief in den Nacken. Heute können wir es noch fliegen sehen, sagten wir, morgen nicht mehr. Das Mädchen
sagte, das Christkind fliegt doch hinter den Dächern. Aber
wir ließen uns das Suchen nicht nehmen. Vielleicht, dachten wir glücklich, vielleicht – – –. Im Badezimmer wechsel-
ten wir die Schuhe; die Mutter kam mit einem heißen Gesicht und reiner Haut. Sie trug einen Faden Silberfall hinten
am Rock, den sie damit erklärte, daß das Christkind über sie
hinweggeflogen war. Es ist jetzt drinnen, sagte sie, seid nur
alle artig. Es war so leicht, artig zu sein in dieser Minute, wo
die Herzen klopften. Ein unsäglich feines Glöckchen läutete.
Wie ein Rudel stürmten wir über den Gang nach der Tür,
die sperrangelweit in rötlichen Glanz führte. Die Mutter
machte schnell das offenstehende Fenster hinter dem Christbaum zu. Soeben ist das Christkind um die Ecke geflogen,
sagte sie. Das silberne Glöckchen zitterte noch. Es hing in
jedem Jahr an derselben Stelle. Überhaupt hingen die gleichen Sachen an den gleichen Zweigen wie immer; meine
Mutter überlegte es sich jedes Jahr aufs neue und kam glücklich zu demselben Ergebnis; und doch war der Baum in jedem Jahr ein Wunder. Ich hatte später Gelegenheit, ihr zu-
zusehen; der Baum war mit Liebe aufgehängt, das war es,
was ihn so lebendig machte. Die Äpfel mehr nach unten, sagte sie, damit sie die dickeren Zweige waagerecht ziehen, ich
habe sonst nichts zum Beschweren. Die Schokoladenringe
nach oben, damit mir die Kinder nicht stehlen lernen. Die
Nüsse kommen an die Zweigspitzen, immer eine silberne
und eine goldene abwechselnd. Die Eiszapfen an die dünnen
Zweige der Spitze, unten werden sie mir nur zerbrochen.
Den weißen Hirsch (aus Milchglas geblasen) nehmen wir
wieder vorne in die Mitte, da macht er sich immer gut, nur

nicht zu hoch, damit die Kinder ihn richtig springen sehen. So, nun werden die Lücken mit Silberfall verbunden. Zum Schluß stieg sie auf einen Stuhl, um eine riesenlange Perlenkette um den Baum zu wickeln. Jedes Jahr fand mein Vater die Kette barbarisch. Ein grüner Baum wird doch nicht geschnürt, sagte er, und überhaupt sind mir Bäume im natürlichen Grün am liebsten. Aber Mann, sagte sie, der Baum kommt doch aus dem Himmel, es muß etwas sein, was Menschen sich nicht ausdenken können. Am Heiligen Abend hatten die Kinder recht. Die Mutter wußte, was den Kindern gefiel und daß wir als erstes nach der Kette sahen. Sie fühlte sich reich, wenn unsere ersten aufsteigenden Zweifel am Christkind durch den Glanz wieder besiegt waren. Dieses Jahr konnte ich ihnen den Glauben noch retten, sagte sie dann. Wir gingen in die Schule und sagten, so was können doch Eltern nicht machen.

Der Vater trug bei der Bescherung eine vorsichtige Starrheit in den Zügen, als ob er sich nicht gerne versprechen möchte; die Mutter war es, von der die Wärme und das Wunder strömten, die mit den Engeln auf du und du stand; niemand konnte Stille Nacht singen wie sie mit zarter, etwas zerscherbter Stimme, in der Glaube, Liebe und Hoffnung zitterten. Die gute Mutter, sie sparte ein Jahr lang dafür, es war ihr Fest, und als Mutter nicht mehr lebte, war es kein Weihnachten mehr.

SELMA LAGERLÖF
Großmutters Weihnachtsgeschichte

Es war an einem Weihnachtstag, alle waren zur Kirche gefahren, außer Großmutter und mir. Ich glaube, wir beide
waren im ganzen Haus allein. Wir hatten nicht mitfahren
können, weil die eine zu jung und die andere zu alt war. Und
alle beide waren wir betrübt, daß wir nicht zum Mettege-
sang fahren und die Weihnachtslichter sehen konnten.

Aber wie wir so in unserer Einsamkeit saßen, fing Großmutter zu erzählen an.

»Es war einmal ein Mann«, sagte sie, »der in die dunkle Nacht hinausging, um sich Feuer zu leihen. Er ging von
Haus zu Haus und klopfte an. ›Ihr lieben Leute, helft mir!‹
sagte er. ›Mein Weib hat eben ein Kindlein geboren, und ich
muß Feuer anzünden, um sie und den Kleinen zu erwärmen.‹

Aber es war tiefe Nacht, so daß alle Menschen schliefen,
und niemand antwortete ihm.

Der Mann ging und ging. Endlich erblickte er in weiter
Ferne einen Feuerschein. Da wanderte er dieser Richtung
zu und sah, daß das Feuer im Freien brannte. Eine Menge
weißer Schafe lagen rings um das Feuer und schliefen, und
ein alter Hirt wachte über die Herde. Als der Mann, der Feuer leihen wollte, zu den Schafen kam, sah er, daß drei große
Hunde zu Füßen des Hirten ruhten und schliefen. Sie er-
wachten alle drei bei seinem Kommen und sperrten ihre
weiten Rachen auf, als ob sie bellen wollten, aber man ver-
nahm keinen Laut. Der Mann sah, daß sich die Haare auf

ihrem Rücken sträubten, er sah, wie ihre scharfen Zähne funkelnd weiß im Feuerschein leuchteten, und wie sie auf ihn losstürzten. Er fühlte, daß einer nach seiner Hand schnappte und daß einer sich an seine Kehle hängte. Aber die Kinnladen und die Zähne, mit denen die Hunde beißen wollten, gehorchten ihnen nicht, und der Mann litt nicht den kleinsten Schaden.

Nun wollte der Mann weitergehen, um das zu finden, was er brauchte. Aber die Schafe lagen so dicht nebeneinander, Rücken an Rücken, daß er nicht vorwärts kommen konnte. Da stieg der Mann auf die Rücken der Tiere und wanderte über sie hin dem Feuer zu. Und keins von den Tieren wachte auf oder regte sich.«

So weit hatte Großmutter ungestört erzählen können, aber nun konnte ich es nicht lassen, sie zu unterbrechen. »Warum regten sie sich nicht, Großmutter?« fragte ich.

»Das wirst du nach einem Weilchen schon erfahren«, sagte Großmutter und fuhr mit ihrer Geschichte fort. »Als der Mann fast beim Feuer angelangt war, sah der Hirt auf. Es war ein alter, mürrischer Mann, der unwirsch und hart gegen alle Menschen war. Und als er einen Fremden kommen sah, griff er nach seinem langen, spitzigen Stabe, den er in der Hand zu halten pflegte, wenn er seine Herde hütete, und warf ihn nach ihm. Und der Stab fuhr zischend gerade auf den Mann los, aber ehe er ihn traf, wich er zur Seite und sauste, an ihm vorbei, weit über das Feld.«

Als Großmutter soweit gekommen war, unterbrach ich sie abermals. »Großmutter, warum wollte der Stock den Mann nicht schlagen?« Aber Großmutter ließ es sich nicht einfallen, mir zu antworten, sondern fuhr mit ihrer Erzählung fort.

»Nun kam der Mann zu dem Hirten und sagte zu ihm:

›Guter Freund, hilf mir und leih mir ein wenig Feuer. Mein Weib hat eben ein Kindlein geboren, und ich muß Feuer machen, um sie und den Kleinen zu erwärmen.‹ Der Hirt hätte am liebsten nein gesagt, aber als er daran dachte, daß die Hunde dem Manne nicht hatten schaden können, daß die Schafe nicht vor ihm davongelaufen waren und daß sein Stab ihn nicht fällen wollte, da wurde ihm ein wenig bange, und er wagte es nicht, dem Fremden das abzuschlagen, was er begehrte. ›Nimm, soviel du brauchst‹, sagte er zu dem Manne.

Aber das Feuer war beinahe ausgebrannt. Es waren keine Scheite und Zweige mehr übrig, sondern nur ein großer Gluthaufen, und der Fremde hatte weder Schaufel noch Eimer, worin er die roten Kohlen hätte tragen können.

Als der Hirt dies sah, sagte er abermals: ›Nimm, soviel du brauchst!‹ Und er freute sich, daß der Mann kein Feuer wegtragen konnte. Aber der Mann beugte sich hinunter, holte die Kohlen mit bloßen Händen aus der Asche und legte sie in seinen Mantel. Und weder versengten die Kohlen seine Hände, als er sie berührte, noch versengten sie seinen Mantel, sondern der Mann trug sie fort, als wenn es Nüsse oder Äpfel gewesen wären.«

Aber hier wurde die Märchenerzählerin zum drittenmal unterbrochen. »Großmutter, warum wollte die Kohle den Mann nicht brennen?«

»Das wirst du schon hören«, sagte die Großmutter, und dann erzählte sie weiter.

»Als dieser Hirt, der ein so böser, mürrischer Mann war, dies alles sah, begann er sich bei sich selbst zu wundern: ›Was kann dies für eine Nacht sein, wo die Hunde die Schafe nicht beißen, die Schafe nicht erschrecken, die Lanze nicht tötet und das Feuer nicht brennt?‹ Er rief den Fremden zurück und sagte zu ihm: ›Was ist dies für eine Nacht? Und woher kommt es, daß alle Dinge dir Barmherzigkeit zeigen?‹

Da sagte der Mann: ›Ich kann es dir nicht sagen, wenn du selber es nicht siehst.‹ Und er wollte seiner Wege gehen, um bald ein Feuer anzünden und Weib und Kind wärmen zu können. Aber da dachte der Hirt, er wolle den Mann nicht ganz aus dem Gesicht verlieren, bevor er erfahren hätte, was dies alles bedeute. Er stand auf und ging ihm nach, bis er dorthin kam, wo der Fremde daheim war. Da sah der Hirt, daß der Mann nicht einmal eine Hütte hatte, um darin zu wohnen, sondern er hatte sein Weib und sein Kind in einer Berggrotte liegen, wo es nichts gab als nackte, kalte Steinwände.

Aber der Hirt dachte, daß das arme unschuldige Kindlein vielleicht dort in der Grotte erfrieren würde, und obgleich er ein harter Mann war, wurde er davon doch ergriffen und beschloß, dem Kinde zu helfen. Und er löste sein Ränzel von der Schulter und nahm daraus ein weiches, weißes Schaffell hervor. Das gab er dem fremden Mann und sagte, er möge das Kind darauf betten.

Aber in demselben Augenblick, in dem er zeigte, daß auch er barmherzig sein konnte, wurden ihm die Augen geöffnet, und er sah, was er vorher nicht hatte sehen, und hörte, was er vorher nicht hatte hören können.

Er sah, daß rund um ihn ein dichter Kreis von kleinen, silberbeflügelten Englein stand. Und jedes von ihnen hielt ein Saitenspiel in der Hand, und alle sangen sie mit lauter Stimme, daß in dieser Nacht der Heiland geboren wäre, der die Welt von ihren Sünden erlösen solle.

Da begriff er, warum in dieser Nacht alle Dinge so froh waren, daß sie niemand etwas zuleide tun wollten. Und nicht nur rings um den Hirten waren Engel, sondern er sah sie überall. Sie saßen in der Grotte, und sie saßen auf dem Berge, und sie flogen unter dem Himmel. Sie kamen in großen Scharen über den Weg gegangen, und wie sie vorbeikamen, blieben sie stehen und warfen einen Blick auf das Kind.

Es herrschte eitel Jubel und Freude und Singen und Spiel, und das alles sah er in der dunklen Nacht, in der er früher nichts zu gewahren vermocht hatte. Und er wurde so froh, daß seine Augen geöffnet waren, daß er auf die Knie fiel und Gott dankte.«

Aber als Großmutter soweit gekommen war, seufzte sie und sagte: »Aber was der Hirte sah, das könnten wir auch sehen, denn die Engel fliegen in jeder Weihnachtsnacht unter dem Himmel, wenn wir sie nur zu gewahren vermögen.«

Und dann legte Großmutter ihre Hand auf meinen Kopf und sagte: »Dies sollst du dir merken, denn es ist so wahr, wie daß ich dich sehe und du mich siehst. Nicht auf Lichter und Lampen kommt es an, und es liegt nicht an Mond und Sonne, sondern was not tut, ist, daß wir Augen haben, die Gottes Herrlichkeit sehen können.«

PAUL NIZON
Die weißen Strümpfe

Es ging auf Weihnachten, aber ich lief derzeit auf wenig besinnlichen Pfaden, ich wäre sonst nicht dahin gegangen, wo das sündige Fleisch enthüllt wird.

Ich sah zu, wie sie sich die Strümpfe, es waren dunkle, dünne, und weitere Wäsche auszog, sie tat es in der reizendsten Weise, zur Musik, im Lichtkegel des Beleuchters, wie ein Kind, das ein Gedicht aufsagt, ebenso ernsthaft tat sie es; und ich stand ganz hinten in dem abgedunkelten Stripteaselokal.

Eine Engländerin, hörte ich, schlecht, dachte ich, wo ich diese Sprache nur sehr schadhaft spreche. Ich lud sie für den kommenden Abend zum Essen ein.

Dieser Abend war der Heilige Abend, verständlich, daß sie freihatte, aber warum war ich frei? Ich war frei, ich schwöre es, allein, ohne Anhang, ohne Fest, und ich war froh, das an Weihnachten beschwerliche Freisein durch meine Verabredung überbrückt zu wissen.

Ich fuhr damals einen alten englischen Wagen, und in diesem Wagen fuhren wir los, um ein passendes Gasthaus zu finden. Es stürmte trocken, keine Spur von Schnee, und wir fuhren und fuhren und fanden keine Herberge, nur Türen mit der Aufschrift »Über die Feiertage geschlossen«. Wir fuhren mit knurrendem Magen durch das nächtliche Tosen, durch die für eine feiernde Mehrheit Stille Nacht, Heilige Nacht fuhren wir, ich am Steuer und sie neben mir.

Von Zeit zu Zeit wechselte sie die Stellung der langen Beine, und die Beine steckten in weißen Strümpfen, es war, als wenn sie in Mehl gewendet wären, man hätte sie backen und essen mögen. Manchmal streifte ein Strumpfbein meine am Schaltstock beschäftigte Hand, manchmal machte ich den Versuch, ein Gespräch zu beginnen, der Versuch ging im Geheul des Sturms, in den Fahrgeräuschen und in meiner englischen Sprachlosigkeit unter.

Ich fuhr und dachte beim Fahren an das Mädchen mit den weißen Strümpfen wie an eine ferne Geliebte, an eine Erträumte, fuhr und fuhr.

Als wir bei Tagesgrauen wieder in der Stadt anhielten, lag die Stripperin engelgleich da, nicht nur ihre Strümpfe, alles, auch ihr Gesicht war weiß, man hätte sie für einen Wachsengel halten können. Ich rief sie an, ich berührte, schüttelte sie, vergeblich, sie blieb steif und kalt.

Ich fuhr wieder an, und beim nächstbesten Christbaum, es gab deren einige flittrig geschmückte in der Stadt, steckte ich sie behutsam zu all dem anderen Baumschmuck ins Gezweig.

In den darauffolgenden Tagen las ich aufmerksam die Zeitungen, ich las hauptsächlich die mit »Gefunden« überschriebene Rubrik, aber ich fand keine passende Meldung. Unglaublich, dachte ich, ganz und gar unglaublich, es sei denn, sie wäre gleich weiter in den Himmel geflogen.

So wird es sein, sagte ich mir und tunkte den Gipfel in den heißen Kaffee.

WER HAT DEN SCHÖNSTEN WEIHNACHTSBAUM

MANFRED KYBER
Der kleine Tannenbaum

Es war einmal ein kleiner Tannenbaum im tiefen Tannenwalde, der wollte so gerne ein Weihnachtsbaum sein. Aber das ist gar nicht so leicht, als man das meistens in der Tannengesellschaft annimmt, denn der heilige Nikolaus ist in der Beziehung sehr streng und erlaubt nur den Tannen als Weihnachtsbaum in Dorf und Stadt zu spazieren, die dafür ganz ordnungsmäßig in seinem Buch aufgeschrieben sind. Das Buch ist ganz schrecklich groß und dick, so wie sich das für einen guten alten Heiligen geziemt, und damit geht er im Walde herum in den klaren kalten Winternächten und sagt es allen den Tannen, die zum Weihnachtsfeste bestimmt sind. Und dann erschauern die Tannen, die zur Weihnacht erwählt sind, vor Freude und neigen sich dankend, und dazu leuchtet des Heiligen Heiligenschein, und das ist sehr schön und sehr feierlich.

Und der kleine Tannenbaum im tiefen Tannenwalde, der wollte so gerne ein Weihnachtsbaum sein.

Aber manches Jahr schon ist der heilige Nikolaus in den klaren kalten Winternächten an dem kleinen Tannenbaum vorbeigegangen und hat wohl ernst und geschäftig in sein erschrecklich großes Buch geguckt, aber auch nichts und gar nichts dazu gesagt. Der arme kleine Tannenbaum war eben nicht ordnungsmäßig vermerkt – und da ist er sehr, sehr traurig geworden und hat ganz schrecklich geweint, so daß es ordentlich tropfte von allen Zweigen.

Wenn jemand so weint, daß es tropft, so hört man das natürlich, und diesmal hörte das ein kleiner Wicht, der ein grünes Moosröcklein trug, einen grauen Bart und eine feuerrote Nase hatte und in einem dunklen Erdloch wohnte. Das Männchen aß Haselnüsse, am liebsten hohle, und las Bücher, am liebsten dicke, und war ein ganz boshaftes kleines Geschöpf. Aber den Tannenbaum mochte es gerne leiden, weil es oft von ihm ein paar grüne Nadeln geschenkt bekam für sein gläsernes Pfeifchen, aus dem es immer blaue ringelnde Rauchwolken in die goldene Sonne blies – und darum ist der Wicht auch gleich herausgekommen, als er den Tannenbaum so jämmerlich weinen hörte, und hat gefragt: »Warum weinst du denn so erschrecklich, daß es tropft?«

Da hörte der kleine Tannenbaum etwas auf zu tropfen und erzählte dem Männchen sein Herzeleid. Der Wicht wurde ganz ernst, und seine glühende Nase glühte so sehr, daß man befürchten konnte, das Moosröcklein finge Feuer, aber es war ja nur die Begeisterung, und das ist nicht gefährlich. Der Wichtelmann war also begeistert davon, daß der kleine Tannenbaum im tiefen Tannenwalde so gerne ein Weihnachtsbaum sein wollte, und sagte bedächtig, indem er sich aufrichtete und ein paarmal bedeutsam schluckte:

»Mein lieber kleiner Tannenbaum, es ist zwar unmöglich, dir zu helfen, aber ich bin eben ich, und mir ist es vielleicht doch nicht unmöglich, dir zu helfen. Ich bin nämlich mit einigen Wachslichtern, darunter mit einem ganz bunten, befreundet, und die will ich bitten, zu dir zu kommen. Auch kenne ich ein großes Pfefferkuchenherz, das allerdings nur flüchtig – aber jedenfalls will ich sehen, was sich machen läßt. Vor allem aber weine nicht mehr so erschrecklich, daß es tropft.« Damit nahm der kleine Wicht einen Eiszapfen in die Hand als Spazierstock und wanderte los durch den tiefen weißverschneiten Wald, der fernen Stadt zu.

Es dauerte sehr, sehr lange, und am Himmel schauten schon die ersten Sterne der heiligen Nacht durchs winterliche Dämmergrau auf die Erde hinab, und der kleine Tannenbaum war schon wieder ganz traurig geworden und dachte, daß er nun doch wieder kein Weihnachtsbaum sein würde. Aber da kam's auch schon ganz eilig und aufgeregt durch den Schnee gestapft, eine ganze kleine Gesellschaft: der Wicht mit dem Eiszapfen in der Hand und hinter ihm sieben Lichtlein – und auch eine Zündholzschachtel war dabei, auf der sogar was draufgedruckt war und die so kurze Beinchen hatte, daß sie nur mühsam durch den Schnee wackeln konnte.

Wie sie nun alle vor dem kleinen Tannenbaum standen, da räusperte sich der kleine Wicht im Moosröcklein vernehmlich, schluckte ein paarmal gar bedeutsam und sagte:

»Ich bin eben ich – und darum sind auch alle meine Bekannten mitgekommen. Es sind sieben Lichtlein aus allervornehmstem Wachs, darunter sogar ein buntes, und auch die Zündholzschachtel ist aus einer ganz besonders guten Familie, denn sie zündet nur an der braunen Reibfläche. Und jetzt wirst du also ein Weihnachtsbaum werden. Was aber das große Pfefferkuchenherz betrifft, das ich nur flüchtig kenne, so hat es auch versprochen zu kommen, es wollte sich nur noch ein Paar warme Filzschuhe kaufen, weil es gar so kalt ist draußen im Walde. Eine Bedingung hat es freilich gemacht: Es muß gegessen werden, denn das müssen alle Pfefferkuchenherzen, das ist nun mal so. Ich habe schon einen Dachs benachrichtigt, den ich sehr gut kenne und dem ich einmal in einer Familienangelegenheit einen guten Rat gegeben habe. Er liegt jetzt im Winterschlaf, doch versprach er, als ich ihn weckte, das Pfefferkuchenherz zu speisen. Hoffentlich verschläft er's nicht!«

Als das Männchen das alles gesagt hatte, räusperte es sich wieder vernehmlich und schluckte ein paarmal gar bedeutsam, und dann verschwand es im Erdloch. Die Lichtlein aber sprangen auf den kleinen Tannenbaum hinauf, und die Zündholzschachtel, die aus so guter Familie war, zog sich ein Zündholz nach dem anderen aus dem Magen, strich es an der braunen Reibfläche und steckte alle die Lichtlein der Reihe nach an. Und wie die Lichtlein brannten und leuchteten im tiefverschneiten Walde, da ist auch noch keuchend und atemlos vom eiligen Laufen das Pfefferkuchenherz angekommen und hängte sich sehr freundlich und verbindlich mitten in den grünen Tannenbaum, trotzdem es nun doch die warmen Filzschuhe unterwegs verloren hatte und arg erkältet war. Der kleine Tannenbaum aber, der so gerne ein Weihnachtsbaum sein wollte, der wußte gar nicht, wie ihm geschah, daß er nun doch ein Weihnachtsbaum war.

Am anderen Morgen aber ist der Dachs aus seiner Höhle gekrochen, um sich das Pfefferkuchenherz zu holen. Und wie er ankam, da hatten es die kleinen Englein schon gegessen, die ja in der heiligen Nacht auf die Erde dürfen und die so gerne die Pfefferkuchenherzen speisen. Da ist der Dachs sehr böse geworden und hat sich bitter beklagt und ganz furchtbar auf den kleinen Tannenbaum geschimpft.

Dem aber war das ganz einerlei, denn wer einmal in seinem Leben seine heilige Weihnacht gefeiert hat, den stört auch der frechste Frechdachs nicht mehr.

UWE TELLKAMP
Wer hat den schönsten Weihnachtsbaum?

Rektor Scheffler war anzumerken, daß er nicht genau wußte, welchen Kurs er vorgeben sollte: Einerseits war Genosse
Leonid Iljitsch gestorben, kaum zwei Monate war es her,
und das große Schiff Sozialismus trieb führerlos dahin. Andererseits näherte sich das Weihnachtsfest – und jede Ein-
schränkung, die eine bestimmte Grenze überschritt, würde
nicht als Pietät, sondern als Schwäche, als Eingeständnis
und Ausdruck einer Lähmung, aufgefaßt werden. Richard
ließ den Blick durch das Rektoratszimmer schweifen, Bresh-
news Gorilla-Gesicht mit den verschlagen blickenden, tief-
liegenden Äuglein unter Flaschenbürstenbrauen, der schwarze Streifen in der Ecke der Fotografie, daneben der Genosse
Staatsratsvorsitzende im grauen Anzug vor himmelblauem
Hintergrund, ein *gewinnendes* Lächeln auf den Lippen; dann
die Reihe von Schefflers Vorgängern.

»Sie lehnen meine Vorlesung also ab.«

»Herr Hoffmann, bitte.« Scheffler machte eine unwillige
Bewegung. »Haben Sie doch Verständnis für meine Lage. Genug, daß nun wieder dieser alberne Weihnachtsbaumkrieg
beginnt!«

»Wir haben kaum noch Schmerzmittel, Genosse Rektor.«

»Ja, ich weiß. Heute morgen war der Apotheker bei mir.
Herr Hoffmann, ich bitte Sie um eins – keine Panik. Wir
werden Abhilfe schaffen. Noch heute habe ich einen Ter-
min bei Barsano. Seine Frau wird dabeisein. Ich werde dar-

um ersuchen, daß das Friedrich Wolf uns hilft.« Das hatte dieses Krankenhaus noch nie getan, Scheffler wußte es, Richard wußte es.»Keine Panik, das ist jetzt das wichtigste. Es gibt schon genug Gerüchte. Und es bleibt bitte unter uns, was wir besprochen haben.«

Wernstein sagte, als Richard und er sich vor den OP-Sälen die Hände wuschen:»Die von der Inneren sollen einen schönen Tannenbaum gefunden haben!«

»Und unserer?«

»Die Oberschwester ist auf dem Striezelmarkt gewesen, beim Tannenbaumverkauf. Nur Lahme, Krumme und Versehrte.«

Damit drohte die Chirurgische Klinik den Prestigewettstreit um den schönsten Tannenbaum zu verlieren, und das ausgerechnet gegen die Innere Medizin! Das durfte nicht sein, wurde in einer eigens angesetzten Konferenz beschlossen. In der Orthopädie hatte Wernstein ein rachitisches Exemplar entdeckt, wahrscheinlich in märkischer Sanddürre großgeworden; in der Augenklinik ein wohlproportioniertes, anmutiges, doch kaum fünf Dioptrien hohes Exemplar; in der Urologie eine ungeschlachte Douglasfichte, unten drei Meter breit, aber nur zweifünfzig hoch, und außerdem endete sie in einem Quirl aus drei Zweigen. Die Neurologie trat mit einem Exemplar vom Striezelmarkt an, es war unten einen Meter breit und dreifünfzig hoch, schmal, spröde und reizbar, denn es hatte sofort genadelt und bis jetzt nicht damit aufgehört.

Abends ging Richard in den Planetenweg. Kühnast hatte zu Hause kein Telefon, und der Pförtner im Arzneimittelwerk hatte nicht durchstellen können. Richard hatte im Tausendaugenhaus angerufen und Alois Lange gebeten, dem Chemiker einen Zettel an die Tür zu stecken. Für diese Art Nachrichten gab es überall im Viertel Zettelkästen an den Türen, daneben Bleistifte an Bindfäden. Bitte klopfen, Klingel defekt, stand unter Kühnasts Schild.

»Ah, Herr Hoffmann, kommen Sie 'rein. Hab' Herrn Langes Zettel gelesen. – Nein, nein, Schuhe können Sie anlassen. Bitte hier entlang.« Sie gingen ins Wohnzimmer, an Bücherschäften vorbei, zwischen denen Gas- und Stromzähler tickten. Glasschlifftüren, Wasserflecken an der Flurdecke, feine Risse, abblätternder Stuck. »Meine Frau hat ein paar Schnittchen zurechtgemacht.« Kühnast wies auf ein Tablett. »Was trinken Sie?«

»Einen Ihrer Liköre, wenn's erlaubt ist.«

Über Kühnasts Gesicht zuckte Freude. »Na ja, wir sind noch im Versuchsstadium. Hat sich das ...«, der Chemiker rückte seine mit Heftpflaster geflickte Brille zurecht, »bis zu Ihnen herumgesprochen? Ich kann Pfirsich empfehlen.« Kühnast schenkte ein, beobachtete Richard, der das Glas mit der in wildem Abendrot gehaltenen Flüssigkeit kippte. »Stark.«

»Nicht wahr?« Der Chemiker setzte sich, schlug ein Bein übers andere. »Also. Was kann ich für Sie tun, Herr Hoffmann.«

Richard schilderte das Problem. » ... und dachte, da Sie, im Arzneimittelwerk ...«

»An der Quelle.« Herr Kühnast nickte, nahm nach einer Weile die Brille ab und ließ sie am geflickten Bügel baumeln. In Bälde sei Weihnachten, sagte er bedächtig. Richard verstand nicht ganz. Der Dresdner Christstollen sei berühmt, und zu Recht, fuhr Kühnast fort. Butter, Zucker, Mehl, Suckade, Sultaninen – es falle ihm von Jahr zu Jahr schwerer, die exotischen Zutaten zu besorgen; Bäcker Walther sehe sich mehr und mehr gezwungen, gegen Abgabe der Zutaten zu backen. Sultaninen, woher nehmen? Fett müsse der Stollen sein, beim Quetschen müsse der Schnitt feucht werden, schwer müsse der Stollen sein, nahrhaft, eine Weile angenehm im Magen warten, den Verdauungsenzymen süße, aber nicht süßliche Gesellschaft leisten, sultaninenreich müsse der Stollen sein, vom Bäcker Walther müsse der Stollen sein. »Zwanzig Stück, Herr Hoffmann. Meine Verwandtschaft, Sie verstehen.«

Mit Wernstein und Dreyssiger, den unternehmungslustigsten jüngeren Ärzten der Chirurgischen Klinik, besuchte Richard Malivor Marroquins Kostümverleih; jeder lieh ein Weihnachtsmannkostüm aus. »Etwas unbequem, aber es wird schon gehen! Und Tarnung muß sein.«

Sie stellten Auto nebst Anhänger am Heiderand ab. Der Mond lugte zwischen den Baumwipfeln hervor und ließ den Schnee neben dem Waldweg wie welliges Zink erscheinen. Dreyssiger schulterte die Zimmermannssäge, Wernstein nahm die Axt, Richard den Bolzenschneider.

»Wenn man nichts schiefgeht«, gab Wernstein zu bedenken.

»Wenn wir erwischt werden, sind wir geliefert.«

»Ach was, wird schon klappen«, sagte Dreyssiger aufgekratzt.

»Wer wagt, gewinnt. Oder willst du jetzt kneifen, Thomas.«

»Wenn nur der blöde Bart nicht so jucken würde. Schätze, der hat in zentnerweise Mottenpulver gelegen. Riecht auch danach.«

»Ab jetzt Vorsicht, Männer«, mahnte Richard. »Zur Schonung sind es ungefähr zehn Minuten von hier. Sie ist bewacht. Von Förster Busse auf einem Hochsitz und einem Soldaten. Das hat mir der hiesige Pfarrer verraten. Busse dürfte seinen Hund dabeihaben.«

Wernstein hielt grinsend eine halbe Blutwurst hoch.

»Ausgezeichnet.«

»Ich hasse Blutwurst, Herr Oberarzt.«

»Der schönste Baum steht etwas für sich in der Mitte. Man soll ihn von der Anhöhe vor der Schonung gut sehen können.«

»Ziemlich genaue Kenntnisse, Ihr Herr Pfarrer.«

»Niemand kann ihn hindern, seine Waldspaziergänge mit Beobachtungen zu verbringen. Aber weiter. Die Schonung ist eingezäunt, Förster Busses Ansitz ungefähr fünfzig Meter vom Weg entfernt; der Soldat patrouilliert am Zaun entlang. Wir werden uns vorsichtig heranpirschen – und dann das hier.« Richard hob den Bolzenschneider. »Schnippschnapp! Herr Dreyssiger, wir beide robben zum Corpus delicti und sägen. Herr Wernstein steht Schmiere. Können Sie ein Käuzchen nachahmen?«

Wernstein legte die Hände aneinander und blies in die Höhle unter den parallel liegenden Daumen.

»Läßt sich hören.« Richard nickte anerkennend. »Zweimaliges Schuhu, wenn's brenzlig wird. Ab jetzt nur das Allernötigste, und im Flüsterton!«

Bäcker Walther hatte eine herzkranke Mutter und prinzipiell Verständnis für Richards Anliegen. Immerhin sei er Bäcker, außerdem privat. »Die Steuern«, hob er die bemehlten Hände, »die Steuern, Herr Doktor. Wir müssen einen

neuen Ofen haben, aber es wird uns alles weggesteuert.«
Richard gab ihm die Sultaninen aus Alices und Sandors Paket.

»Ich back' Ihnen die zwanzig Stollen, Herr Doktor. Aber ich brauch' Medikamente für meine Mutter.«

»Ich stell' Ihnen ein Rezept aus.«

»Nein, nein, das sind spezielle von Doktor Tietze. Von drüben. Von hier, aber für drüben hergestellt. Und von drüben wieder hergeschickt.«

Auf der Hügelkuppe oberhalb der Schonung warteten sie hinter einem Baum und beobachteten. Der Anstand war nicht zu sehen, dafür aber der Soldat, der dick eingemummt und mit geschulterter Kalaschnikow vor einer Tür, die in die Umzäunung eingelassen war, auf- und abschritt, hin und wieder mit den Armen schlug, eine Taschenlampe einschaltete, um die Umgebung abzuleuchten, und sich die Hände rieb. Er sah auf die Uhr; zur vollen Stunde schließlich trat er seine Runde an.

»Schätze, in einer Viertelstunde ist er wieder hier.« Richard befeuchtete den Zeigefinger, hielt ihn hoch. Der Wind kam ihnen entgegen, würde also ihre Witterung nicht zu Busses Hund tragen. Als vom Soldaten nichts mehr zu sehen war, gab Richard ein Zeichen; Wernstein blieb zurück. Im Wegschatten huschten Dreyssiger und er auf den Zaun zu, Richard prüfte die Spannung des Drahtes und schnitt ihn nahezu geräuschlos auf. Kriminell! dachte er. Aber die Fichte muß durchpassen. Hoffentlich ist der Schnitt nicht zu sehen, und hoffentlich macht der uniformierte Depp nicht gerade hier seine Lampe an, wenn er wiederkommt. Sie krochen in die Schonung, richteten sich in den dicht stehenden Bäumen mühsam auf. Sie hängten die Weihnachtsmannmäntel an einen Ast – die würden drinnen doch nur hinderlich sein und zerreißen – und arbeiteten sich vorsichtig zur Mitte der Schonung vor. Dort standen die Bäume lichter. An jedem baumelte ein weißes Viereck. Dreyssiger schirmte seine Taschenlampe ab, leuchtete behutsam. Auf den Schildern standen Namen, sämtlich von hohen Parteifunktionären; die schönste Blaufichte war mit dem Namen »Barsano« gekennzeichnet. Sie war etwa drei Meter hoch und vollkommen ebenmäßig gewachsen.

Die Krankenschwestern der Nord I öffneten die letzten Schmerzmittel-Chargen. Herr Kühnast hatte prinzipiell Verständnis für Richards Lage. »Wir könnten eine Sonderschicht fahren. Das Problem ist, ich habe keine Arbeitskräfte. Und es geht nur sonnabends, da sind unsere hohen Tiere nie da.«

Richard trommelte seine Studenten zusammen und beraumte einen Subbotnik im Arzneimittelwerk an. Er liebte solche Exkursionen. Die Studenten, war seine Meinung als Hochschullehrer, mußten wissen, wo sie studierten, was sie studierten und warum sie studierten. Einst war Deutschland die Apotheke der Welt gewesen, und Dresden die Wiege der Pharmakologie. Das Arzneimittelwerk, hervorgegangen aus den Firmen Madaus, Gehe und der Chemischen Fabrik von Heyden, in der die Acetylsalicylsäure – Grundstoff für Aspirin, das meistverkaufte Medikament der Welt – erstmalig industriell hergestellt worden war, hatte seinen Hauptstandort in der Leipziger Straße, in der ehemaligen Drogen- und Appreturanstalt der Firma Gehe. Dachrinnen hingen verbogen, die Fenster trugen Aschekrawatten, das Lächeln der Bestarbeiter auf den Fotos an der Werksstraße war von Schwefelkrebs zerfressen, ebenso die Kreideaufschrift »Hilfsarbeiter aller Art« auf der Tafel »Wir stellen ein«, die am Pförtnerhäuschen hing.

»Psst!« Dreyssiger hob die Hand. Sie hörten das Knacken im Unterholz und wieselten sofort in Deckung.

»Sieh mal einer an, das ist ja der Magenstock!« Richard duckte sich. »Höchstpersönlich mit einem seiner Söhne!«

Diese beiden schlichen zielstrebig auf die schönste Blaufichte zu, lauschten einige Sekunden, die Richard und Dreyssiger sprachlos verbrachten, und begannen zu sägen. Richard überlegte: Sollten sie aufspringen und sagen: Halt, wir waren zuerst da!? Dreyssiger tat es schon und ging mit weitausgreifenden Schritten auf Pfarrer Magenstock zu. »Wer sind Sie«, ächzte der Pfarrer. Dreyssiger leuchtete die Gesichter ab. Sie waren schwarz geschminkt, eine Art Indianer-Kriegsbemalung. »Wir waren zuerst da!« Dreyssiger hatte Mühe, seinen Zorn zu dämpfen.

»Oh … Herr Hoffmann«, murmelte Magenstock, wobei er sich ans Herz griff, »Sie haben sich also nicht ohne Hintergedanken bei mir erkundigt.«

Richard mahnte Dreyssiger mit einer Handbewegung, die Lampe auszuschalten. Die vier Männer lauschten beklommen. Es war nichts zu hören äußer Baumgeflüster.

»Herr Hoffmann, Sie … verfolgen die Interessen einer Klinik?« Pfarrer Magenstock atmete mühsam. »Sehen Sie, ich verfolge die Interessen meines Glaubens. Der Brauch stammt aus dem Mutterschoß der Christenheit!«

In diesem Augenblick ertönte Wernsteins Warn-Schuhu. Die Männer rappelten sich auf. Magenstock und sein Sohn rannten zu Barsanos Fichte und vollendeten in rasendem

Ritschratsch ihr Säge-Werk. Ein Hund schlug an. »Los, ver-
duften!« krächzte Pfarrer Magenstock mit bemerkenswerter
Kaltschnäuzigkeit. Dreyssiger schnappte sich die Zimmermannssäge, Richard hatte in der Panik den Bolzenschneider
liegengelassen. Schon sah man Taschenlampenlicht durch
das Astwerk junger Fichten schwanken. Die vier brachen
ohne Rücksicht durch das Unterholz. »Stehenbleiben, halt!«
und »Rudo, faß!« schrie es hinter ihnen. Magenstock klatschten die von seinem voranpreschenden Sohn umgebogenen
Zweige ins Gesicht. Der Hund bellte, dazwischen Wernsteins pausenlose Schuhu-Rufe; wie sinnlos, dachte Richard,
es klingt wie ein gedopter Kuckuck. »Stehen-bleiben! Stee-
heen-blei-been!«

»Herr Kühnast, so geht es nicht. Sie können doch nicht einfach irgendwelche Leute hier 'reinlassen. Es gibt Hygiene-
vorschriften, einen Maschinenlaufplan – «
    »Sie hätten doch nur Hilfsarbeiten ausgeführt«, vertei-
digte sich der Chemiker. »Seit Monaten haben wir Schwierigkeiten in der Verpackung.«
    »Trotzdem. Wenn was kaputtgeht oder passiert, was dann?
Sie hätten es außerdem mit mir absprechen müssen!« Der
Gesichtsausdruck von Kühnasts Vorgesetztem wechselte.
»Andererseits sind Sie nun mal da. Kommen Sie doch mal
mit, Herr Hoffmann«, und führte Richard in eine Kammer
voller Schreibmaschinen. »Alle defekt! Ich bemühe mich
seit anderthalb Jahren um einen Monteur aus dem Betrieb
Ihres Schwagers. Sie sollen Ihre Medikamente haben, für
Herz und Schmerz. Wenn unsere Schreibmaschinen endlich
repariert werden. Und grüßen Sie bitte Ihren Bruder von
mir.«

»Ich lasse Sie laufen, meine Herren. Unter einer Bedingung. Einer von Ihnen spielt für meine Jungs den Weihnachtsmann«, knurrte Förster Busse. »Mir glauben die Bengel nämlich nichts mehr.« Wernstein verlor das Münzenwerfen.

Mit dem Baum des Ersten Sekretärs ging Richard zu Ulrich, der sich bereit erklärt hatte, einen Monteur ins Arzneimittelwerk zu schicken – wenn er dafür einen Tannenbaum bekomme, mit dem seine Abteilung im sozialistischen Wettbewerb »Wer hat den schönsten Tannenbaum« den begehrten Wanderpokal nebst daran hängender erklecklicher Prämie gewinne.

»Oberarzt Hoffmann bitte zu Professor Müller«, tönte es aus der Kliniksprechanlage. Müller ging erregt auf und ab. »Wenn nur der Reucker mich in der Konferenz nicht so triumphierend mustern würde! Ich muß mich beherrschen, Herr Hoffmann, und ich mag es nicht, mich beherrschen zu müssen!« Er verzog seine Lippen zu einem schmollenden Himbeerwulst. »Aber es hilft nichts. In diesem Jahr werden wir uns der Inneren wohl geschlagen geben müssen. Es ist ja schon unglaublich, daß Reucker auch die Weihnachtsbaumabnahmekommission leitet.«

»Was? Nicht der Rektor?«

»Eben nicht. Das ist ja die Schweinerei.«

»Noch geben wir nicht auf.«

»Aber uns bleibt nur der Striezelmarkt, soweit ich sehe.«

»Dort gibt es nur noch Krückstöcke, die uns zum Gespött der Akademie machen.«

Über Müllers Gesicht blitzte eine Idee. »Und Reisig, Herr Hoffmann, und Reisig.«

Aber bei der Kontrollabnahme zog der Chef der Inneren Kliniken, Reucker, mit kühler Handbewegung einen Schraubenzieher aus der Tasche seines blütenweißen Kittels, suchte eine Weile, während der sich Müllers Lippen zu einem Schlitz zusammenpreßten, und schraubte einen Ast an der stolz aufgerichteten, scharf symmetrisch gebauten chirurgischen Fichte ab. Die Schwestern, Ärzte, Diätköchinnen, Hilfspfleger standen mit gesenkten Köpfen, man konnte das Knistern der Kittel hören. »Der Schraubenbaum wächst nicht in heimischer Natur«, sagte Reucker und ließ das Schräubchen von weit oben in die ausgestreckte Hand eines Assistenten fallen, der, verlobt mit einer Krankenschwester aus der Chirurgie, süffisant lächelte. Im Planetenweg aß man an diesem Abend den besten Stollen der Welt.

ELENI TOROSSI
Der Weihnachtsbaum meiner Kindheit

Der Weihnachtsbaum meiner Kindheit war kein normaler Baum. Er hatte immerhin echte Äste, während die meisten Kinder damals in Athen einen künstlichen Baum hatten. Ihr Weihnachtsbaum war aus Plastik, und seine Äste konnte man wie einen Regenschirm öffnen und schließen. Die Familien kauften sich einen solchen Baum und konnten ihn viele Jahre benutzen. Sie bewahrten ihn im Speicher auf und zogen ihn in der Weihnachtszeit aus seiner Plastikhülle wieder hervor, öffneten seine Äste und schmückten ihn mit den üblichen elektrischen Lichtern und den glänzenden Weihnachtskugeln. Echte Bäume hatten damals nur die reichen Familien. In unserer Nachbarschaft waren alle arm. Meine Mutter hatte nicht einmal für einen Plastikbaum genug Geld. Doch jedes Jahr genossen wir den Luxus, einen natürlichen Baum aufstellen zu können. Aber wie ich schon sagte, normal war unser Weihnachtsbaum nicht, und seine Geschichte, die für mich ein kleines Abenteuer war, begann schon in den ersten Dezembertagen. Mutter und ich warteten auf einen Samstag mit Sonnenschein und machten dann einen kleinen Ausflug. Am Syntagmaplatz hielten die Busse, die ans Meer fuhren; wir nahmen meistens denjenigen, der die Küste entlang bis Sounion fuhr. Wenn wir dann die dichtbevölkerten Küstenorte hinter uns hatten, entschieden wir spontan, wo wir aussteigen würden. Entscheidend waren die Landschaftsbilder, die sich vor unseren Augen ausbreiteten. Wenn uns ein grünes Wäldchen in unmittelbarer Nähe des Meeres auffiel, standen wir auf und stiegen bei der nächsten Haltestelle aus. Wir schlugen sofort den Weg dorthin ein, und wenn das Wetter noch warm war, zogen wir gleich unsere Schuhe aus und gingen barfuß am Sandstrand spazieren. Dann setzte sich Mutter auf einen Felsen und las in ihrer Samstagszeitung, während ich Muscheln und schöne Kieselsteine suchte. Oft tauchte ich meine Füße ins kalte Wasser, und Mama ermahnte mich, daß ich mir eine Erkältung holen könnte. Später, wenn ich genug hatte und mein Körbchen mit vielen, schönen Muscheln gefüllt war, lief ich zu ihr hin. Aus einer großen Tasche zog sie ein Geschirrtuch, breitete es aus und stellte verschiedene Appetithäppchen darauf: Fleischbällchen, kleine Käsetaschen, Reis in Weinblätter gehüllt. Dieses Picknick war für mich ein Hochgenuß, denn hier schmeckte mir alles tausendmal besser als zu Hause. Während wir aßen, zeigte ich ihr die Muscheln, die ich gesammelt hatte, und sie erzählte mir Geschichten, meistens welche, die sie gerade in der Zeitung gelesen hatte: daß König Konstantin bald Prinzessin Anna-Maria aus Dänemark heiraten würde oder daß eine neue Therapie mit Novokain gegen das Altern entdeckt worden war.

Wenn wir fertig waren, wickelte sie die Essensreste in das Geschirrtuch, steckte es in ihre Tasche, und dann machten wir uns auf den Weg in Richtung des benachbarten Pinienwaldes. Die feuchte Erde, die von einem Teppich aus trockenen Piniennadeln bedeckt war, knisterte unter unseren Schuhen. Wir sammelten abgebrochene Äste, die auf dem Boden lagen. Oft hingen sie auch von den Bäumen, niedergedrückt vom starken Wind und winterlichem Gewitter. Mutter hatte einen sehr guten Blick: »Der da, der paßt, oder dieser hier, guck!« rief sie, und dann wieder: »Nee, der ist schief gewachsen, der hat zuwenig Nadeln.« Nie habe ich verstanden, nach welchem Prinzip sie diese Äste sammelte und wie sie von vorneherein wissen konnte, daß sie zusammenpassen würden. Ich las vom Boden Pinienzapfen auf und steckte sie in mein Körbchen, während Mutter die Pinienäste zusammenband. Mit vollen Händen kehrten wir dann am späten Nachmittag zur Busstation zurück. Die Fahrgäste musterten uns neugierig, oft fragten sie, was wir mit den Pinien machen wollten. »Das ist unsere Sache, kümmern Sie sich um Ihre Angelegenheiten!« antwortete Mutter rigoros und abwehrend.

Wenn wir zu Hause ankamen, war es schon dunkel, und ich mußte bald schlafen gehen. Sonntag vormittags sprang ich voller Ungeduld aus dem Bett. Nicht, weil wir Advent feiern würden, nein, Advent feiern wir in Griechenland gar nicht. Ich hatte etwas anderes vor: Ich holte mir sofort meinen Malkasten mit der goldenen und der silbernen Farbe und begann, die Muscheln und Pinienzapfen zu färben, und wenn sie wieder trocken waren, übermalte ich sie mit einem Lack, damit sie schön glänzten. Mit Nagel und Hammer schlug ich vorsichtig kleine Löcher, durch die ich dann einen Faden zog, um sie aufzuhängen. Neugierig und erwartungsvoll schaute ich immer wieder zu meiner Mutter hin. Sie hatte die Äste auf den großen Tisch geworfen und schon begonnen, einen nach dem anderen mit stabilem Draht und grünem Naturbast geschickt an einem dicken, geraden Baumstamm zu befestigen, den wir das ganze Jahr über hinter der Tür aufbewahrten. Ihre Hände bewegten sich zielsicher und wendig, als wäre für sie das Biegen und Drehen des Eisendrahtes eine Selbstverständlichkeit, so wie ich es oft im Dorf gesehen hatte, wenn Handwerker mit dem Flechten von Strohbesen oder großen Körben beschäftigt waren. Meine Mutter als gelernte Hutmacherin hatte flinke Finger und tat auch diese Arbeit meisterhaft und mit großer Hingabe, bis aus ihren Händen ein niedlicher Pinienbaum in der Form einer Tanne hervorging. Es war natürlich kein echter Tannenbaum, auch kein Pinienbaum, aber es war unser neuer Weihnachtsbaum. Besonders schön wurde er, wenn ich ihn mit meinen goldenen Muscheln und silbernen Pinienzapfen behängte. Mutter holte dann die große Schachtel mit den glänzenden Weihnachtskugeln herunter, die ein Jahr lang auf dem Kleiderschrank aufbewahrt worden war. Wir hängten auch diese Kugeln an unseren Baum, der dann der schönste im ganzen Viertel war. Um die kleine Krippe unter dem Baum herum breitete ich schließlich einen Teppich aus bunten Kieselsteinen aus, die ich gesammelt hatte.

Nachmittags kamen alle Kinder aus der Nachbarschaft, um unseren Weihnachtsbaum zu besichtigen, weil er doch jedes Jahr ein bißchen anders wurde. Mutter bot uns Weihnachtsgebäck und Kakao an, und so feierten wir eine Art Advent, der aber kein Advent war, und hatten einen Weihnachtsbaum, der kein Tannenbaum war. Der hatte aber echte Weihnachtskugeln, neben denen mein Gesicht vor Freude strahlte.

RICHARD HUGHES
Der Weihnachtsbaum

Es war Heiligabend, und der Weihnachtsbaum stand fertig geschmückt für die Feiertage da. Aber kaum waren alle zu Bett gegangen, als die Spielsachen, die am Baum hingen, miteinander zu reden und zu tuscheln begannen.

»Es wäre doch ein rechter Spaß«, sagten sie, »wenn wir alle heruntersteigen und uns verstecken würden.«

Sie kletterten also alle vom Baum herunter und ließen ihn ganz kahl zurück und versteckten sich – einige hinter den Schränken, und einige hinter den Heizröhren, und einige hinter den Büchern auf den Regalen im Wohnzimmer und wo es ihnen sonst noch einfiel.

Am ersten Feiertag kamen die Kinder herunter und wünschten einander fröhliche Weihnachten: aber als sie ihren entzückenden Baum ganz kahl dastehen sahen mit nicht einmal einem einzigen Knallbonbon mehr daran, da weinten und weinten sie heiße Tränen.

Als sie die Kinder weinen hörten, schämten sich die Spielsachen gehörig wegen des unartigen Streichs, den sie ihnen gespielt hatten: Trotzdem aber mochten sie nicht recht aus ihren Verstecken hervorkommen, während jemand herumstand. Sie warteten also, bis alle in die Kirche gegangen waren, und dann schlüpften sie hervor.

»Ich weiß!« sagte die Arche Noah und sprach mit all ihren Stimmen zugleich, »ich hab' eine Idee!«

Sie führte also die andern Spielsachen zum Haus hinaus

und in die Stadt, und da trennten sie sich und suchten sich ihren Weg durch die Hintertür in jeden Spielzeugladen und in jeden Süßigkeitsladen. Einmal drinnen, luden sie alle Spielsachen und alle Süßigkeiten zu einer großen Gesellschaft ein, die sie gäben, und führten sie zurück zum Haus. »Hier ist es, wo wir unsere Gesellschaft geben«, sagten sie und zeigten auf den Weihnachtsbaum. So kletterten denn alle die neuen Spielsachen zu den Zweigen des Baums hinauf und hängten sich dran. Es war wahrhaftig kaum genug Platz für sie alle, denn es waren nun zehnmal soviel da als vorher.

Die ganze Zeit in der Kirche hatten die Kinder still hinter ihren Gesangbüchern in sich hineingeweint und waren noch immer ziemlich traurig, als sie nach Haus kamen; aber als sie ihren Weihnachtsbaum erblickten mit zehnmal soviel Geschenken daran, als vorher dagewesen waren, und mit zehnmal soviel Kerzen, die einander lieblich anstrahlten, da lachten sie und klatschten in die Hände und jauchzten vor Freude und sagten, in ihrem ganzen Leben hätten sie noch niemals einen so bezaubernden Weihnachtsbaum gesehen!

HANS CHRISTIAN ANDERSEN
Der Tannenbaum

Draußen im Walde stand so ein niedlicher, kleiner Tannenbaum; er hatte einen guten Platz, Sonne konnte er bekommen, Luft war genug da, und ringsumher wuchsen viele größere Kameraden, Tannen und auch Fichten; aber der kleine Tannenbaum war nur darauf erpicht zu wachsen; er dachte nicht an die warme Sonne und an die frische Luft, er machte sich nichts aus den Bauernkindern, die um ihn herumliefen und plauderten, wenn sie da draußen waren, um Erdbeeren oder Himbeeren zu sammeln; oft kamen sie mit einem ganzen Topf voll, oder sie hatten Erdbeeren auf einem Strohhalm gereiht, und dann setzten sie sich neben den kleinen Baum und sagten: »Nein, wie reizend klein der ist!« Das mochte der Baum gar nicht hören.

Im nächsten Jahr war er ein ganzes Ende größer, und im Jahr darauf war er noch viel größer, denn bei einem Tannenbaum kann man immer an den vielen Ansätzen, die er hat, sehen, wieviel Jahre er gewachsen ist.

»Ach, wäre ich doch solch großer Baum wie die andern!« seufzte der kleine Baum, »dann könnte ich meine Zweige weit um mich ausbreiten und mit der Spitze in die weite Welt hinaussehen! Die Vögel würden Nester zwischen meinen Zweigen bauen, und wenn es wehte, könnte ich so vornehm nicken, geradeso wie die andern da!«

Er hatte gar keine Freude an dem Sonnenschein, an den Vögeln oder an den roten Wolken, die des Morgens und des Abends über ihn hinsegelten.

Wenn es Winter war und der Schnee ringsumher schimmernd weiß lag, dann kam oft ein Hase gesprungen und setzte gerade über den kleinen Baum hinweg – oh, das war so ärgerlich! – Aber zwei Winter vergingen, und im dritten war der Baum so groß, daß der Hase um ihn herumlaufen mußte. »Ach, wachsen, wachsen, groß und alt werden, das ist doch das einzig Schöne in dieser Welt«, dachte der Baum.

Im Herbst kamen immer Holzhauer und fällten einige von den größten Bäumen, das geschah jedes Jahr, und der junge Tannenbaum, der jetzt schon ganz hübsch groß war, erschauerte, denn die großen, prächtigen Bäume fielen mit einem Krachen und Knacken zu Boden; ihre Zweige wurden abgehauen, sie sahen ganz nackt, lang und schmal aus; sie waren beinahe nicht wiederzuerkennen, aber dann wurden sie auf Wagen geladen, und Pferde zogen sie fort, aus dem Wald hinaus.

Wo sollten sie hin? Was stand ihnen bevor?

Im Frühling, als die Schwalbe und der Storch kamen, fragte der Baum sie. »Wißt ihr, wo sie hingebracht worden sind? Seid ihr ihnen begegnet?«

Die Schwalbe wußte nichts, aber der Storch sah nachdenklich aus, nickte mit dem Kopf und sagte: »Ja, ich glaube, ich weiß es! Ich begegnete vielen neuen Schiffen, als ich von Ägypten geflogen kam; auf den Schiffen waren prächtige Mastbäume; ich möchte sagen, daß sie es waren, sie rochen nach Tannen; ich kann vielmals grüßen, sie ragen so stolz, so stolz empor!«

»Ach, wäre ich doch auch groß genug, um über das Meer hinzufliegen! Wie ist es eigentlich, dies Meer, und wie sieht es aus?«

»Ja, das ist so umständlich zu erklären«, sagte der Storch, und dann ging er fort.

»Freue du dich deiner Jugend!« sagten die Sonnenstrahlen; »freue dich auch deines frischen Wachstums, des jungen Lebens, das in dir ist!«

Und der Wind küßte den Baum und der Tau weinte Tränen über ihn, aber das verstand der Tannenbaum nicht.

Wenn die Weihnachtszeit herankam, wurden ganz junge Bäume gefällt, Bäume, die oft nicht einmal so groß oder so alt waren wie dieser Tannenbaum, der weder Rast noch Ruhe hatte, sondern immer von dannen wollte; diese jungen Bäume – und es waren gerade die allerschönsten – behielten immer ihre Zweige, sie wurden auf Wagen gelegt, und Pferde zogen sie von dannen, aus dem Walde hinaus.

»Wo sollen sie hin?« fragte der Tannenbaum. »Sie sind nicht größer als ich, da war sogar einer, der noch viel kleiner war; warum haben sie alle ihre Zweige behalten? Wo fahren sie hin?«

»Das wissen wir! Das wissen wir!« zwitscherten die Spatzen. »Wir haben unten in der Stadt in die Fenster hineingeguckt! Wir wissen, wo sie hinfahren! Oh, sie gelangen zur größten Pracht und Herrlichkeit, die man sich nur denken kann! Wir haben in die Fenster hineingeguckt und gesehen, wie sie mitten in die warme Stube gepflanzt und mit den schönsten Sachen geschmückt wurden, mit vergoldeten Äpfeln und Honigkuchen, mit Spielzeug und mit vielen Hunderten von Lichtern!«

»Und dann –?« fragte der Tannenbaum und zitterte an allen Zweigen. »Und dann? Was geschieht dann?«

»Ja, mehr haben wir nicht gesehen! Das war wunderbar!«

»Ob ich wohl erschaffen bin, um diesen strahlenden Weg

zu gehen?« jubelte der Baum. »Das ist noch besser, als über das Meer zu fahren! Wie mich die Sehnsucht quält! Wäre es doch erst Weihnachten! Jetzt bin ich groß und breit wie die andern, die im vorigen Jahr weggeführt wurden! – Ach, wäre ich doch erst auf dem Wagen! Wäre ich doch in der warmen Stube mit all der Pracht und Herrlichkeit! Und dann –? Ja, dann kommt noch etwas viel Besseres, viel Schöneres, warum sollten sie mich sonst wohl so schmücken! Da muß noch etwas viel Größeres, viel Herrlicheres kommen –! Aber was? Oh, ich leide, ich sehne mich! Ich weiß selbst nicht, wie mir zumute ist!«

»Freue dich über mich!« sagte die Luft, sagte der Sonnenschein; »freue dich deiner frischen Jugend da draußen im Freien.«

Aber er freute sich gar nicht; er wuchs und wuchs, im Winter und im Sommer stand er grün da; dunkelgrün stand er da; Leute, die ihn sahen, sagten: »Das ist ein wunderhübscher Baum«; und zur Weihnachtszeit wurde er vor allen zuerst gefällt. Die Axt hieb tief durch das Mark, der Baum fiel mit einem Seufzer an die Erde, er empfand einen Schmerz, eine Ohnmacht, er konnte gar nicht an sein Glück denken, er war betrübt, von der Heimat scheiden zu müssen, von dem Fleck, wo er emporgesprossen war; er wußte ja, daß er niemals die lieben alten Kameraden, die kleinen Büsche und Blumen ringsumher, ja, vielleicht nicht einmal die Vögel wiedersehen würde. Die Abreise war gar nicht angenehm.

Der Baum kam erst wieder zu sich, als er im Hofe mit den andern Bäumen abgeladen worden war und einen Mann sagen hörte: »Der ist wunderhübsch! Wir brauchen nur den allein!«

Dann kamen zwei Diener in vollem Staat und trugen den

Tannenbaum in einen großen, schönen Saal. Ringsumher an den Wänden hingen Ölgemälde, und neben dem großen Kachelofen standen chinesische Vasen mit Löwen auf den Deckeln; da gab es Schaukelstühle, seidene Sofas, große Tische, voll von Bilderbüchern und Spielzeug für hundertmal hundert Taler – wenigstens sagten die Kinder das. Und der Tannenbaum wurde in ein großes, mit Sand gefülltes Faß gestellt, aber niemand konnte sehen, daß es ein Faß war, denn es wurde grüner Stoff ringsherum gehängt, und es stand auf einem großen, bunten Teppich. Oh, wie der Baum bebte! Was wird wohl nun geschehen? Diener, wie auch junge Damen gingen umher und schmückten ihn. An die Zweige hängten sie kleine, aus buntem Papier ausgeschnittene Netze; jedes Netz war mit Zuckerwerk gefüllt; vergoldete Äpfel und Walnüsse hingen dazwischen, als seien sie festgewachsen, und über hundert rote, blaue und weiße kleine Kerzen wurden an den Zweigen befestigt. Puppen, die leibhaftig wie Menschen aussahen – der Baum hatte noch niemals solche gesehen –, schwebten in dem Grün, und ganz oben auf die Spitze wurde ein großer Stern aus Flittergold gesteckt, das war prachtvoll, ganz wunderbar prachtvoll.

»Heute abend«, sagten sie alle zusammen, »heute abend soll er strahlen!«

»Ach«, dachte der Baum, »wäre es doch erst Abend! Wären doch die Lichter nur erst angezündet! Und was dann wohl geschieht? Ob wohl Bäume aus dem Walde kommen, um mich zu besehen? Ob die Spatzen an die Fensterscheiben fliegen? Ob ich hier festwachse und Winter und Sommer geschmückt dastehen soll?«

Ja, er wußte gut Bescheid; aber er hatte förmlich Rindenweh vor lauter Sehnsucht, und Rindenweh ist für einen Baum ebenso schlimm wie Kopfschmerzen für uns andere.

Nun wurden die Lichter angezündet. Welch ein Glanz, welch eine Pracht! Der Baum erbebte dabei an allen Zweigen, so daß eins der Lichter das Grün anzündete; es brannte ordentlich.

»Gott bewahre uns!« schrien die jungen Damen und löschten es schnell aus.

Jetzt wagte der Baum nicht einmal zu beben! Oh, war das ein Graus! Er war so bange, etwas von seinem Schmuck zu verlieren, er war ganz verwirrt von all dem Glanz – und nun gingen beide Flügeltüren auf, und eine Menge Kinder stürzten herein, als wollten sie den ganzen Baum umreißen; die älteren Leute kamen bedächtig hinterdrein; die Kleinen standen ganz stumm da – aber nur einen Augenblick, dann jubelten sie wieder, daß es nur so schallte; sie tanzten rund um den Baum herum, und ein Geschenk nach dem andern wurde abgepflückt.

»Was machen sie nur?« dachte der Baum. »Was wird jetzt noch geschehen?« Und die Lichter brannten bis auf die Zweige herunter, und sobald eins niedergebrannt war, wurde es ausgelöscht, und dann bekamen die Kinder Erlaubnis, den Baum zu plündern. Oh, sie stürzten auf ihn ein, so daß er in allen Zweigen krachte; wäre er nicht mit der Spitze und mit dem goldenen Stern an die Decke festgebunden gewesen, so wäre er umgestürzt.

Die Kinder tanzten mit ihrem herrlichen Spielzeug herum, niemand sah den Baum an außer dem alten Kindermädchen, das umherging und zwischen die Zweige guckte, aber das tat sie nur, um zu sehen, ob da nicht noch eine Feige oder ein Apfel vergessen war.

»Eine Geschichte! Eine Geschichte!« riefen die Kinder und zogen einen kleinen dicken Mann nach dem Baum hin, und der setzte sich gerade unter ihn, »denn dann sind wir im Grünen«, sagte er, »und dem Baum kann es ganz besonders gut tun, mit zuzuhören; aber ich erzähle nur eine Geschichte. Wollt ihr die von Ivede-Avede hören oder die von Klumpe-Dumpe, der die Treppe hinunterfiel und doch auf den Ehrenplatz kam und die Prinzessin kriegte?«

»Ivede-Avede!« schrien einige, »Klumpe-Dumpe!« schrien andere; da gab es ein Rufen und Schreien, nur der Tannenbaum schwieg ganz still und dachte: »Soll ich gar nicht mit dabei sein, soll ich gar nichts dabei zu tun haben!« Er war ja mit dabei gewesen, hatte getan, was er tun sollte.

Und der Mann erzählte von Klumpe-Dumpe, der die Treppe hinunterfiel und doch auf den Ehrenplatz kam und die Prinzessin kriegte. Und die Kinder klatschten in die Hände und riefen: »Erzähle! Erzähle!« Sie wollten auch »Ivede-Avede« hören, aber sie bekamen nur die Geschichte von »Klumpe-Dumpe« erzählt. Der Tannenbaum stand ganz still und nachdenklich da, nie hatten die Vögel draußen im Walde so etwas erzählt. »Klumpe-Dumpe fiel die Treppe hinab und kriegte doch die Prinzessin! Ja, ja, so geht es zu in der Welt!« dachte der Tannenbaum und glaubte, daß es wirklich wahr sei, weil es ein so netter Mann war, der es erzählte. »Ja, ja, wer kann es wissen! Vielleicht falle ich auch die Treppe hinunter und kriege eine Prinzessin!« Und er freute sich darauf, am nächsten Tag wieder mit Lichtern und Spielzeug und Gold und Früchten aufgeputzt zu werden.

»Morgen will ich nicht zittern!« dachte er. »Ich will mich so recht all meiner Herrlichkeit freuen. Morgen werde ich wieder die Geschichte von ›Klumpe-Dumpe‹ hören und vielleicht auch die von ›Ivede-Avede‹.« Und der Baum stand die ganze Nacht still und gedankenvoll da. Am Morgen kamen der Diener und das Mädchen herein.

»Nun beginnt die Pracht von neuem!« dachte der Baum, aber sie schleppten ihn aus der Stube hinaus, die Treppe hinauf auf den Boden, und da, in einer dunklen Ecke, wo kein Tag hineinschien, stellten sie ihn hin. »Was soll das bedeuten?« dachte der Baum. »Was soll ich hier wohl machen? Was werde ich hier wohl zu hören bekommen?« Und er lehnte sich an die Wand und dachte und dachte. – Und Zeit genug hatte er, denn es vergingen Tage und Nächte; niemand kam hinauf, und als endlich jemand kam, da geschah es nur, um ein paar große Kisten in die Ecke zu stellen; der Baum stand ganz versteckt, man sollte glauben, daß er ganz und gar vergessen war.

»Jetzt ist es Winter da draußen!« dachte der Baum. »Die Erde ist hart und mit Schnee bedeckt, die Menschen könnten mich nicht einpflanzen; darum muß ich hier noch bis zum Frühling im Schutz stehen! Wie wohl bedacht das ist! Wie gut doch die Menschen sind!«

»Wäre es hier nur nicht so dunkel und so schrecklich einsam! – Nicht einmal ein kleiner Hase! – Das war doch so vergnüglich da draußen im Walde, wenn Schnee lag und der Hase vorübersprang; ja, selbst als er über mich hinwegsprang, aber das mochte ich damals gar nicht. Hier oben ist es doch schrecklich einsam!«

»Piep, piep!« sagte im selben Augenblick eine kleine Maus und schlüpfte hervor, und dann kam noch eine kleine dazu.

Sie beschnupperten den Tannenbaum und huschten in seinen Zweigen herum.

»Es ist eine gräuliche Kälte!«sagten die kleinen Mäuse. »Sonst ist es hier ja herrlich! Nicht wahr, du alter Tannenbaum?«

»Ich bin gar nicht alt!« sagte der Tannenbaum, »es gibt viele, die viel älter sind als ich!«

»Wo kommst du her?« fragten die Mäuse, »und was weißt du?« Die waren nun einmal so schrecklich neugierig. »Erzähle uns doch von dem schönsten Ort auf der Welt! Bist du dort gewesen? Bist du in der Speisekammer gewesen, wo Käse auf den Borden liegen und Schinken unter der Decke hängen, wo man auf Talglichten tanzt und mager hineingeht und fett herauskommt?«

»Den Ort kenne ich nicht«, sagte der Baum, »aber den Wald kenne ich, wo die Sonne scheint und wo die Vögel singen!« und dann erzählte er alles aus seiner Jugend, und die kleinen Mäuse hatten noch nie so was gehört und sie hörten aufmerksam zu und sagten: »Nein, wieviel du gesehen hast! Wie glücklich du gewesen bist!«

»Ich!« sagte der Tannenbaum und dachte über das nach, was er selbst erzählte; »ja, es waren im Grunde ganz vergnügliche Zeiten!« – Aber dann erzählte er von dem Weihnachtsabend, wo er mit Kuchen und Lichtern geschmückt war.

»Ach!« sagten die kleinen Mäuse, »wie glücklich du gewesen bist, du alter Tannenbaum!«

»Ich bin gar nicht alt!« sagte der Tannenbaum, »ich bin ja erst diesen Winter aus dem Walde gekommen! Ich bin in meinem allerbesten Alter, ich bin nur im Wachstum zurückgeblieben!«

»Wie schön du erzählen kannst!« sagten die kleinen Mäuse, und in der nächsten Nacht kamen sie mit vier andern kleinen Mäusen, die den Baum erzählen hören sollten, und je mehr er erzählte, desto deutlicher erinnerte er sich all seiner Erlebnisse und meinte: »Es waren doch ganz vergnügliche Zeiten! Aber es kann noch kommen, es kann noch kommen! Klumpe-Dumpe fiel die Treppe hinunter und kriegte doch die Prinzessin, vielleicht kriege ich auch eine Prinzessin«, und dabei dachte der Tannenbaum an eine kleine niedliche Birke, die da draußen im Walde wuchs, das war für den Tannenbaum eine wirkliche, schöne Prinzessin.

»Wer ist Klumpe-Dumpe?« fragten die kleinen Mäuse. Und dann erzählte der Tannenbaum das ganze Märchen, er konnte sich jedes einzelnen Wortes entsinnen; und die kleinen Mäuse waren nahe daran, vor lauter Freude bis an die Spitze des Baumes zu springen. In der nächsten Nacht kamen noch viel mehr Mäuse, und am Sonntag kamen sogar zwei Ratten; aber die meinten, die Geschichte wäre nicht amüsant; und das betrübte die kleinen Mäuse, denn jetzt gefiel sie ihnen auch lange nicht mehr so gut.

»Wissen Sie nur die eine Geschichte?« fragten die Ratten.

»Nur die eine!« antwortete der Baum. »Die hörte ich an meinem glücklichsten Abend, aber damals dachte ich nicht daran, wie glücklich ich war!«

»Das ist eine außerordentlich mäßige Geschichte! Wissen Sie keine von Speck oder Talglichten? Keine Speisekammergeschichte?«

»Nein!« sagte der Baum.

»Ja, dann bedanken wir uns vielmals!« sagten die Ratten und gingen wieder dahin, woher sie gekommen waren.

Die kleinen Mäuse blieben schließlich auch weg, und da seufzte der Baum: »Es war doch ganz nett, als sie um mich herumsaßen, die muntern kleinen Mäuse, und zuhörten, wenn ich erzählte! Nun ist auch das vorbei! – Aber ich werde daran denken, mich zu freuen, wenn ich nun wieder hervorgeholt werde!«

Aber wann geschah das? – Ja, in einer Morgenstunde kamen Leute und kramten auf dem Boden herum. Kisten wurden weggesetzt, der Baum wurde hervorgezogen; sie warfen ihn freilich ein wenig hart auf den Fußboden, aber gleich darauf schleppte ihn ein Diener nach der Treppe hin, wo der Tag hereinschien.

»Jetzt fängt das Leben wieder an«, dachte der Baum; er fühlte die frische Luft, den ersten Sonnenstrahl – und nun war er draußen auf dem Hof. Alles ging so geschwind, der Baum vergaß ganz, sich selbst zu betrachten, ringsumher war so vieles zu sehen. Der Hof stieß an einen Garten, und darin blühte alles; die Rosen hingen so frisch und duftend über das kleine Gitter herüber, die Lindenbäume blühten, und die Schwalben flogen umher und sagten: »Quivi-wie-wie-vit, mein Mann ist gekommen!« Aber den Tannenbaum meinten sie nicht.

»Jetzt will ich leben!« jubelte er und breitete seine Zweige weit aus; ach, sie waren alle vertrocknet und gelb; und er lag in der Ecke zwischen Unkraut und Nesseln. Der Stern aus Goldpapier saß noch oben an der Spitze und glitzerte im hellen Sonnenschein.

Auf dem Hofe spielten ein paar von den lustigen Kindern, die zur Weihnachtszeit um den Baum herumgetanzt und sich so über ihn gefreut hatten. Eins von den kleinsten lief hin und riß den goldenen Stern ab.

»Seht, was da noch an dem ekligen alten Tannenbaum sitzt!« sagte der Junge und trampelte auf den Zweigen herum, so daß sie unter seinen Stiefeln krachten.

Und der Baum sah hinüber zu all der Blumenpracht und

Frische im Garten, er sah sich selbst an und wünschte, daß er in seinem dunklen Winkel oben auf dem Boden geblieben wäre; er dachte an seine frische Jugend im Walde, an den lustigen Weihnachtsabend und an die kleinen Mäuse, die so vergnügt die Geschichte von Klumpe-Dumpe angehört hatten.

»Vorbei, vorbei!« sagte der arme Baum. »Hätte ich mich doch gefreut, als ich es noch konnte. Vorbei! Vorbei!«

Und der Knecht kam und hieb den Baum in kleine Stücke, ein ganzes Bündel lag da; herrlich flammte es auf unter dem großen Braukessel; und er seufzte so tief, jeder Seufzer war wie ein kleiner Schuß; deshalb liefen die Kinder, die da draußen spielten, herzu und setzten sich vor das Feuer, sahen in die Flammen und riefen: »Piff! Paff!« Aber bei jedem Knall, der ein tiefer Seufzer war, dachte der Baum an einen Sommertag im Walde, an eine Winternacht da draußen, wenn die Sterne glitzerten; er dachte an den Weihnachtsabend und an Klumpe-Dumpe, das einzige Märchen, das er gehört hatte und erzählen konnte – und dann war der Baum verbrannt.

Die Knaben spielten auf dem Hofe, und der kleinste hatte den goldenen Stern an der Brust, den der Baum an seinem glücklichsten Abend getragen hatte; das war jetzt vorbei, und mit dem Baum war es vorbei und mit der Geschichte auch; vorbei, vorbei, und so geht es mit allen Geschichten!

ELSE LASKER-SCHÜLER
Der *Weihnachtsbaum*

Später kommen sie meist alle in den Keller oder man wirft sie kurz und bündig auf den Schutthaufen. Aber ich kannte auch jemand, dem genügte es nicht, die erlesene Tanne im Silberkleide zu plündern, alle die Äpfel und Nüsse und Näschereien, er sog auch noch das edle Blut aus ihrem Stamm und ihren Zweigen. Und als das neue Jahr kam, warf er den Weihnachtsbaum mit dem schimmernden Wachsengel in der Krone – in die Wanne, zu stärken seine Glieder im duftenden Extrakt der frommen Nadeln.

Ähnlich wie dem Weihnachtsbaum ergehts dem Menschen; er ist des erkorenen Baumes: Symbol. Es unterhalten sich gerne über die Weihnacht der Liebe, in ihrer grünen Sprache, die der Wind zu vermitteln pflegt, die Tannenbäume; schon die, die noch in die Baumschule gehen.

Nicht jedes von uns Kindern, Sonntagsmenschenkindern, steht einmal »ganz« im Glanz! Angezündet auf dem blauen Tisch der Weihnachtszeit; aber »jede Mama« auf Erden mit Spiel und Zuckerzeug behangen. Ihre Lichte brennen ewiglich – denn der Mutter Liebe brennt noch im Grabe und vom Himmel für ihr Kind.

Jeder Mensch möchte wenigstens ein einziges Mal »ganz« im Lichte stehen ... Doch wenn auch nur ein *einziges* Zweiglein brennt! Im ganzen Zauber des Lichts mit glitzernden Wundern geschmückt, gehört freilich zum Ausnahmeglück.

Nur die Liebe vermag den Wandel vom Dunkelsein zur

Lichtwerdung zu vollbringen. Die Liebe will immer Weihnachten feiern, will anzünden und angezündet werden, beschenken und behangen werden mit bunterlei Sternen. Störe die Weihnacht nicht – über sie leuchtet der Engel der Liebe ...

Trenne Liebende nicht – über sie leuchtet der Stern der Weihnacht. Es erlöschen so bald die Lichte der liebenden Herzen, sie werden – wie vom Wehen – über Nacht ausgeblasen.

Die Liebe ist der holde Baum der Weihnacht; er ist – in Wahrheit nicht käuflich noch umzupflanzen. *Er ist unser aller Liebesgut.* Immer neigt er seine strahlenden Zweige – uns Liebe zu pflücken. Sein leuchtendes Ebenbild zu werden, möchte ich mir wohl wünschen, immer wieder aufzuerstehen:

Wir welken längst wo angelehnt,
Am grauen Steine einer alten Mauer;
So ausgelöscht und haben uns gesehnt,
Nach einem einzigen Lichtlein in der Weltentrauer.

Wie nie auf einmal standen wir im Glanz,
Und unsere feierlichen Herzen hingegeben,
Verglühten ineinander wie im Tempeltanz.

Was soll ich weiter und auch du mit deinem Leben,
Lichtlosem Dasein, das hell brannte in die Nacht,
Jäh umgebracht –
Mit meinem funkelte noch eben ...

DAS FEST DER LIEBE

Weihnachten ist Sichverlieben

Die festtäglichen Unternehmungen waren schon bei meinem Vater nicht mehr Glaube, Gebundenheit, nur noch Pietät – Anhänglichkeit an das Elternhaus, dem er mit der Wiederholung des Rituals auch im hohen Alter noch kindlichen Respekt erwies. In seiner letzten Stunde schrie er laut und innig das »Schmah Jisroel«; er wird, während er die uralte Formel gewaltsam herausstieß, ganz gewiss nicht von Angesicht zu Angesicht mit Jehova gewesen sein – eher zurückgesunken in die früheste Vergangenheit, als der Zauber-Spruch Wurzel gefasst hatte. Für mich gewann diese Welt nie eine Realität. Schon meine Eltern fuhren am Sabbat, unser Haushalt war nur ein bisschen koscher, wir Kinder durften Schinken essen, ich fastete am Versöhnungstag nicht, mein Hebräisch war kaum der Rede wert. Ich wuchs nicht in der jüdischen Tradition auf; ich lernte nur noch einige ständig repetierte Szenen und die berühmtesten Nummern kennen.

Eine mächtige Realität hingegen war für mich Weihnachten: der Baum, die Lichter, die Bescherung, Schnee mit Tannennadelgeruch, die familiäre Zusammengehörigkeit von Herrschaft und Dienstboten – nicht ein Herablassen, sondern die Wiederherstellung eines echten Zustands, wenn auch nur für einen Abend. Diese Weihnachts-Freude aneinander war viel realer als jenes »Das nächste Jahr in Jeruschulajim«. Bis zu diesem Tag sind meine besten frühen Stunden aufgehoben in den Weihnachtsliedern, die mich immer an Pfeffernüsse, Gänsebraten, Lametta, Karten mit winterlichen Ansichten – und jene Lupe unter dem Weihnachtsbaum erinnern, welche ich mir sehnlicher wünschte als irgendetwas später. Heute könnte mich genauso bezaubern nur eine Hupe an meinem Wagen, die mir erlauben würde, durchs rote Licht zu fahren.

Weihnachten – das ist auch jene Stunde, als ich am Wasserturm, in der Nähe des Tattersaals und nicht weit von der Tiergarten-Schleuse, Gustel um einen Kuss bat. Sie sagte, zitternd: meine Mutter findet das unhygienisch. Zitternd hüllten wir unsere Köpfe in ihr dünnes Mäntelchen. Es war viel Läuten in der Luft von Weihnachtsglocken und Glitzern von Sternen und Schnee. Wir standen dicht beieinander und vergingen, am Weihnachtsabend. Am Weihnachtsabend betrat ich den mächtigen Kontinent Liebe – als Verliebter; und glaubte lange Zeit: Lieben und Vergehen ist dasselbe; Lieben und der süße Strom Sehnsucht ist dasselbe; Liebe ist nicht erfüllbar und deshalb immer glücklich; Weihnachten ist Sichverlieben.

O. HENRY
Das Geschenk der Weisen

Ein Dollar und siebenundachtzig Cent. Das war alles. Und sechzig Cent davon in Pennys. Pennys, die sie sich beim Krämer, beim Gemüsemann oder beim Metzger einzeln hatte zurückgeben lassen, während sie vor Scham über so viel offensichtliche Knickrigkeit ihrerseits rot wurde. Dreimal zählte Della das Geld. Ein Dollar und siebenundachtzig Cent. Und morgen war Weihnachten.

Man konnte gar nichts anderes tun, als sich auf das schäbige kleine Sofa schmeißen und heulen, was die Betrachtung nahelegt, das Leben bestehe eben aus Schluchzen, Schniefen und Lächeln, wobei Schniefen eindeutig überwiegt.

Während sich also die Hausherrin allmählich vom ersten zum zweiten Zustand vorarbeitet, werfen wir einen Blick auf ihr Heim. Möbliertes Zimmer, acht Dollar die Woche. Nicht ganz und gar bettelarm aussehend, aber schon mit dieser besonderen Aura von Bedürftigkeit.

Unten im Hausgang hing ein Briefkasten, in dem nie ein Brief angekommen war, und ein Klingelknopf, dem kein sterblicher Finger je ein Klingeln entlocken würde. Was sich außerdem fand, war eine Karte, die den Namen »Mr James Dillingham Young« trug.

Das »Dillingham« war während einer kurzen Phase des Erfolgs im Namen gelandet, als dessen Besitzer 30 Dollar die Woche verdient hatte. Jetzt, da das Einkommen auf 20 Dollar geschrumpft war, dachten sie ernstlich daran, ein bescheidenes und unauffälliges D. daraus zu machen.

Immer wenn Mr James Dillingham heimkam und seine Wohnung betrat, wurde er »Jim« genannt und von jener Mrs James Dillingham Young heftig abgeknutscht, die Ihnen schon als Della vorgestellt worden ist. So weit ist alles gut.

Della hörte auf zu heulen und bearbeitete ihr Gesicht mit der Puderquaste. Sie stand am Fenster und schaute trübsinnig einer grauen Katze zu, die über einen grauen Zaun in einen grauen Hinterhof sprang. Morgen war Weihnachten und sie besaß genau 1 Dollar und 87 Cent, womit sie für Jim ein Geschenk kaufen konnte.

Über Monate hatte sie jeden nur möglichen Penny gespart, und das war dabei rausgekommen. Mit zwanzig Dollar in der Woche kommt man halt nicht weit. Sie hatten mehr Ausgaben gehabt, als zu erwarten war. So war es immer.

Nur 1 Dollar 87, um für Jim ein Geschenk zu kaufen. Für ihren Jim. Manche glückliche Stunde hatte sie damit verbracht, sich etwas Hübsches für ihn auszudenken.

Etwas Feines, Seltenes, Kostbares – etwas, das die Ehre zu schätzen wusste, von jemandem wie Jim besessen zu werden.

Zwischen den beiden Fenstern hing ein Wandspiegel. Sie haben vielleicht schon einmal einen Wandspiegel in einer Acht-Dollar-Wohnung gesehen. Eine sehr dünne und bewegliche Person kann ihr Äußeres einigermaßen genau erfassen, wenn es ihr gelingt, ihr Spiegelbild in einer schnellen Abfolge von Längsansichten zusammenzusetzen. Die schlanke Della hatte diese Kunst perfektioniert.

Plötzlich wirbelte sie herum und stand vor dem Spiegel.

Ihre Augen leuchteten, aber ihr Gesicht hatte innerhalb von zwanzig Sekunden alle Farbe verloren. Sie löste ihr Haar und ließ es dann in seiner ganzen Länge herab.

Es gab zwei Besitztümer des James Dillingham Young, auf welche er sehr stolz war. Das erste: seine goldene Uhr, die seinem Vater und zuvor seinem Großvater gehört hatte. Das zweite waren Dellas Haare.

Wenn die Königin von Saba gegenüber gewohnt und Dellas Haare, die zum Trocknen aus dem Fenster hingen, hätte sehen müssen, wären Ihrer Majestät sämtliche Juwelen und sonstige Geschenke lächerlich und wertlos erschienen. Und wenn König Salomon inmitten seiner im Erdgeschoss aufgehäuften Schätze Hausmeister gewesen wäre, hätte Jim beim Vorbeigehen seine goldene Uhr herausgezogen, nur um zu sehen, wie jener sich vor Neid seinen Bart ausriss.

Dellas wundervolles, nun offenes Haar fiel in glänzenden Wellen wie ein brauner Wasserfall über ihren Rücken. Es reichte ihr fast bis an die Knie und umhüllte sie wie ein Mantel.

Dann steckte sie ihre Haare wieder hoch, nervös und hastig. Für eine Minute stand sie ganz still da, während eine oder zwei Tränen auf den abgewetzten roten Teppich tropften.

Sie zog ihr altes braunes Jäckchen an und setzte ihren alten braunen Hut auf. Mit wehendem Rock, immer noch das sonderbare Glitzern in den Augen, rannte sie aus der Tür, durchs Treppenhaus, hinunter auf die Straße.

Wo sie endlich anhielt, verkündete ein Schild: »Mme Sofronie. Haare aller Art.«

Della rannte die Treppe hinauf und blieb völlig außer Atem stehen.

Madame, fett, sehr weißhäutig und träge, sah überhaupt nicht nach einer »Sofronie« aus.

»Wollen Sie meine Haare kaufen?«, fragte Della.

»Ich kaufe Haare«, sagte Madame. »Tu mal deinen Hut runter und lass schauen, was du da hast.«

Und hinunter strömte er, der braune Wasserfall.

»Zwanzig Dollar«, sagte Madame, während sie die Masse von Haaren mit geübter Hand anhob.

»Schnell, geben Sie mir das Geld«, sagte Della.

Oh, und die nächsten zwei Stunden war sie wie auf rosa Flügeln. Vergesst das Klischee. Sie durchstöberte die Läden nach einem Geschenk für Jim.

Zum Schluss fand sie eins. Es war einfach für Jim gemacht, für niemand anderen. So etwas gab es in keinem der vielen Läden, sie hatte sie alle unterst zuoberst gekehrt. Eine Uhrkette aus Platin, schlicht und edel im Design, die ihren Wert wie alle guten Dinge einzig durch das Material und nicht durch irgendwelchen Ornamentschnickschnack zeigte. Sogar *der Uhr* war sie würdig.

Im Moment, als sie sie gesehen hatte, wusste sie, dass sie Jim gehören musste. Sie war wie er: Ruhe und Würde, die Beschreibung passte auf beide. Sie kostete einundzwanzig Dollar, und mit ihren restlichen 87 Cent eilte sie zurück nach Hause.

Mit dieser Kette würde Jim in jeder noch so feinen Gesellschaft auf die Uhr schauen wollen. So großartig seine Uhr war, sah er nämlich manchmal nur heimlich drauf, wegen des schäbigen alten Lederbandes, das er anstelle einer Uhrkette benutzte.

Innerhalb von vierzig Minuten war ihr Kopf mit niedlichen, eng anliegenden Löckchen bedeckt, die sie wunderbarerweise wie einen streunenden Schuljungen aussehen ließen. Sie betrachtete ihr Spiegelbild. Lang, sorgfältig und kritisch.

»Wenn Jim mich nicht umbringt, bevor er einen zweiten Blick auf mich geworfen hat«, sagte sie zu sich selber, »wird er sagen, ich sähe aus wie ein Coney-Island-Revuegirl. Aber was konnt' ich tuhun? Was mach ich aus einem Dollar siebenundachtzich?«

Um sieben Uhr war der Kaffee fertig und hinten auf dem Herd stand die Pfanne, heiß und bereit für die Koteletts.

Jim kam nie zu spät. Della legte die Kette in ihrer Hand zusammen und setzte sich auf die Ecke des Tischs, der nah an der Tür stand, durch die er reinkommen würde. Dann hörte sie seine Schritte unten auf der Treppe, am ersten Absatz, und für einen Moment wurde sie kalkweiß. Sie hatte die Angewohnheit, für ganz alltägliche Dinge ein kleines, stilles Gebet zu sagen, und jetzt flüsterte sie: »Lieber Gott, mach, dass er mich noch hübsch findet!«

Die Tür ging auf, Jim kam rein und machte sie hinter sich zu. Er sah dünn und sehr ernst aus. Der arme Junge, er war gerade zweiundzwanzig und hatte schon eine Familie auf dem Buckel. Außerdem brauchte er einen neuen Mantel und hatte keine Handschuhe.

Jim blieb an der Tür stehen, bewegungslos, wie ein Jagdhund, der eine Wachtel wittert. Seine Augen waren auf Della gerichtet, in ihnen war ein Ausdruck, den sie nicht deuten konnte und der sie erschreckte. Es war nicht Wut oder Überraschung, weder Enttäuschung noch Grauen, überhaupt keins von den Gefühlen, auf die sie gefasst gewesen war. Er starrte sie einfach unverwandt an mit diesem sonderbaren Ausdruck im Gesicht.

Della rutschte von der Tischkante und ging zu ihm.

»Jim, Liebling«, rief sie, »schau mich nicht so an. Ich hab meine Haare abgeschnitten und sie verkauft, weil ich nicht hätte leben können ohne ein Weihnachtsgeschenk für dich. Sie wachsen doch wieder, glaub mir. Ich musste das einfach tun. Meine Haare wachsen furchtbar schnell. Sag ›Fröhliche Weihnachten!‹, Jim, und lass uns glücklich sein. Du hast keine Ahnung, was für ein wunderbares, hübsches Geschenk ich für dich habe!«

»Du hast deine Haare abgeschnitten?«, fragte Jim, als sei er trotz allen Bemühens nicht imstande, diese offensichtliche Tatsache zu begreifen.

»Abgeschnitten und verkauft«, sagte Della. »Liebst du mich deswegen nicht mehr? Ich bin immer noch ich, auch ohne meine Haare, oder?«

Jim schaute neugierig im Zimmer herum.

»Du sagst, deine Haare sind weg?«, fragte er mit einem fast schon idiotischen Ausdruck.

»Du musst sie nicht suchen«, sagte Della, »sie sind verkauft. Verkauft und futsch, jawohl. Es ist Weihnachtsabend, Junge. Sei lieb zu mir, ich hab's für dich gemacht. Kann sein, dass die Haare auf meinem Kopf gezählt waren« – sie war plötzlich von niedlicher Ernsthaftigkeit –, »aber keiner könnte je meine Liebe zu dir zählen. Soll ich die Koteletts reintun?«

Schnell wachte Jim aus seiner Trance auf. Er umarmte seine Della.

Lassen Sie uns für zehn Sekunden ganz diskret in eine andere Richtung schauen.

Acht Dollar die Woche oder eine Million im Jahr – wo ist der Unterschied? Ein Mathematiker oder irgendein Komiker gäbe uns die falsche Antwort. Die Weisen aus dem Morgenland brachten kostbare Geschenke, aber dieses war nicht dabei. Später wird uns diese dunkle Ahnung erleuchtet werden.

Jim zog ein Päckchen aus seiner Manteltasche und warf es auf den Tisch.

»Missversteh mich nicht, Dell«, sagte Jim, »ich glaube nicht, dass so was wie Haareschneiden oder Abrasieren oder Waschen mich dazu bringen könnte, meine Süße auch nur ein kleines bisschen weniger zu lieben. Aber wenn du das Päckchen aufmachst, wirst du sehen, warum ich erst mal durcheinander war.«

Blasse Finger, ein Gezupfe an Schnur und Papier. Ein ekstatischer Freudenschrei, aber dann, o je, dieser blitzartige Übergang zu Tränen und Wehklagen, den nur weibliche Wesen hinkriegen und der den sofortigen und totalen Einsatz aller Trostmittel seitens des Hausherrn nötig machte.

Vor ihr lagen *die Kämme*! Ein Satz von Kämmen, die Della schon seit langem in einem Schaufenster am Broadway bestaunt hatte. Wundervolle Kämme, echt Schildpatt mit juwelenbesetzten Rändern, genau in der Schattierung, die zu ihren verschwundenen Haaren passte. Es waren sehr teure Kämme, das wusste sie. Sie hatte sich von ganzem Herzen nach ihnen gesehnt, ohne die leiseste Hoffnung, dass sie ihr je gehören würden. Und jetzt waren sie ihre, nur die Locken, die sie hätten schmücken sollen – die waren nicht mehr da.

Sie drückte Jim fest an ihre Brust und brachte es schließlich fertig, ihn mit feuchten Augen, aber lächelnd anzuschauen und zu sagen: »Meine Haare wachsen so schnell, Jim!«

Aber dann machte sie plötzlich einen Hopser wie ein Kätzchen, das sich verbrannt hat, und schrie: »Oh, oh!«

Jim hatte sein wunderbares Geschenk ja noch gar nicht gesehen. Sie hielt es ihm auf der offenen Handfläche hin. Das kostbare, matte Metall schien ihr helles, leidenschaftliches Wesen zu spiegeln.

»Ist sie nicht super, Jim? Ich hab die ganze Stadt abgesucht, um sie zu finden. Jetzt wirst du hundertmal am Tag auf die Uhr schauen, nicht? Gib sie mir, deine Uhr. Ich will sehen, wie sie damit aussieht.«

Anstatt zu gehorchen, ließ Jim sich auf die Couch fallen, verschränkte seine Hände im Nacken und lächelte.

»Dell«, sagte er, »lass uns die Weihnachtsgeschenke mal zur Seite legen, wir heben sie auf. Sie sind viel zu schön, um sie gleich zu benutzen. Ich hab die Uhr verkauft, um das Geld für deine Kämme zu kriegen. Ich glaube, jetzt kannst du die Koteletts in die Pfanne tun.«

THOMAS BERNHARD
Von sieben Tannen und vom Schnee ...
Eine märchenhafte Weihnachtsgeschichte

Jedes Jahr am Heiligen Abend machte ich den langen Weg hinüber nach St. Brigitten, um von einer weißhaarigen, gütigen Frau die drei Christkerzen für unseren Weihnachtstisch zu holen. »Die ist gegen das Feuer, die gegen die Not, und die für ein ewiges Leben«, sagte die Alte, wickelte alle drei in einen Leinenlappen und steckte sie in meinen kleinen Sack, den ich auf dem Rücken trug. Dann schenkte sie mir einige zuckerbestreute Sichelmonde und Sterne, lächelte und verschloss die Tür, während ich durch den tiefen Schnee nach Hause stapfte ...

Das war genau sieben Jahre, nachdem mich die Welt übernommen hatte.

Eine gute Stunde hatte ich bis nach Henndorf zurückzulegen, das in einem weiten, bis an den See reichenden Tale lag, in dem es so kalt werden konnte, dass sogar die Eisblumen an den Fenstern erfroren. Nicht lange, nachdem die Sonne hinter den Hügeln verschwunden war, wanderte schon der Vollmond über die dunklen Fichten. Ab und zu tauchte im flachen Nebel ein Stubenlicht auf oder es schrie eine Krähe am Rand des zugefrorenen Teichs. Unter meinen festen Schritten knirschte der kristalline Schnee und im Mondlicht dampfte der Atem. Ich weitete die Brust und zählte die Sterne, die am Himmel aufleuchteten, aber schließlich waren es so viele, dass ich nicht mehr wusste, wo ich zu zählen begonnen hatte, und wo aufgehört. Auf der weißen Fläche, die sich unendlich an den Horizont dehnte, spiegelten sich Millionen irdischer Sonnen wider, und wurden so zu einem einzigen Licht, das die Welt überstrahlte.

Da mag ich wohl an den Himmel gedacht haben, und an alle, die ihn nicht glauben. Da mag ich sehr glücklich gewesen sein und zufrieden und hingehorcht haben an tausende Dinge, die in mir und um mich waren: die tiefe Nacht!

Und wenn ich zu den Wipfeln empor sah und noch weiter und weiter hinauf, dann wusste ich auch, dass das ewige Leben, von dem die Alte erzählte, die höchste Empfindung im Anblick des Seins ist ...

Vor der kleinen Kapelle mit der bemalten Madonna blieb ich stehen. Und weil ich sie immer aufsuchte, wenn ich vorbei kam, schlug ich den Schnee von den Schuhen und stellte mich unter das tiefblaue Gewölbe. Ich faltete die Hände, aber ich betete nicht, denn wenn das Glück und die Offenbarung am nächsten sind, glaubt man nur und erfüllt. – Da standen drei Heilige hinter dem Eisengitter, der eine im goldenen, der andere im gelben und der dritte im braunen Mantel. Alle drei aus jahrhundertealtem Eschenholz. Ihre teils fröhlichen und ernsten Gesichter waren von der Sonne gebleicht. Je mehr ich sie aber betrachtete, umso größer wurden sie. Ihre Hände bewegten sich, ihre Augen leuchteten und dann war es auch, als redeten sie miteinander. Vielleicht öffnete sich auch das Gitter? Aber ein Chor von Hunderten von Engeln sang ... langsam ging ich ihnen nach, durch den eisigen Winter, immer tiefer ins Schweigen der Nacht.

Die drei Heiligen führten mich an die Ränder des Waldes, wo der frischgefallene Schnee so tief lag, dass nur die Wipfel der jungen Tannen herausschauten und wo es so ruhig war, dass man nur die Schritte hörte, die große, dunkle Löcher in die weiße Decke drückten. Manchmal bewegte sich einer der herabhängenden Äste, oder fiel Schnee von den Zweigen, als wäre ein Reh in die Lichtung getreten. Hie und da war es, als knisterte ein Stern. Vom Großen Bären fielen tausende Schuppen herab ...

»Komm«, sagte der eine Heilige, »wir gehen zu den sieben Tannen, die die Welt bedeuten.«

»Die Welt?«, fragte ich.

»Ja, die ganze ...«, meinte der kleinste, von dem ich wusste, dass er Antonius hieß, und der dritte war schon weit voraus.

Meine Schritte machte ich immer leichter, und schließlich schwebte ich wie der Mond über das ganze große Waldstück.

»Da her!«, sagte Andreas, der ein wunderbares Gesicht hatte und tiefleuchtende Augen. Mich wunderte, dass es ihn nicht fror, denn an den Füßen hatte er noch immer die dünnen Sandalen. Aber sein Bart schien ihn wirklich zu wärmen ...

Mitten im Schnee, in der Nähe eines kleinen Hügels, standen sieben Tannen. Die erste war die größte, die siebente am allerkleinsten. Sie konnte den Schnee, der ihren Wipfel niederdrückte, kaum ertragen.

»Da sind sie ...«, sagte einer von den dreien, »alle sieben. Sie leben sehr zurückgezogen, die Schönheit, die Wahrheit, die Reinheit, die Vernunft, der Glaube, die Hoffnung und ...«

»... und die Liebe«, sagte der kleinste, dem es gar nicht recht war, dass der Mond seinen Kahlkopf beschien.

»Die ist am schlechtesten daran, sie kann nicht nachkommen«, sagten alle drei versonnen und schüttelten die Köpfe. Dann war es ganz still.

»Warum kann sie nicht nachkommen?«, fragte ich nach einer Weile.

»Ja«, überlegten sie, »weil ... weil sie so schwächlich ist ...«

»Man müsste sie pflegen. Es gibt doch Menschen, die mit ihr umzugehen wissen«, meinte ich, recht verwundert.

»Niemand geht so weit heraus, um sich ihrer anzunehmen«, stellten die Heiligen fest. »Sie haben alle keine Zeit ...«

»Keine Zeit?«

»Ja ...«

»Ach«, sagte ich, »dann wird sie vielleicht verkümmern ...«

Ich rüttelte sie von allen Seiten so fest, dass der ganze Schnee von ihren schwachen Ästen fiel – und da war es mir auch, als atmete sie tief.

Die Wahrheit neigte sich vor. Die Hoffnung aber, die fast so klein war wie die Liebe, wurde in diesem Augenblick vom Mond erleuchtet, so dass man glauben hätte können, sie wäre aus lauter Gold.

Alles war so wunderschön.

Die drei Heiligen aber standen da, und wussten keinen Rat. Alle vier sanken wir immer tiefer in den Schnee, und der Älteste holte ab und zu einen Stern vom Himmel, ohne dass sie weniger geworden wären, um seine Hände zu wärmen. Und endlich rief ich ganz begeistert: »Dann will ich sie pflegen! Ich ...«

Eine schwere Hand war auf meine Schulter gefallen. – Der Vater stand hinter mir.

»Was treibst du so lange?«, fragte er streng und sein Atem war warm und stieg wie Flaum in die Nachtluft. Nachdenklich ging ich mit ihm den schmalen Weg hinunter.

»Ist dir kalt?«, fragte er.

»Nein ...«

»Und wen willst du pflegen?«

»Die Liebe, Vater ... die Hoffnung und die Liebe ...«, flüsterte ich, und war von allen der Glücklichste.

Das Paket des lieben Gottes

Eine Weihnachtsgeschichte

»Nehmt eure Stühle und eure Teegläser mit hier hinter den Ofen und vergeßt den Rum nicht. Es ist gut, es warm zu haben, wenn man von der Kälte erzählt.

Manche Leute, vor allem eine gewisse Sorte Männer, die etwas gegen Sentimentalität hat, haben eine starke Aversion gegen Weihnachten. Aber zumindest *ein* Weihnachten in meinem Leben ist bei mir wirklich in bester Erinnerung. Das war der Weihnachtsabend 1908 in Chicago.

Ich war anfangs November nach Chicago gekommen, und man sagte mir sofort, als ich mich nach der allgemeinen Lage erkundigte, es würde der härteste Winter werden, den diese ohnehin genügend unangenehme Stadt zustande bringen könnte. Als ich fragte, wie es mit den Chancen für einen Kesselschmied stünde, sagte man mir, Kesselschmiede hätten keine Chancen, und als ich eine halbwegs mögliche Schlafstelle suchte, war alles zu teuer für mich. Und das erfuhren in diesem Winter 1908 viele in Chicago, aus allen Berufen.

Und der Wind wehte scheußlich vom Michigan-See herüber durch den ganzen Dezember, und gegen Ende des Monats schlossen auch noch eine Reihe großer Fleischpackereien ihren Betrieb und warfen eine ganze Flut von Arbeitslosen auf die kalten Straßen.

Wir trabten die ganzen Tage durch sämtliche Stadtviertel und suchten verzweifelt nach etwas Arbeit und waren froh, wenn wir am Abend in einem winzigen, mit erschöpften Leuten angefüllten Lokale im Schlachthofviertel unterkommen konnten. Dort hatten wir es wenigstens warm und konnten ruhig sitzen. Und wir saßen, so lange es irgend ging, mit *einem* Glas Whisky, und wir sparten alles den Tag über auf für dieses eine Glas Whisky, in das noch Wärme, Lärm und Kameraden mit einbegriffen waren, all das, was es an Hoffnung für uns noch gab.

Dort saßen wir auch am Weihnachtsabend dieses Jahres und das Lokal war noch überfüllter als gewöhnlich und der Whisky noch wässeriger und das Publikum noch verzweifelter. Es ist einleuchtend, daß weder das Publikum noch der Wirt in Feststimmung geraten, wenn das ganze Problem der Gäste darin besteht, mit einem Glas eine ganze Nacht auszureichen, und das ganze Problem des Wirtes, diejenigen hinauszubringen, die leere Gläser vor sich stehen hatten.

Aber gegen zehn Uhr kamen zwei, drei Burschen herein, die, der Teufel mochte wissen woher, ein paar Dollar in der Tasche hatten, und die luden, weil es doch eben Weihnachten war und Sentimentalität in der Luft lag, das ganze Publikum ein, ein paar Extragläser zu leeren. Fünf Minuten darauf war das ganze Lokal nicht wiederzuerkennen.

Alle holten sich frischen Whisky (und paßten nun ungeheuer genau darauf auf, daß ganz korrekt eingeschenkt wurde), die Tische wurden zusammengerückt, und ein verfroren aussehendes Mädchen wurde gebeten, einen Cakewalk zu tanzen, wobei sämtliche Festteilnehmer mit den Händen den Takt klatschten. Aber, was soll ich sagen, der Teufel mochte seine schwarze Hand im Spiele haben, es kam keine rechte Stimmung auf.

Ja, geradezu von Anfang an nahm die Veranstaltung einen direkt bösartigen Charakter an. Ich denke, es war der Zwang, sich beschenken lassen zu müssen, der alle so aufreizte. Die Spender dieser Weihnachtsstimmung wurden nicht mit freundlichen Augen betrachtet. Schon nach den ersten Gläsern des gestifteten Whiskys wurde der Plan gefaßt, eine regelrechte Weihnachtsbescherung, sozusagen ein Unternehmen größeren Stiles, vorzunehmen.

Da ein Überfluß an Geschenkartikeln nicht vorhanden war, wollte man sich weniger an direkt wertvolle und mehr an solche Geschenke halten, die für die zu Beschenkenden passend waren und vielleicht sogar einen tieferen Sinn hatten.

So schenkten wir dem Wirt einen Kübel mit schmutzigem Schneewasser von draußen, wo es davon gerade genug gab, ›damit er mit seinem alten Whisky noch ins neue Jahr hinein ausreichte‹. Dem Kellner schenkten wir eine alte erbrochene Konservenbüchse, ›damit er wenigstens ein anständiges Servicestück hätte‹, und einem zum Lokal gehörigen Mädchen ein schartiges Taschenmesser, ›damit sie wenigstens die Schicht Puder vom vergangenen Jahr abkratzen könnte‹.

Alle diese Geschenke wurden von den Anwesenden, vielleicht nur die Beschenkten ausgenommen, mit herausforderndem Beifall bedacht. Und dann kam der Hauptspaß.

Es war nämlich unter uns ein Mann, der mußte einen schwachen Punkt haben. Er saß jeden Abend da, und Leute, die sich auf dergleichen verstanden, glaubten mit Sicherheit behaupten zu können, daß er, so gleichgültig er sich auch geben mochte, eine gewisse unüberwindliche Scheu vor allem, was mit der Polizei zusammenhing, haben mußte. Aber jeder Mensch konnte sehen, daß er in keiner guten Haut steckte.

Für diesen Mann dachten wir uns etwas ganz Besonderes aus. Aus einem alten Adreßbuch rissen wir mit Erlaubnis des Wirtes drei Seiten aus, auf denen lauter Polizeiwachen standen, schlugen sie sorgfältig in eine Zeitung und überreichten das Paket unserm Mann.

Es trat eine große Stille ein, als wir es überreichten. Der Mann nahm das Paket zögernd in die Hand und sah uns mit einem etwas kalkigen Lächeln von unten herauf an. Ich merkte, wie er mit den Fingern das Paket anfühlte, um schon vor dem Öffnen festzustellen, was darin sein könnte. Aber dann machte er es rasch auf.

Und nun geschah etwas sehr Merkwürdiges. Der Mann nestelte eben an der Schnur, mit der das ›Geschenk‹ verschnürt war, als sein Blick scheinbar abwesend auf das Zeitungsblatt fiel, in das die interessanten Adreßbuchblätter geschlagen waren. Aber da war sein Blick schon nicht mehr abwesend. Sein ganzer dünner Körper (er war sehr lang) krümmte sich sozusagen um das Zeitungsblatt zusammen, er bückte sein Gesicht tief darauf herunter und las. Niemals, weder vor- noch nachher, habe ich je einen Menschen so lesen sehen. Er verschlang das, was er las, einfach. Und dann schaute er auf. Und wieder habe ich niemals, weder vor- noch nachher, einen Mann so strahlend schauen sehen wie diesen Mann.

Da lese ich eben in der Zeitung, sagte er mit einer verrosteten, mühsam ruhigen Stimme, die in lächerlichem Gegensatz zu seinem strahlenden Gesicht stand, daß die ganze Sache einfach schon lang aufgeklärt ist. Jedermann in Ohio weiß, daß ich mit der Sache nicht das Geringste zu tun hatte. Und dann lachte er.

Und wir alle, die erstaunt dabei standen und etwas ganz anderes erwartet hatten und fast nur begriffen, daß der Mann unter irgendeiner Beschuldigung gestanden und inzwischen, wie er eben aus diesem Zeitungsblatt erfahren hatte, rehabilitiert worden war, fingen plötzlich an, aus vollem Halse und fast aus dem Herzen mitzulachen, und dadurch kam ein großer Schwung in unsere Veranstaltung, die gewisse Bitterkeit war überhaupt vergessen und es wurde ein ausgezeichnetes Weihnachten, das bis zum Morgen dauerte und alle befriedigte.

Und bei dieser allgemeinen Befriedigung spielte es natürlich gar keine Rolle mehr, daß dieses Zeitungsblatt nicht wir ausgesucht hatten, sondern Gott.«

DORON RABINOVICI
Lichtspiele

Es war eine glatte Lüge. Hugo wusste selbst nicht, weshalb er nicht die Wahrheit sagte. Er sah Celia an und konnte nicht anders. Er begann zu spintisieren, erzählte von Geschenken, nach denen er suche, und vom Schneeregen, der ihn in das Kaufhaus getrieben habe. Aber er war nicht der Kälte wegen hier, und er wollte auch nichts für die Bescherung einkaufen. Im Gegenteil. Er floh vor den Punschständen mit den versoffenen Kunden, vor den Schihütten in der Innenstadt, vor den Läden voller Schneekugeln. Er floh vor dem neonroten Leuchtschmuck in den Straßen, vor den Riesenballons aus Abertausenden Lichterlein. Vor den Engeln, die in den Fenstern blinkten.

Er erwähnte nichts davon. Er verschwieg ihr auch, dass er sich hier nur einige DVDs besorgen wollte, Filme, in denen keine Krippen und keine Heiligen Drei Könige vorkamen. In dieser Nacht wollte er lieber ein Sexidol aus Hollywood anbeten als eine jungfräuliche Mutter. Aber wie passte das zum Image, mit dem er sonst bei Celia punktete, er war doch Hugo Brand, der Komponist und feinsinnige Künstler.

Hugo hatte vor zehn Jahren mit seinem Zyklus *Babylon – neun Symphonien für zwölf Resonanzräume* Furore gemacht. Seine Kompositionen, komplexe Klangkonstruktionen, hatten ihm Anerkennung bei der Avantgarde gebracht, und auch als Dirigent wurde er gefeiert. Er gab nicht viel drauf. Er wollte kein Star, sondern ein guter Lehrer sein. Er wusste

Jüngere zu begeistern und verstand, woran es seinen Schülern fehlte. Einen jungen chinesischen Musiker etwa hatte er vor einigen Wochen in seiner Wohnung aufgenommen, weil er sich das Studentenheim nicht mehr leisten konnte.

Neben der Musik liebte Hugo den Film und das Kino. Aber an diesem 24. Dezember hatte er keine Lust auf Anspruchsvolles. Er wollte sich ein paar Actionfilme ansehen und dazu einen Joint rauchen.

Wie hätte er Celia Montel das erklären sollen? Bestimmt hätte sie kein Verständnis dafür. Er versuchte, das Gespräch in eine andere Richtung zu lenken: »Das letzte Mal haben wir einander bei Roi Zilberstajn gesehen.« Er war einer von vielen gewesen, die der Pianistin nach dem Konzert gratuliert hatten. Begeistert.

Sie hob die Augenbrauen: »Ich leide nicht unter Gedächtnisschwund.«

»Sind Sie auch auf der Suche nach letzten Geschenken?«, fragte er.

»Wir waren bereits beim Du, Hugo.«

»Ich wollte nicht aufdringlich wirken.«

»Nein, das bist du ganz bestimmt nicht.«

Er lächelte schief. Sie standen vor der DVD-Abteilung, und aus Verlegenheit sagte er: »Ich glaube, hier gibt es auch schöne alte Filmplakate.«

Ob er sich denn etwas mache aus Weihnachten, fragte sie.

Und wieder erzählte er ihr nichts als Lügen, faselte von Ritualen, die ihm Trost boten, und erklärte ihr schließlich, dass eine Geburt doch wahrhaft ein Anlass zum Feiern sei. Insgeheim dachte er aber daran, wie er im letzten Jahr dem Trubel entkommen war. Eine Reise in die Tropen. Heiligabend im Flugzeug einer arabischen Airline. Von Weihnachten keine Spur. Auf dem Bildschirm vor ihm nur die Anzeige, in welcher Richtung Mekka liege. Dann die Durchsage, die Crew heute spreche Arabisch, Englisch, Französisch, Spanisch, Deutsch, Russisch, Slowakisch, Hindi, Suaheli und Tagalog. Die Flugbegleiterinnen trugen Schleier über dem Haar. Die Zwischenlandung in einem Golfstaat. Im gigantischen Flughafengebäude baumelten große Styroporschneeflocken von der Decke, und aus einem Schmuckladen voller Glitzerketten wuchs eine riesige, goldene Palme, in deren Schatten ein Nadelbaum samt weihnachtlichem Dekor stand. Die erschöpften Reisenden waren wenig besinnlich gestimmt. Die Pauschalurlauber in Batikhemden und Shorts, die Globetrotter in Cargohosen, die Geschäftsleute in Anzug und Krawatte, die Scheichs mit ihren schwarz verhüllten Frauen hetzten von einem Gate zum nächsten. Er hinterher.

Auf der Insel im Indischen Ozean war es heiß und schwül. In der Lobby seines Hotels stand ein geschmückter Laubbaum. Die Hits »Last Christmas« und »Feliz Navidad« liefen in Endlosschleife. Die meisten Gäste ignorierten die Festtage. Nur Moshé Levy aus New York wollte beim Abendessen besonders aufmerksam wirken, wünschte einem australischen Ehepaar »Merry Christmas«, ging danach – um nicht voreingenommen zu erscheinen – auch zum Gemeinschaftstisch der drei deutschen Familien, suchte nach der richtigen Grußformel, bis er endlich ein herzhaftes »Happy Kristallnacht!« über den Tisch schmetterte.

Die Erinnerung an diese Szene heiterte ihn einen Moment lang auf. Dann fielen ihm wieder seine Lügen ein, und er fühlte sich miserabel und durchschaut. Es tue ihm so leid, sie nach ihrer letzten Begegnung nicht angerufen zu haben, sagte er zu Celia, und er wurde rot, weil er sich für seine

Schamhaftigkeit schämte. Heute, so Hugo, sei er alleine zu Hause. Er habe keine Familie in der Stadt und ob sie bei jemandem eingeladen sei.

»Meine Verwandten sind in Buenos Aires«, antwortete sie.

Er war ihr vom ersten Moment an verfallen gewesen. Sie hatte im Musikverein am Klavier gesessen und mit beiden Händen in die Tastatur gegriffen, als schlüge sie eine Kerbe ins Instrument. Sie hatte alle in ihren Bann gezogen, bis der letzte Ton verklungen war. In Hugo schwang das Motiv jenes Abends immer noch nach, und dieser Klang war seither immer stärker und lauter geworden, sodass er jetzt alle Zweifel und Bedenken übertönte. Hugo vergaß, wie es bei ihm zu Hause aussah, dass nichts für das Fest vorbereitet war, und er hörte sich sagen, sie könnten ja diese Stunden gemeinsam verbringen. Bei ihm.

Ehe sie antworten konnte, fiel er sich schon selbst ins Wort; er könne verstehen, wenn sie sein Angebot ablehne, denn es komme wohl einem Überfall gleich, aber zu seinem Erstaunen, ja zu seinem Erschrecken nahm sie es gerne an.

Im Treppenhaus, vor der Wohnungstür, hielt er die innere Anspannung kaum mehr aus. Er musste ihr erklären, weshalb sie bei ihm nichts finden würde, was an Weihnachten denken ließ. Keinen Tannenbaum, keinen Adventskranz, keine Geschenke, keine Lebkuchen, keine Plätzchen. In diesem Moment fiel ihm auch noch sein Schüler Li ein.

Er steckte den Schlüssel ins Schloss. »Bitte wundere dich nicht. Ich habe nicht einmal Kekse. Und erst die Unordnung! Dann ist da auch noch mein chinesischer Student ...«

Kaum hatte Hugo die Tür geöffnet, bemerkte er den süßlichen Duft, jenes Gemisch aus Nadelbaum, Kerzenwachs und Lebkuchen.

Celia war überrascht: »Hier weihnachtet es ja richtig!«, und Hugo verfluchte Li im Stillen. Er wollte ihn zur Rede stellen und fragen, was ihm da eingefallen sei, seine Wohnung in ein Museum für heimisches Brauchtum und bigotte Rituale zu verwandeln. Er hätte den Chinesen gern angeschrien, was diese fernöstliche Begeisterung für abendländische Sitten zu bedeuten habe. Aber vor Celia musste Hugo sich zurückhalten. Er stieß nur hervor: »Was soll das denn?«

Li bog sich vor Lachen und schien überzeugt, seinem Lehrer einen geheimen Wunsch erfüllt zu haben. »Woher«, fragte Hugo heiser, »hast du überhaupt das Geld für diese ganze Bescherung?«

Li zuckte nur mit der Schultern und strahlte Hugo an. Es war, als wollte der junge Mann den Missklang, den er bei seinem Lehrer fühlte, überspielen, und schließlich griff Celia ein. Sie reichte Li die Hand, und der war recht verlegen, die berühmte Pianistin kennenzulernen. Dann sagte sie: »Schau nur, Hugo, der Weihnachtsbaum und die köstlichen Mehlspeisen. Und die Krippe! Alle drei wären wir heute alleine gewesen. Nun können wir zusammen feiern.«

Hugo, der Celia vorhin noch vom Lichterfest vorgeschwärmt hatte, merkte, wie die Wahrheit aus ihm herausplatzen wollte, dass er dieses Fest, die kirchlich verordnete und familiär auferlegte Fröhlichkeit und dekretierte Innigkeit, von jeher hasste. Aber er verkniff sich jede Bemerkung und forderte Li stattdessen auf, ein Weihnachtslied vorzusingen. »Na? Weißt du keins? Wie wäre es etwa mit *Ihr Kinderlein kommet*?«

Das könne er unmöglich machen, meinte Li.

»Tu mir doch den Gefallen«, bat Hugo und fügte mit boshaftem Grinsen hinzu: »Es wäre wie Weihnachten für mich.«

»Wir könnten es vielleicht gemeinsam versuchen«, schlug Celia vor, um die Situation aufzulockern.

Li lachte jetzt nicht mehr, und sein Akzent war stärker als sonst: »Bitte das nicht, Hugo! Du hast mich aufgenommen. Aus dem Studentenheim musste ich weg. Meine Kollegen haben mir nicht geholfen. Ich weiß nicht, Hugo ...«

»Ja, genau. Du weißt nicht, wie du mir danken sollst. Das sagst du immer. Aber jetzt weißt du es. Sing! Hörst du? Stell dich nicht so an. Mach schon den Mund auf!« Hugo trat nah an Li heran. »Ihr Kinderlein kommet!«

»Das geht nicht.«

»Gut«, sagte Hugo, »dann zumindest etwas Chinesisches. Irgendein Lied, damit wir endlich die Kerzen am Baum anzünden können.«

Li schüttelte stumm den Kopf, und Celia merkte, wie seine Hände zitterten. Seine Mutter habe ihn als Kind immer gezwungen, Volksweisen zu singen, wenn der Vater wieder missgelaunt und betrunken nach Hause gekommen war.

Später saßen sie in der Küche. Er habe doch nur Hugo zuliebe beschlossen, das Fest zu begehen, sagte Li, aber warum es gefeiert werde, sei ihm gar nicht klar. Da gehe es ihm wie ihr, erklärte Celia. Ihr bedeute die jungfräuliche Mutterschaft nicht allzu viel, ganz im Gegenteil, sie könne recht gut ohne Jungfräulichkeit und ohne Mutterschaft leben, und bereits als kleines Mädchen habe sie gemerkt, dass der Weihnachtsmann mit Zipfelmütze, Mantel und Jutesack Papas Ohren, seine Nase und seinen Akzent gehabt hatte. Sie lernte das Fest der Liebe als eines der Lüge kennen, und bis heute wisse sie nicht, ob die Lüge ein Zeichen von Liebe oder die Liebe bloß ein Zeichen von Lüge gewesen sei. »Ich sah darüber hinweg«, sagte Celia, »wie auch heute über Hugos Schwindeleien. Keine Sekunde glaubte ich ihm. Er spielte mir ein Theater vor, nur die Zipfelmütze fehlte, und ich ging darauf ein. Es war wie früher. Die ganze Welt tut, als glaube sie ans Christkind. Selbst du, als Chinese, kaufst den Baum, und zwar nur Hugo zuliebe, der dich zwingen will, zu singen, und zwar mir zuliebe, die ich gute Miene dazu mache, aber nur dir zuliebe.«

An Feiern war jetzt nicht mehr zu denken. Hugo schlug vor, gemeinsam in ein Programmkino zu gehen, das auch an Heiligabend geöffnet hatte. Er sah in die Zeitung. Der Film, der heute gezeigt werden sollte, war eine Bollywood-Produktion. Er kannte den Schinken aus dem Tropenurlaub vor einem Jahr. Nach einer Woche am Strand war er in die Hauptstadt gefahren. Er hatte sich einen Tag lang dort herumgetrieben und steuerte schließlich gegen Abend einen alten Lichtspieltempel an, in dem Hindi-Filme gezeigt wurden. Er war überwältigt von den Massenszenen, den Tanzeinlagen, vom indischen Kitsch und sogar vom Kino-Publikum. Die Leute feuerten ihre Stars an und applaudierten ihnen, als wäre die Leinwand bloß ein zarter Schleier zwischen ihnen und ihren Lieblingen. Der Film dauerte über vier Stunden, viel länger, als er gedacht hatte. Er musste vor dem Ende gehen, um den letzten Bus zurück in seine Ferienanlage zu erwischen.

Heute Abend waren nur wenige Leute im Kino. Eine kleine Gemeinde, der Saal war ihr Refugium. Celia saß zwischen Li und Hugo, der sich an sie lehnte, als fiele er gleich vom Stuhl. Kaum hatte der Film begonnen, die Musik eingesetzt, waren Weihnachten, der Frost und der Schneematsch draußen vergessen. Der Lichterglanz Indiens nahm sie gefangen, die Rhythmen des Orients, der Zwiegesang der Liebenden, und Celia griff nach Hugos Hand, der daraufhin noch enger an sie heranrückte. Li beugte sich zu ihnen hinüber, um zu sagen, er finde diesen Weihnachtsbrauch, zusammen einen Film anzuschauen, sehr schön.

Hugo hoffte, nun endlich auch den Schluss der Geschichte zu erfahren. Doch plötzlich liefen Nummern und Buchstaben über die Leinwand, die Musik gerann zu einem Dröhnen, dann fiel der Ton aus. Das Bild blieb stehen und warf Blasen. Filmriss. Das Publikum wartete im Dunkel, bis der Vorführer erschien und um Entschuldigung bat. Die Rolle sei falsch eingelegt gewesen. Der Schaden ließe sich nicht beheben.

Die Zuschauer waren empört. Was sie nun machen sollten? Die Theater, Kinos, Lokale und Geschäfte hätten doch längst zu.

Er könnte, meinte der Vorführer, einen anderen Film anbieten.

»Welchen Film? Wie heißt er?«

»Verschollen im ewigen Eis.«

»Das kann doch nicht dein Ernst sein«, brüllte einer. »Dazu brauche ich heute nicht ins Kino zu gehen«, rief eine Frau, und ihre Freundin ergänzte: »Verschollen im ewigen Eis bin ich schon seit Wochen.«

Es war Li, der sich zu Wort meldete. Wie viele Rollen denn der Film habe?

»Neun.«

Und welcher Teil gerissen sei?

»Der vierte.«

Dann gebe es doch eine einfache Lösung. Hugo Brand, so Li, kenne den Film, mit Ausnahme des Endes. Er solle ihnen erzählen, wie es weitergehe, und dann könnte man mit der fünften Rolle fortsetzen.

Der Vorschlag wurde angenommen. Hugo stellte sich vor die Leinwand und referierte die Handlung. Er beschrieb die Einstellungen in den nächsten Szenen, schilderte die Tanzeinlage, deren Farbenpracht und Tempo, sprach vom Versteckspiel der Liebenden. Als er sich schließlich, ehe die nächste Rolle abgespult wurde, auf seinen Platz setzte, fühlte er Celia neben sich, und sie küsste ihn.

Benommen vom Film, den Hindipop in den Gliedern, verließen sie nach dem Abspann das Kino. Zu dritt stapften sie durch die Kälte. In Hugos Wohnung bereiteten sie gemeinsam ein Abendessen zu. Li servierte Nudelsuppe. »Das Beste an Weihnachten«, sagte er plötzlich, »war der Filmriss.« Die anderen beiden nickten und löffelten stumm ihre Teller aus.

Luftgitarre unterm Weihnachtsbaum

Im letzten Jahr hatte Alex Weihnachten genauso verbracht wie die vorigen zwanzig auch: daheim mit seiner Frau Dorothy. Seit Anbeginn ihrer Ehe, sie hatten absurd jung geheiratet, einundzwanzig sie, fünfundzwanzig er (damals war ihnen das nicht jung vorkommen), waren sie ein grundsolides Paar. Eines dieser nervigen, ineinander vernarrten Paare, die sich selbst genug sind. Natürlich hatten sie Freunde, mit denen sie sich regelmäßig trafen, aber die meisten waren der Überzeugung, Alex und Dorothy Lennon wären auch völlig glücklich, wenn sie die beiden einzigen Menschen auf Erden wären.

Beide waren einander genug, ihre Zweisamkeit stets voller Harmonie. Auch an Weihnachten waren sie gern allein, Dorothy fuhr dann opulent nur für sie beide Traditionelles auf, selbstgekocht natürlich, worauf sie anschließend aufs große Sofa plumpsten und den nächstbesten Film im Fernsehen ansahen, ehe sie einschlummerten, ihr Kopf auf seiner Schulter. Im ersten Jahr ihrer Ehe hatte Dorothys Mutter sie zum Weihnachtsessen eingeladen, aber Dorothy hatte gemeint, sie wolle sich selbst daran versuchen. Sie bestand auf den Klassikern – Truthahn und Schinken (viel zu viel für zwei Leute; beide erschauderten noch Monate später beim bloßen Gedanken an Truthahn oder Schinken), und sie setzten sich gemütlich an den Tisch, gefolgt von Film und Nickerchen auf dem Sofa. Obwohl es alles andere als aufregend war, wurde es doch ihre Tradition für den Weihnachtstag, und viele ihrer Freunde, die im Familieninferno des schönsten Fests des Jahres gefangen waren, beneideten sie glühend.

An Silvester hingegen gingen sie gern aus, aßen in einem Restaurant in der Stadt und trafen sich anschließend mit Freunden oder Familie. Gemeinsam zählte man die letzten Sekunden des Jahres herunter und wünschte einander Glück, Gesundheit und Erfolg. Aber Weihnachten gehörte ihnen ganz allein.

Auch im letzten Jahr, selbst wenn es anders verlaufen war wie sonst. Unter Dorothys Anleitung hatte Alex das Abendessen fabriziert, denn sie selbst war zu schwach dazu. Sie hatte nur zaghaft an Truthahn (einer von der Sorte, den man nur noch ins Backrohr schieben musste) und geräuchertem Schinkenrollbraten (ebenfalls gekauft) geknabbert. Schob das Fleisch und die Beilagen auf dem Teller hin und her, wie seit vielen Wochen schon, aber selbst Essen war zu anstrengend. Alex hatte sie beobachtet, ihm brach beinahe das Herz, aber er schwieg. Das war ihre Übereinkunft, keiner würde ein Wort darüber verlieren.

Als sie jedoch an diesem Abend ins Bett gingen, hatte Dorothy ein erschöpftes Seufzen nicht unterdrücken können: »So, jetzt haben wir Weihnachten auch geschafft«, und Alex wusste, was sie damit sagen wollte. Dorothy lag im Sterben und ihr blieben nur noch Tage, keine Wochen. Sie hatte es sich felsenfest in den Kopf gesetzt, nicht am Weihnachtstag zu sterben. Sonst sei ihm das Fest für alle Zeit verdorben, hatte sie atemlos gesagt, das könne sie ihm nicht antun. Zäh hatte sie bis zum zweiten Januar durchgehalten. Morgens war sie aufgewacht, hatte ihm ein schwaches Lächeln geschenkt, und er war nach unten gegangen, um ihr eine Tasse Tee zu machen, auch wenn sie die wahrscheinlich nicht anrühren würde. Als er zehn Minuten später zurück ins Schlafzimmer kam, war sie entschlafen.

Er verspürte eine ohnmächtige Wut, dass er die letzten Augenblicke nicht bei ihr gewesen war. Er hatte für sie da sein, ihre Hand halten, ihr versichern wollen, egal wohin sie gehe, er werde immer an sie denken und ihr eines Tages folgen. Sie solle auf ihn warten, hatte er ihr noch sagen wollen. Aber stattdessen hatte sie sich allein auf die Reise gemacht, während er heißes Wasser in eine Tasse goss. Es kam Alex ganz falsch vor. So banal. Und ungerecht.

Andererseits war alles, was mit Dorothys Krankheit zusammenhing, ungerecht, da waren sie sich beide einig. Das Leben *war* ungerecht, pflegte Dorothy stets zu sagen, wenn sich ihnen ein Hindernis in den Weg stellte. Aber das war nicht nur eine Bodenschwelle, sondern verheerend. Aber besser, es erwische sie mit ihren zweiundvierzig, konstatierte sie, als eine Frau, die sich um ihre kleinen Kinder kümmern müsse. Schnaubend hatte Alex gesagt, um ihn müsse man sich auch kümmern, doch sie meinte lächelnd, sie habe sich um ihn kümmern *dürfen*, aber er sei absolut in der Lage, das selbst zu tun.

In den ersten paar Wochen nach ihrem Tod war ihm das nicht besonders gut gelungen. Zum ersten Mal im Leben bereute er, dass sie keine Kinder hatten, denn die hätten ihm vielleicht wieder etwas Lebensmut gegeben. Man konnte sich wohl schlecht wie ein Trauerkloß benehmen, wenn man Kinder zu versorgen hatte, aber er war ganz allein und konnte sich, allabendlich und unbemerkt von allen, seiner Trauerkloßigkeit hingeben. Natürlich ging das nicht unbe-

merkt an seinem Umfeld vorbei – seine Schwester Antoinette erkundigte sich regelmäßig telefonisch, wie es ihm ging,
und verfiel stets in Panik, wenn er nach dreimal Läuten
nicht abhob, und sein Schwager Conal kam mehrmals vorbei, um nach dem Rechten zu schauen. Als sie sich sicher waren, dass er zurechtkam, ließen sie ihn in Ruhe, denn Alex
war gereizt und kurz angebunden, wollte nur auf dem großen Sofa sitzen und fernsehen, wie früher mit Dorothy, und
seinen Tränen freien Lauf lassen.

Das ging nur abends, denn tagsüber durfte er sich nichts
anmerken lassen. Er arbeitete für ein internationales Finanz-
unternehmen und wollte man in dieser Branche reüssieren,
durfte man sich seine Gefühle nicht anmerken lassen, selbst
wenn die geliebte Frau gestorben war. Zudem machte die
Branche gerade schwere Zeiten durch und für Gefühle war
keine Zeit, es sei denn es ging um Rentabilität. »Blut auf
den Straßen«, lautete der Spruch in Insiderkreisen, wenn
der Markt ins Wanken geriet, und die Zeiten waren wahr-
lich blutig. In gewisser Weise war er froh, denn somit hatte er weniger Muße, sich dunklen Gedanken über die him-
melschreiende Ungerechtigkeit von Dorothys Tod hinzuge-
ben.

Dorothy hatte ebenfalls im Finanzsektor gearbeitet, sich
allerdings immer eine skeptische Haltung zur Branche bewahrt. »Eigentlich ist das nichts für Erwachsene«, sagte sie
oft, »letzten Endes ist es nichts anderes als Zocken.« Dann
wies Alex sie darauf hin, dass dank ihnen Unternehmen ex-
pandierten, Firmen notwendige Finanzspritzen bekommen,
die Räder der Wirtschaft geölt würden, doch sie lachte ihn
nur aus, das seien doch alles nur Luftschlösser. Aber diese
Arbeit bezahlte nicht nur die Rechnungen, sondern glück-

licherweise auch den Luxus, den sie sich gelegentlich gern gönnten.

Auch damit hatte sie recht gehabt, sinnierte er, wie so oft. Deshalb liebte er sie so. Von dem Augenblick an, als er Dorothy kennengelernt hatte, damals in St. Stephen's Green, wo sie ihre Mittagspause verbracht hatte, bis zu dem grauenvollen Tag, als ihr die Ärzte gestanden hatten, sie könnten nicht mehr viel für sie tun, war sie die einzige Frau für ihn gewesen.

Und jetzt war sie tot.

Und Weihnachten würde dieses Jahr ganz, ganz anders.

Kurz nach seiner Ankunft in der Sugar Loaf Lodge an Heiligabend erkundete Alex das Gelände. Seit Dorothys Tod ging er viel spazieren, es hatte ihm geholfen, sich Wut, Frust und den Schmerz von der Seele zu laufen. Denn genau so sah er es. Sie war tot und hatte ihn sitzenlassen, ein unbehagliches Gefühl. Er hatte nicht mehr allein fernsehen wollen. Er musste raus. Aber nicht in den Pub. Er hatte Angst, wenn er in den Pub ging, würde er dort hängen bleiben, denn er sehnte sich nach dem wattigen Vergessen, das mit einem Pint über den Durst einherging. Doch das konnte nicht die Lösung sein. Dorothy war immer der Meinung gewesen, man müsse sich seinen Problemen stellen. Was sie bei ihrer Krankheit, ohne mit der Wimper zu zucken, getan hatte. (Na ja, beinahe. Alle fanden es ergreifend, mit welcher Kraft und Würde sie ihr Schicksal trug.) Das war das mindeste, was er tun konnte, sich einem Leben ohne sie mit dem gleichen Mut zu stellen. Was bedeutete, sich nicht jeden Tag die Kante zu geben, obwohl ihm genau danach zumute war. Gehen war der Ersatz dafür. Einmal angewöhnt, konnte er nicht mehr ohne.

Nach dem Spaziergang ging Alex gleich aufs Zimmer. Als er die Tür öffnete, klang ihm Musik entgegen. Er erkannte die Gruppe sofort – Riverside, eine polnische Band, die ihn an die Dire Straits erinnerte, die er sehr mochte. Aber weder die Dire Straits noch Riverside konnte man als Weihnachtsmusiklieferanten bezeichnen.

In der Mitte des Zimmers spielte Kassia Luftgitarre. Völlig in die Musik versunken, ließ sie den Kopf kreisen, dass das blonde Haar nur so flog. Alex konnte beinahe die Gitarre in ihren Händen sehen. Einmal sei sie bei der Luftgitarrenweltmeisterschaft gewesen, hatte sie erzählt. Sie spiele mit dem Gedanken, eines Tages selbst teilzunehmen. Ihr Vorbild sei Suzi Quatro, eine Musikerin, die ihre Gitarre aus der Hand gelegt hatte, noch bevor Kassia überhaupt auf der Welt war.

Er drehte die Musik an der iPod-Dockingstation leiser, und die Luftgitarre fiel zu Boden. Sie sah ihn lächelnd an. Er lächelte zurück.

Kassia Kaminska war eine der schönsten Frauen, die er je gesehen hatte. Sogar jetzt, ungeschminkt, das Haar zerzaust und im weißen Bademantel der Sugar Loaf Lodge war sie eine Augenweide. Sie war groß und schlank, hatte blaue Augen und eine makellose Haut (die sich immer noch eine leichte Bräune von dem Kurzurlaub auf Teneriffa bewahrt hatte, wo Kassia Ende des letzten Monats mit Freundinnen gewesen war) und strahlte vor Glück.

»Dieses Hotel ist so cool«, sie schob sich die Haarsträhnen aus dem Gesicht, »die haben hier echt alles.«

»Ich weiß«, sagte Alex, »deshalb sind wir auch hergekommen.«

»Die Atmosphäre hier gefällt mir auch sehr gut.«

»Mir auch.« Er grinste sie an.

»O Alex.« Sie schlang ihm die Arme um den Hals und küsste ihn auf den Mund. »Ich lieb dich so.«

Er war nicht auf der Suche nach Liebe gewesen. Einundzwanzig glückliche Jahre mit Dorothy hatten bewirkt, dass er andere Frauen gar nicht bemerkte. Ganz stimmte das natürlich nicht, er bemerkte sie schon, aber mehr als ein flüchtiges Hingucken war nie. Und selbst wenn er eine Frau sah, die attraktiver war als Dorothy, konnte ihr niemand das Wasser reichen, einfach aufgrund der Liebe, die er für seine Frau empfand. An seinem Arbeitsplatz wimmelte es nur so von hinreißenden Frauen, aber das war ihm gleich. Selbst nach Dorothys Tod schenkte er ihnen keine Beachtung. Sie waren Kolleginnen, mehr nicht. Als Jennifer Cassidy fragte, ob er einmal mit ihr ins Theater gehen wolle, war ihm nicht einmal der Gedanke gekommen, sie könne Interesse an ihm haben. Er sagte, er habe keine Zeit. Erst bei einem Telefonat mit Antoinette mehrere Wochen später war ihm ein Licht aufgegangen und er hatte ein schlechtes Gewissen bekommen, denn er mochte Jenny, eine attraktive Enddreißigerin. Die höchstwahrscheinlich sogar ein geeignetes Date für ihn wäre – wenn er in Stimmung für geeignete Dates gewesen wäre.

Es brauche Zeit, bis seine Wunden verheilt seien, meinte Antoinette. Dieses Jahr sei hart für ihn gewesen, verständlicherweise benötige er Zeit zum Trauern. Aber er solle doch bitte, bitte nicht zum Eremiten werden, weil er Dorothy verloren habe. »Es ist schade«, fügte sie hinzu, »dass ihr beiden euch selbst genug wart.«

Fast hätte Alex einen Streit vorn Zaun gebrochen, aber letzten Endes fehlte ihm die Energie dazu. Und er wusste, was seine Schwester damit sagen wollte, dass sie es gut meinte, selbst wenn er anderer Meinung war. Denn gegen nichts auf der Welt hätte er sein Leben mit Dorothy eingetauscht.

Begegnet war er Kassia telefonisch. Er hatte den Kabelnetzbetreiber angerufen, weil sein Receiver urplötzlich kein Sendesignal mehr empfing. Fuchsteufelswild war er gewesen, denn er hatte sich »Abyss – Abgrund des Todes« ansehen wollen, den ersten Film, den Dorothy und er im Kino gesehen hatten. Seitdem schaltete er jedes Mal ein, wenn er im Fernsehen lief, obwohl sie eine DVD-Sonderedition hatten. Irgendwie war es etwas anderes, wenn *ihr* Film unerwartet im Fernsehen lief und man keinen DVD-Abend planen musste. Also richtete Alex seinen Abend auf das Fernsehprogramm aus, aber nach fünf Minuten wurde der Bildschirm schwarz – bis auf die unheilverkündenden Worte »Kein Signal«. Wenn es um Finanzprodukte ging, konnte fast niemand Alex Lennon das Wasser reichen, aber sobald Technik im Spiel war, hatte er zwei linke Hände. Dorothy war immer diejenige gewesen, die sich um Computer, Fernseher und sonstigen Kram gekümmert hatte – er wusste nicht einmal, ob sie Sky oder NTL oder etwas ganz anderes hatten. In solchen Fällen half meist ab- und wieder anschalten, diesmal allerdings nicht. »Kein Signal« erwies sich als hartnäckig. Panik stieg in ihm auf, er durfte »Abyss« nicht verpassen. Das ging einfach nicht, es war wichtig, dass er den Film sah. Wenn Dorothy da gewesen wäre, hätten sie ihn sich beide gemütlich auf dem Sofa angesehen. Er konnte seine Frau nicht im Stich lassen, er musste den Film sehen. In der Kommode, auf der das Gerät stand, musste sich doch ein Anhaltspunkt finden lassen. Nach längerem Kramen fand er schließlich eine Broschüre, auf die Dorothy mit schwarzen Blockbuchstaben »Technische Hotline« geschrieben hatte. Er wählte die Nummer. Wehe, wenn sie ihn stundenlang in der Warteschleife schmoren ließen, dann würde er hinfahren und jemanden verprügeln. Im tiefsten Herzen wusste er, dass er das natürlich nicht machen würde, denn er hasste Gewalt ungefähr so sehr, wie ihm Technik ein Buch mit sieben Siegeln war. Aber der Gedanke, jemandem eine reinzudrücken, gefiel ihm.

»Technische Hotline, Kassia, was kann ich für Sie tun?« Die Stimme war erstaunlich sanft.

Alex erklärte sein Problem, sagte, er sei schließlich zahlender Kunde und wolle gefälligst diesen Film sehen.

»Den Anfang habe ich schon verpasst«, fügte er überflüssigerweise hinzu.

»Haben Sie die Box schon aus- und wieder eingeschaltet?«, fragte Kassia gelassen.

»Herrgott noch mal, halten Sie mich für einen Trottel?«

»Haben Sie die Kabel hinten an der Box überprüft?«

»Äh ... nicht richtig.«

»Dann machen Sie das jetzt«, wies sie ihn an. »Überzeugen Sie sich, dass keines davon locker ist.«

Alex befolgte die Anweisung, und siehe da, auf dem Bildschirm tauchte irgendwas mit »Empfangskarte« auf.

»Haben Sie Ihre Empfangskarte herausgezogen und neu hineingesteckt?«

»Keine Ahnung, was das sein soll.« Alex musterte den schwarzen Kasten vor ihm. »Erst recht nicht, wo die stecken soll.«

»Sie sieht ein bisschen aus wie eine Kreditkarte. Der Schlitz sitzt auf der rechten Seite. Wenn Sie auf den Knopf daneben drücken, wird sie ausgeworfen.«

Vage hatte Alex von dieser Empfangskarte gewusst, aber die Erinnerung daran komplett verdrängt. Wenn das jetzt funktioniert, dachte er und ließ die Karte herausspringen, komme ich mir wie der größte Depp vor.

»Wenn die Karte draußen ist, pusten Sie leicht darüber und schieben Sie sie wieder rein«, sagte Kassia.

»Drüberpusten?«

»Nur für den Fall, dass sie staubig ist«, sagte Kassia.

Alex betrachtete die Karte in seiner Hand, pustete und schob sie in den Schlitz. Fast umgehend tauchte »Abyss« auf dem Bildschirm auf.

»Oh. Es hat funktioniert. Mich hat ... die Info auf dem Bildschirm, die ist eher irreführend.«

»Das verstehe ich gut.«

»Na dann ... danke.«

»Gern geschehen«, antwortete Kassia.

»Entschuldigung, dass ich Sie genervt habe.«

»Dazu bin ich da.«

»Ja, aber wie dämlich war das denn ... die Kabel ... die Karte ... da hätte ich dran denken müssen.«

»Schon gut.« Sie klang nicht im mindesten herablassend. »Fast immer sind es Kleinigkeiten. Bei der komplizierten Technik kann schon mal was schieflaufen, das ist gar nicht dämlich. Kleinigkeiten, aber das ist kein Trost für jemanden, der gerade einen der besten Filme aller Zeiten ansehen will.«

»Mögen Sie ›Abyss‹?« Er war verblüfft.

»Einer meiner absoluten Lieblingsfilme«, sagte Kassia.

»Tatsächlich?«

Die meisten hatten noch nie davon gehört, denn obwohl der großartige James Cameron Regie geführt hatte, war es kein Topfilm. Obwohl sich Ed Harris und Mary Elizabeth

Mastrantonio – die Dorothy sehr ähnlich sah – als Hauptdarsteller wirklich grandios schlugen. Er wollte den Film wegen Mary Elizabeth ansehen. Und aus Erinnerungsgründen.

»Tatsächlich«, sagte Kassia. »Also machen Sie's sich gemütlich und genießen Sie den Film.«

»Mach ich.« Alex hängte auf und setzte sich vor den Fernseher. Aber viel vom Film bekam er nicht mit, denn er weinte fast die ganze Zeit über.

Zehn Minuten nachdem der Film vorbei war, klingelte das Telefon.

»Mr Lennon?«

»Ja, bitte?«

»Kassia Kaminska. Ich wollte mich nur erkundigen, ob mit Ihrem Empfang alles in Ordnung ist?«

Gute Güte, was für ein Service, dachte er. »Bestens. Vielen Dank für die Nachfrage.«

»Und hat Ihnen der Film immer noch gefallen?«

»Sehr.« Seine Stimme brach.

»Alles in Ordnung bei Ihnen?«, fragte Kassia.

»Nein. Ganz und gar nicht.«

»Das tut mir leid«, sagte sie und legte auf.

Zwei Minuten später klingelte es wieder.

»Ich konnte an dem Apparat nicht mit Ihnen reden«, sagte Kassia, nachdem er abgenommen hatte. »Die Gespräche werden aufgezeichnet. Zur Qualitätskontrolle. Ich rufe Sie gerade mit meinem Handy an.«

»Warum das?«, wollte Alex wissen.

»Sie klangen so traurig.«

»Bestimmt haben Sie oft Leute an der Strippe, die traurig sind«, meinte er, »schließlich sind Sie die Technische Hotline. Wahrscheinlich sind die Leute traurig, weil sie die Sache nicht selbst repariert bekommen.«

Kassia lachte. Ein Lachen, das ihn einzuhüllen schien, sanft und herzlich wie ihre Stimme.

»Die meisten sind stocksauer«, widersprach sie. »Denn sie sind der Meinung, wir sind an allem schuld.«

»Sogar wenn das Kabel locker ist und die Empfangskarte eingestaubt«, sagte Alex.

»Sogar dann.«

»Ich bin nicht traurig.« Sobald ihm die Worte über die Lippen gekommen waren, musste er wider Willen erneut weinen.

»Es tut mir leid, ich hätte Sie nicht anrufen dürfen. Aber ich konnte nicht anders. Ich habe ein Gespür dafür. Trauer und so. Dann mische ich mich ein, was ich nicht sollte. Nochmals Entschuldigung.«

»Macht nichts«, sagte er, »das war nett von Ihnen. Bestimmt haben Sie bei Ihrer Hotline nicht viel Zeit für Anrufe bei trauerkloßigen Kunden.«

»Normalerweise nicht«, gestand sie. »Aber heute Abend ist nicht viel los ... und jetzt lasse ich Sie wieder in Ruhe fernsehen. Freut mich, dass wir Ihnen helfen konnten.«

»Nochmals herzlichen Dank«, sagte Alex. »Ihnen einen schönen Abend.« Er legte auf, aber ihre Stimme ging ihm nicht aus dem Kopf. Wie sie wohl war, Kassia Kaminska, die um elf Uhr abends immer noch bei der Hotline arbeitete, um Schwachköpfen wie ihm beizubringen, dass sie ihre Empfangskarte herausholen und den Staub wegpusten sollten. Er tippte auf die Anrufliste seines Telefons. Da stand ihre Telefonnummer. Er wählte.

»Hallo?«

»Ich bin's noch mal«, sagte Alex.

»Schön, Sie zu hören«, antwortete Kassia. »Hoffentlich funktioniert noch immer alles. Oder haben Sie wieder technische Probleme?«

»Wann sind Sie mit der Arbeit fertig?«

»Um Mitternacht«, erklärte Kassia, »wieso, rechnen Sie davor mit einem weiteren Problem?«

»Würden Sie einen Kaffee mit mir trinken?«, sprudelte es aus ihm heraus.

Kassia zögerte.

»In aller Öffentlichkeit natürlich«, schob Alex rasch hinterher, nachdem er begriffen hatte, wie seltsam sich sein Ansinnen anhörte. »Ich bin kein Stalker, keine Sorge.«

»Unsere Hotline sitzt in Ballsbridge«, sagte sie. »Ganz in der Nähe ist ein Café, das durchgehend geöffnet hat.«

»Das hört sich doch gut an«, meinte Alex, der in Rathgar wohnte, das halbwegs in der Nähe lag. »Dann sehen wir uns im Café, ja?«

»Ist gut.« Sie beschrieb ihm den Weg.

»Bis gleich«, sagte er und legte auf.

Viertel vor zwölf betrat er das Café und ließ sich mit einer Zeitung auf einem der bequemen Stühle nieder. Zeitungslektüre war ein wichtiger Bestandteil seiner Arbeit, aber derzeit nahm er so gut wie nichts auf. Deshalb waren für ihn, obwohl er rein theoretisch diese Ausgabe bereits gelesen hatte, fast sämtliche Artikel der »Irish Times« neu.

Hin und wieder ging die Tür auf, und jedes Mal sah er erwartungsvoll auf, aber sämtliche Kunden waren nur an ihrem Coffee to go interessiert und gönnten ihm keinen einzigen Blick. Als sie die Glastür aufdrückte und hereinkam, war ihm nicht gleich klar, dass es Kassia war. Ihn hatte ihre sanfte Stimme betört, aber er hätte nie damit gerechnet, dass sie auch noch so schön war. Da stand sie, schwarze Lederjacke, weißer Wollrock und schwarze Stiefel, das glänzende Haar fiel ihr auf die Schultern, eine jener Frauen, die immer und überall Aufmerksamkeit erregt. Da er einundzwanzig Jahre seines Lebens mit einer Frau geteilt hatte, sah er, dass sie geschminkt war, dezent die hohen Wangenknochen, die großen Blauaugen und den üppigen Mund betont hatte, alles andere als eine Kriegsbemalung. Hätte Dorothy noch gelebt, wären sie sich sofort einig gewesen, dass dieses Mädchen ein Hammer war, und hätten ihre Aufmerksamkeit anderen Dingen zugewandt. Jetzt allerdings hatte sie Alex' ganze Aufmerksamkeit.

Sie sah ihn direkt an, denn er war der einzige Gast im Café. Ihre Augenbrauen gingen leicht in die Höhe, ein Spiegelbild seines Stirnrunzelns.

»Sind Sie Alex?«, fragte sie.

»Sind Sie Kassia?«

Sie setzte sich, was ihn verblüffte. Er hatte vielmehr damit gerechnet, dass sie wortlos auf dem Absatz umdrehen würde. Denn Kassia Kaminska war so jung, sie hätte seine Tochter sein können. Daran hätte er wirklich denken müssen, bevor er ihr ein Treffen vorschlug. In aller Regel waren Frauen, die bei technischen Hotlines arbeiteten, ziemlich jung. Daran hatte er im Moment allerdings nicht gedacht.

»Hallo«, sie streckte ihm die Hand entgegen. »Schön, Sie in natura zu sehen.«

»Oh, gleichfalls«, erwiderte Alex. »Was für einen Kaffee hätten Sie denn gern?«

Beide bevorzugten Americano, wenn auch Kassia gestand, morgens einer Latte macchiato nicht abgeneigt zu sein. Beide mochten Rockmusik (bei einem anderen Treffen versprach er ihr, beim nächsten Mal eine Dire-Straits-CD mitzubringen, worauf sie sagte, sie habe keinen CD-Player, ihre gesamte Musik sei auf ihrem iPod) und Abenteuerfilme, vor allem »Abyss«, aber auch »Independence Day« oder »Die Bourne Identität«. Im Urlaub fuhren sie am liebsten dorthin, wo die Sonne schien. Sie hatten viel gemeinsam. Abgesehen von der Tatsache, dass Kassia zwanzig war und Alex sechsundvierzig. Dass Kassia jung und ungebunden war und Alex immer noch ein trauernder Witwer mittleren Alters.

»Bist du denn von allen guten Geistern verlassen?«, schnaubte Antoinette einige Wochen später, nachdem er ihr von seiner neuen Freundin erzählt hatte. »Natürlich sollst du raus und Spaß haben – die letzten Jahre waren schlimm für dich –, aber was denkst du dir? Datest eine halbwüchsige Russin.«

»Sie ist Polin«, verbesserte Alex. »Und über zwanzig.«

»Wie dem auch sei«, sagte Antoinette, »um Himmels willen, Alex, mach dir nichts vor. Keine Ahnung, woran das Mädchen interessiert ist, an dir bestimmt nicht.«

»Warum nicht?«, fragte Alex, »warum sollte sie nicht an mir interessiert sein?«

»Weil du viel zu alt für sie bist«, sagte Antoinette brutal. »Du bist eine andere Generation. Zudem weiß ich, woran sie interessiert ist – an deinem Geld.«

Alex lachte. Zum ersten Mal seit Dorothys Krankheit lachte er in Anwesenheit seiner Schwester.

»Sie ist nicht hinter meinem Geld her«, lächelte er. »Dazu bin ich nicht reich genug.«

»Für sie wahrscheinlich schon.«

Seine Augen verengten sich. »Das ist unglaublich rassistisch von dir. Du kannst doch nicht annehmen, nur weil sie aus Polen kommt, braucht sie Geld oder will sich an einen reichen Knacker ranmachen.«

»Das denke ich nicht, weil sie aus Polen kommt, du Vollpfosten!«, schrie Antoinette. »Sondern, weil sie noch ein Kind ist. Du bist eine Vaterfigur mit Geld, mehr nicht.«

»Du hast keine Ahnung, wovon du redest«, sagte Alex. »Aber das war schon immer so.«

Alex war nicht reich genug für eine Frau, die nur auf Geld aus war. Zwar verdiente er mehr als ordentlich, fuhr einen zwei Jahre alten BMW und die Hypothek auf seinem Haus war minimal, aber ein Mann, mit dem frau angeben konnte, war er trotzdem nicht. Auch war er keine schillernde Persönlichkeit mit extravagantem Lebenswandel. Aber auch Kassia hatte keine extravaganten Ambitionen. Meistens radelte sie zur Arbeit, und als er ihr einmal anbot, sie nach der Arbeit abzuholen, schlug sie das aus, sie fahre lieber mit dem Rad.

Er wollte wissen, warum sie nach Irland gekommen war, und sie erklärte, sie hätte gehört, das Land sei schön, die Leute freundlich. Sie habe nicht mehr als zwei, drei Monate bleiben wollen, sich in Dublin jedoch sehr wohlgefühlt und eine Beziehung mit einem Typen angefangen, der bei einem Kabelnetzbetreiber arbeitete. John Storey hatte ihr eine Stelle bei der Technikhotline verschafft; sie waren nicht mehr zusammen, aber immer noch befreundet – was Alex anfänglich leichtes Bauchweh bereitet hatte, bis er erfuhr, dass John jetzt mit einem Mädchen aus Mullaghmore zusammen war.

Alex selbst war zutiefst überrascht, wie sehr er sich auf die – übrigens sehr häufigen – Begegnungen mit Kassia freute und es ihr umgekehrt genauso ging. Anfänglich war der Altersunterschied ein großes Thema gewesen, aber sie versicherten einander treuherzig, sie seien gute Freunde, die vieles gemeinsam hatten. Wenn sie unterwegs waren, spürte Alex gelegentlich, wie die Blicke der Leute abschätzend auf ihnen ruhten. In seinen Augen sah er zwar nicht aus wie ein Tattergreis und wahrscheinlich war sechsundvierzig das neue sechsundzwanzig, aber manchmal konnte er geradezu sehen, wie die Rechenmaschinen in den Köpfen ratterten und die Leute sich überlegten, in welcher Beziehung sie zueinander standen (bis Kassia ihn auf die Wange küsste, was sie oft tat, sie war warmherzig und haptisch veranlagt).

Der Gedanke, andere könnten ihr genau das Gleiche unterstellen wie Antoinette, regte ihn zutiefst auf, nur weil sie jung, hübsch und nicht aus Irland war. Noch mehr regte ihn auf, wenn man über sie redete, als wäre sie ein bloßes Sexspielzeug.

»Na, das hebt doch die Stimmung«, raunte ihm Jimmy Shine von der Kundenakquise eines Nachmittags zu.

»Du geiler alter Bock«, sagte Martin Halpenny zu ihm.

»Wie hast du die bloß geangelt?«, fragte Brendan Lawless neidisch.

Wahrscheinlich hätte er genauso reagiert, wenn einer seiner Freunde mit einer derart hinreißenden Frau wie Kassia am Arm erschienen wäre. Wahrscheinlich hätte er die gleichen Vermutungen gehegt. Dass es ihr nur darum ging, sich einen betuchten Mann zu krallen. Dass es ihm nur um den Sex mit einem heißen, jungen Ding ging. Dass beide was von der Beziehung hatten. Aber keinesfalls Liebe im Spiel war.

Kassia knöpfte sein Baumwollhemd auf. Bei jedem Knopf strichen ihre Fingerspitzen über seine Brust. Ihre Bewegungen waren langsam und gemächlich. Sie war eine sehr sinnliche Frau, ohne jeden Zweifel. Auch Dorothy war sinnlich gewesen. Aber die Erinnerung an diese Seite seiner Frau fiel ihm schwer, denn in ihrem letzten Lebensjahr hatte Erotik nicht die geringste Rolle gespielt. (Nicht, weil sie es nicht versucht hätte. Nicht, weil er nicht wollte. Sondern weil beiden unwillkürlich durch den Kopf ging, dass darin keine Zukunft lag.)

»Ich liebe dich«, wiederholte Kassia.

Er liebte ihren Akzent. Der war noch sinnlicher als ihre langen Beine, ihre langen Haare und ihre Mehr-als-eine-Handvoll-Brüste.

»Ich liebe das hier.« Sie küsste seine Drosselgrube. »Und das.« Sie küsste seinen Bauch. »Und am meisten …« Sie bewegte sich nach unten und er vergrub seine Hände in ihrer goldenen Haarflut.

Zum ersten Mal schlief er mit Kassia, drei Monate nachdem sie sich kennengelernt hatten. Sie waren im Kino gewesen und Kassia hatte ihn noch zu sich in ihre Einzimmerwohnung mitgenommen.

»Sie ist sehr klein«, sagte sie. »Aber ich bin gern für mich.«

Er nickte. »Übersichtlich, aber hübsch.«

Die Wohnung war gepflegt und ordentlich, das Mobiliar modern. An den cremefarbenen Wänden hingen gerahmte Fotografien zuhauf.

»Polen«, sagte sie. »Das sind meine Eltern.« Sie deutete auf ein Paar, das vor einem nichtssagenden Gebäude stand. Die Frau war zierlich und hübsch, der Mann untersetzt. Beide lächelten.

»Das sind meine Brüder.« Sie zeigte ihm ein anderes Foto, drei junge Männer in dicken Mänteln, die Mützen trugen. »Letzten Winter. Schweinekalt.« Sie grinste ihn an.

»Lebt deine gesamte Familie in Polen?«, wollte er wissen.

»Aber nein. Danek ist mittlerweile in England, Iwan in den Niederlanden. Jerzy wohnt noch zu Hause.« Sie lächelte. »Wir reisen viel. Aber letztendlich ist Heimat sehr wichtig.«

Alex nickte. »Vermisst du Polen?«

»Manchmal«, gestand sie. »Aber da ist auch nicht alles perfekt.«

»Hattest du dort einen Freund?« Sobald er die Frage gestellt hatte, wusste er, wie dämlich sie war. Sie war eine wunderschöne junge Frau, sie musste viele Freunde gehabt haben. Und abgesehen davon – wie erbärmlich war diese Frage denn?

»Jede Menge.« Sie grinste ihn spitzbübisch an. »Luis und Mirco und Slawek und Wictor ...«

»Schon gut.« Er hob die Hände. »Ich hätte nicht fragen sollen.«

»Nette Jungs«, sagte sie. »Aber nicht so nett wie du.«

Er lächelte. »Danke, Kassia. Aber ich bin kein Junge mehr. Sondern ...«

»Sag nichts.« Sie legte ihm den Finger auf die Lippen. »Sag nichts.«

Sie sah ihm in die Augen. Er sah ihr in die Augen. Und dann, zum allerersten Mal, seit Dorothy gestorben war, fühlte er sich lebendig.

Hinterher weinte er. Warum, wusste er nicht, doch seine Tränen ließen sich einfach nicht unterdrücken. Kassia lag neben ihm und ließ ihn schluchzen. Sie schwieg. Schließlich wälzte sie sich auf ihn und küsste ihn wieder. Er presste sie an sich und sie schliefen ein zweites Mal miteinander.

Antoinette rastete beinahe aus, als er ihr von seinen Weihnachtsplänen erzählte.

»Jetzt ist es amtlich, du hast den Verstand verloren«, raunzte sie. »Du gibst einen Batzen Geld aus, um mit ihr in ein Luxushotel zu gehen? Du und Dorothy, ihr wart nie über Weihnachten in einem Luxushotel.«

»Weil wir gern daheim waren«, sagte er. »Dorothy mochte es traditionell.«

»Dorothy hatte vollkommen recht«, sagte Antoinette. »Weihnachtszeit ist Familienzeit. Nicht … nicht …«

»Was nicht?« Alex klang bedrohlich.

»Herrgott noch mal! Nicht die Zeit für sündige Liebesnester.«

»Es ist nicht sündig.«

»Und wenn schon. Bei Weihnachten sollte es nicht um … nicht um, jedenfalls nicht um das gehen, was dir jetzt vorschwebt.«

»Warum nicht?«

»Also bitte, Alex.« Antoinette bemühte sich um einen verständnisvollen Ton. »Niemand weiß besser als ich, wie schwer die Weihnachtstage diesmal für dich sind. Deshalb möchte ich, dass du zu Conal, den Jungs und mir kommst, das Fest mit deiner Familie verbringst, die dich liebt und versteht.«

»Du hast recht«, sagte Alex. »Weihnachten wird schwer. Sehr schwer. Und deshalb will ich es nicht so verbringen, dass mir die Erinnerungen …« Er zuckte die Schultern. »Ich möchte, dass es anders verläuft.«

»Es wäre anders«, erinnerte Antoinette ihn, »du warst

Weihnachten noch nie bei uns. Bei uns ist es immer sehr schön und lustig. Conal bekocht uns phantastisch und –«

»Und das ist euer Weihnachtsfest, nicht meines«, unterbrach Alex sie. »Ihr habt eure Traditionen, Dorothy und ich hatten unsere Traditionen. Jetzt möchte ich, dass mein Fest anders ist und überhaupt nicht traditionell. Ich möchte nicht die Traditionen anderer leben.«

»Warum eigentlich geht diese Kassia nicht heim zu ihrer Familie?«, wollte Antoinette wissen. »Feiern die dort kein klassisches Weihnachtsfest?«

»An Heiligabend arbeitet sie bis Mittag«, sagte Alex, »und am St. Stephen's Day muss sie mittags wieder antreten. Sie fährt stattdessen über Neujahr nach Hause.«

»Das Ganze ist doch verrückt«, sagte Antoinette. »Du bist verrückt.« Sie betrachtete ihren Bruder und ihr Gesicht wurde weich. »Ich möchte, dass du glücklich bist, Alex, das weißt du. Aber eine Affäre mit diesem Mädchen anzufangen ist nicht der richtige Weg.«

»Ich mag sie«, Alex blieb stur, »ich möchte mit ihr zusammen sein. Wir fahren über Weihnachten in die Sugar Loaf Lodge, und damit hat sich's.«

Kassia war von seinem Plan völlig überrascht.

»Du möchtest, dass wir gemeinsam wegfahren?« Ihre blauen Augen sahen ernst und fragend drein. »Über Weihnachten?«

»Ja.«

»Und in diesem Hotel übernachten?«

»Ja«, wiederholte er.

»Nur du und ich?«

»Ja«, sagte er zum dritten Mal.

»Bist du dir sicher?«

»Ganz und gar und felsenfest.«

Sie lächelte. Wenn Kassia Kaminska lächelte, strahlte sie übers ganze Gesicht.

»Ich freu mich sehr darauf«, sagte sie.

»Ich auch.«

Mittags bestellten sie sich was aufs Zimmer, sahen dann »Mission: Impossible« an, daher dämmerte es bereits, als sie sich schick machten und nach unten gingen. In der großen Halle wimmelte es nur so von Menschen.

Es fühlt sich gar nicht komisch an, Weihnachten nicht daheim zu verbringen, dachte Alex, als er Kassia zur Bar führte. Und mit seiner Entscheidung war er nicht allein. Da gab es beispielsweise ein Damengrüppchen. Ältere Damen, mit jede Menge Klunkern an den Fingern, wahrscheinlich Witwen. Bestimmt wäre das Antoinettes Traum, wenn er mit einer vernünftigen Witwe anbändelte. Allerdings waren diese Frauen zehn, fünfzehn Jahre älter als er. Wie seine Schwester das wohl fände?

Sein Blick streifte ein Paar, ebenfalls älter als er. Es wurde ihm eng ums Herz. Er hatte gehofft, Dorothy und er könnten gemeinsam alt werden, wie Philemon und Baucis, aber das Schicksal, dieser miese Verräter, hatte andere Pläne gehabt. Dort drüben saß eine junge Frau, die eindeutig auf jemanden wartete, so oft wie sie auf Uhr und Handy schaute. Obwohl sie unruhig und besorgt wirkte, strahlte sie eine Selbstsicherheit aus, die Kassia erst noch finden musste. Ein Mann, ebenfalls allein, starrte an der Bar mit mürrischem Gesicht Löcher in die Luft. Ob er wohl auch auf jemanden wartete? Wohl eher nicht, denn im Gegensatz zu der jungen Frau schaute er nicht alle paar Minuten auf die Uhr und behielt auch die Eingangstür nicht besorgt im Blick. Es könnte durchaus nett sein, Weihnachten einmal ganz allein zu verbringen, sinnierte Alex. Es sich, weit weg von allem Stress, einfach nur gutgehen lassen. Weit weg von allen – wohlmeinenden – Freunden und Anverwandten, die einen mit ihrer Vorstellung vom perfekten Weihnachtsfest zwangsbeglücken wollten. Vielleicht hätte ich das dieses Jahr machen sollen, vielleicht wäre das besser gewesen, dachte er.

»Geht's dir gut?«, fragte Kassia leise in sein Ohr.

»Bestens.«

»Danke für die Einladung an diesen tollen Ort.«

»Danke, dass du gekommen bist.«

Er hatte ihr eine Silberkette geschenkt, weder zu teuer noch zu billig, die großartig an ihr aussah. Sie hatte ihm einen kornblumenblauen Pullover gekauft.

»Der passt zu deinen Augen«, erklärte sie am Morgen des Weihnachtstags, als sie, wieder im Bademantel, auf dem Bett in ihrem Zimmer saßen.

»Findest du?« Er hielt sich das Geschenk ans Gesicht.

»Definitiv.«

Reizend, wie dieses Wort mit Dubliner Dialekt herauskam. Er mochte auch ihren polnischen Akzent, aber die gelegentliche Dubliner Färbung zauberte ihm immer ein Lächeln ins Gesicht.

»Bist du glücklich?«

»Ja. Sehr.«

»Ich auch.« Sie küsste ihn auf die Wange. »Ich bin sehr glücklich mit dir, Alex.«

Sein Handy klingelte. Antoinette.

»Ich rufe an, weil ich dir frohe Weihnachten wünschen möchte«, sagte sie.

»Danke. Dir auch.«

»Amüsierst du dich?«

»Ja.«

»Du fühlst dich nicht ... einsam?«

»Nicht im mindesten.«

»Du musst mir nichts vormachen, Alex.«

»Tu ich nicht.«

»Wir wissen alle, wie schwer für dich das letzte Jahr war. Wir verstehen, dass du Ablenkung brauchst. Wirklich, das ist mehr als einleuchtend.«

Während Antoinette plapperte, betrachtete er Kassia, die sorgsam das Einwickelpapier ihrer Geschenke glattstrich.

»Wir wollen bloß nicht, dass du dich in etwas hineinstürzt«, fuhr Antoinette weiter. »Dich gewissermaßen über Dorothy hinwegtröstest.«

»Von hinweg –« Er unterbrach sich, wollte vor Kassia Worte wie »hinwegtrösten« nicht wiederholen. »Ich stürze mich in nichts hinein«, sagte er schließlich.

»Also bitte!«, rief Antoinette. »Du bist ganz besessen von diesem Mädchen. Die ganze Zeit hängst du mit ihr zusammen.«

»Mit Dorothy früher auch«, erinnerte Alex sie. »So bin ich eben. Ich kann nicht aus meiner Haut.«

Bei der Erwähnung von Dorothys Namen sah Kassia auf.

»Ich muss jetzt Schluss machen«, sagte er. »Mein Weihnachten ist ganz wunderbar. Deines hoffentlich auch.«

»Alles in Ordnung bei deiner Schwester?«, fragte Kassia.

Er nickte. »Alles in Ordnung.«

Später am Abend spielten sie mit anderen Gästen Scharade, ein Spiel, bei dem Dorothy sehr gut gewesen war. Immer hatte sie die Antworten schnell erraten, selbst wenn die Darstellung komplett unverständlich oder es um völlig unbekannte Bücher oder abwegige Filme gegangen war.

»Ich bin einfach gut im Raten«, sagte sie gern. »Und ich kann mir Titel gut merken. Titel, ob Buch oder Film, liegen mir.«

Kassia jedoch war ein hoffnungsloser Fall. Sie bildeten zusammen mit einem jungen Paar ein Team; die beiden dachten einige Male gewagt um die Ecke, aber sie wurden trotzdem Letzter. Doch sie lachten viel und unterhielten sich gut mit Jim und Laura, die gestanden, sie seien vor ihren Familien in die Sugar Loaf Lodge geflüchtet.

»Zum schönsten Fest des Jahres zeigen sie nicht immer ihre Schokoladenseite«, pflichtete Alex ihnen bei.

»Obwohl es schön ist, wenn man Weihnachten mit seinen Liebsten verbringt.« Kassia legte Alex die Hand auf den Arm.

»Sie beide sind reizend.« Laura lächelte sie an. »Zuerst dachten wir – um ehrlich zu sein, wir konnten nicht einschätzen, wie Sie zueinander stehen. Aber Sie sind ein reizendes Paar. Absolut perfekt.«

»Gleich wird er verlegen«, sagte Kassia, die genau wusste, was die beiden gedacht hatten. »Er hasst es, dass er so viel älter ist. Ständig erinnert er mich daran, ich soll rausgehen, mich amüsieren und Freunde finden, das Leben genießen. Dabei vergisst er, dass ich das alles ja schon mit ihm mache.«

»Ständig glauben wir zu wissen, was für andere das Beste ist«, sagte Laura. »Dabei sollten wir lieber herausfinden, was das Beste für uns ist. Und das auch umsetzen.«

Ein sehr weises Mädchen, diese Laura, dachte Alex später. Sie hatte völlig recht: das tun, was das Beste für einen war.

Aber was das Beste für ihn war, war eventuell nicht das Beste für Kassia. Das war ihm immer klar gewesen. Denn daran biss die Maus keinen Faden ab: Sie hatte noch das ganze Leben vor sich, ein Leben, das sie besser mit jemandem teilte, der in ihrem Alter war. Auch wenn er sich jetzt nicht mehr so alt fühlte wie noch vor ein paar Monaten. Als Dorothy sich davongemacht hatte, fühlte er sich wie achtzig. Aber jetzt lagen die Dinge anders. Dank Kassia hatte er wieder Freude am Leben. Es ging ihm gut. Und das alles verdankte er ihr.

Aber er wollte sich nicht sein restliches Leben lang an Kassia hängen. Natürlich konnten junge hübsche Dinger ältere reiche Männer attraktiv finden. (Wobei solche, die älter und reicher waren als er, obendrein mit Herz- und Prostataproblemen gesegnet, für Glücksritterinnen geeignetere Beute waren.) Aber bei Kassia Kaminska lag der Fall anders.

Antoinette lag mit ihrer Vermutung, Kassia liebe ihn seines Geldes wegen, ganz sicher daneben. Ihre Familie war nicht arm und war nicht darauf angewiesen, dass sie ihnen Geld schickte. Ihr Vater war Direktor eines Öl- und Gasförderunternehmens, ihre Mutter Diplomchemikerin. Kassia war in einer liebevollen Umgebung aufgewachsen, wo es ihr an nichts gemangelt hatte. Nach Irland war sie gekommen, weil sie ihr Englisch verbessern und eine Zeit im Ausland verbringen wollte, sie war kein Wirtschaftsflüchtling.

Irgendwann würde sie wieder nach Polen zurückkehren. Das wusste er. Das wusste sie. Wenn sie sagte, sie liebe ihn, meinte sie damit das Hier und Jetzt, nicht für alle Ewigkeit. Aber das war in Ordnung. Damit konnte er leben. Damit lebte er.

Und Lebensfreude war das beste Geschenk, das Alex dieses Weihnachten hatte bekommen können.

»He, Alex!« Den iPod in der Hand, lächelte sie ihn an. »Hast du Lust auf eine Runde Luftgitarre an Weihnachten?«

»Absolut!« Er stand auf.

Sie drückte »Play«.

Und unter lautem Gelächter tobten die beiden, auf imaginären Gitarren schrammelnd, durch das Schlafzimmer, während aus den Lautsprechern Suzi Quatro dröhnte.

ALEX CAPUS
Lone Ranger

Der Lone Ranger hält sich viel im Freien auf, deshalb hat er ein feines Empfinden für den Lauf der Jahreszeiten. Wenn Ende Juli die Mauersegler heim in den Süden fliegen, ahnt er das Nahen des Herbstes. Und wenn im September das Strandbad seine Pforten schließt und der Bademeister den großen Stöpsel aus dem Schwimmerbecken zieht, schaut er sorgenvoll gen Himmel, ob etwa der Coca-Cola-Weihnachtsmann mit seinem blinkenden Schlitten und den geschminkten Tieren schon im Anflug sei. Gegen ihn hat er keine Chance, das weiß der Lone Ranger. Diesen Kampf hat er längst aufgegeben.

Ein letztes Mal noch reitet er in die Innenstadt, um bei »Schlecker« einen ordentlichen Vorrat Rasierklingen für den Winter zu besorgen, dazu ein großes Paket Einwegfeuerzeuge. Der Lone Ranger bindet seinen treuen Wallach an einem Kandelaber fest und schlendert durch die Fußgängerzone. Noch hängt die Weihnachtsbeleuchtung nicht über den Gassen, Gott sei Dank. Aber die Zeiten, da er beim Anblick bunt blinkender Lichterketten und Christbäume seinen Colt zückte und Zielübungen auf weihnachtlich dudelnde Lautsprecher machte, sind sowieso vorbei. Auch diesen Kampf hat er aufgegeben.

Bei »Schlecker« angekommen, eilt er durch die Regale. Zur Kasse zurückgekehrt, versucht er, nicht zu beachten, dass die Regenbogenforellen aus Weich-Polyurethan, die auf

Knopfdruck »Jingle Bells« singen und mit der Schwanzflosse den Takt schlagen, dieses Jahr nur dreiundzwanzig neunzig kosten. Immerhin ist er dankbar, dass die Kassiererin noch keine rote Zipfelmütze trägt.

Das Wechselgeld steckt er in die Spendenbox, er wird lange Zeit keine Verwendung mehr dafür haben. Dann kehrt er zurück zu seinem Wallach. Am Himmel fliegt eine Staffel Wildgänse in V-Formation südwärts. Der Lone Ranger weiß aus Erfahrung, dass die fettesten und leckersten Gänse immer hinten fliegen. Er zieht den Colt und schießt die hinterste Gans vom Himmel. Dann gibt er dem Wallach die Sporen, greift das zu Boden stürzende Federbündel am Hals und reitet hinauf in den Schöngrund, wo seine Liebste in einem schmucken kleinen Haus am Waldrand wohnt. Sie heißt Mara und ist Physiklehrerin am Heinrich-Heine-Gymnasium.

»Hallo Lone!«, sagt Mara. »Du hier?«

»Hab dir etwas mitgebracht«, sagt er. »Für die Kühltruhe.«

»Ich danke dir«, sagt sie. »Jetzt schon? Ist es schon wieder so weit?«

»Besser zu früh als zu spät«, sagt er. »Und dann habe ich hier noch etwas für dich.« Er klaubt ein fußballgroßes Goldnugget aus der Satteltasche, das er in einem ausgetrockneten Bachbett gefunden hat. »Hier, für dich. Als kleines Zeichen meiner Liebe zu dir.« Das Nugget ist mehr wert, als Mara in ihrem ganzen Leben als Physiklehrerin verdienen wird.

»Oh, ist das hübsch!«, sagt sie. »Musst du gleich wieder weg? Oder kommst du kurz rein?«

»Ich komme sehr gern rein«, sagt der Lone Ranger. »So viel Zeit muss sein.«

Einige Zeit später treten die beiden wieder vors Haus.

»Ich sage dir dasselbe wie jedes Jahr«, sagt der Lone Ranger.

»Was denn?«, sagt sie.

»Du weißt schon«, sagt er.

»Sag's trotzdem«, sagt sie. »Ich hör's so gern.«

»Ich würde mich sehr freuen, wenn du dieses Jahr mitkommen würdest«, sagt der Lone Ranger. »Ein paar Monate draußen in der Wildnis, nur du und ich. Der Sozius auf meinem Wallach ist stets für dich reserviert.«

»Immer?«

»Immer und allezeit.«

»Das ist lieb, dass du das sagst«, sagt Mara. Sie errötet und küsst ihn heiß. »Aber du weißt ja, ich kann nicht.«

»Ich weiß«, sagt er. »Die Kekse, der Glühwein und alles.«

»Und der Christkindlmarkt«, sagt sie.

»Ja«, sagt er.

Der Lone Ranger schwingt sich in den Sattel.

»Frohe Weihnachten«, sagt er. »Mitte Januar bin ich wieder hier.«

Der Lone Ranger zieht den Revolver und feuert zum Abschied zwei Mal in den Himmel. Dann gibt er dem Wallach die Sporen und reitet hinaus in die Prärie.

ES BEGAB SICH ABER ZU DER ZEIT

Es begab sich aber zu der Zeit

Es begab sich aber zu der Zeit, dass ein Gebot von dem Kaiser Augustus ausging, dass alle Welt geschätzt würde. Und diese Schätzung war die allererste und geschah zur Zeit, da Kyrenius Landpfleger in Syrien war. Und jedermann ging, dass er sich schätzen ließe, ein jeglicher in seine Stadt.

Da machte sich auf auch Joseph aus Galilea aus der Stadt Nazareth in das jüdische Land zur Stadt David, die da heißt Bethlehem, darum dass er von dem Hause und Geschlechte David war, auf dass er sich schätzen ließe mit Maria seinem vertrauten Weibe, die war schwanger. Und als sie daselbst waren, kam die Zeit, dass sie gebären sollte. Und sie gebar ihren ersten Sohn und wickelt ihn in Windeln und legt ihn in eine Krippe, denn sie hatten sonst keinen Raum in der Herberge.

Und es waren Hirten in der selbigen Gegend auf dem Felde bei den Hürden, die hüteten des Nachts ihre Herde. Und siehe, des Herrn Engel trat zu ihnen, und die Klarheit des Herrn leuchtet um sie, und sie fürchten sich sehr. Und der Engel sprach zu ihnen: Fürchtet euch nicht, siehe, ich verkündige euch große Freude, die allem Volk widerfahren wird, denn euch ist heute der Heiland geboren, welcher ist Christus der Herr, in der Stadt David. Und das habt zum Zeichen, ihr werdet finden das Kind in Windeln gewickelt und in einer Krippe liegen. Und alsbald ward da bei dem Engel die Menge der himmlischen Heerscharen, die lobten Gott und sprachen: Ehre sei Gott in der Höhe und Friede auf Erden und den Menschen ein Wohlgefallen.

Und da die Engel von ihnen gen Himmel fuhren, sprachen die Hirten unternander: Lasst uns nun gehen gen Bethlehem und die Geschichte sehen, die da geschehen ist, die uns der Herr kundgetan hat. Und sie kamen eilend und fanden beide, Maria und Joseph, dazu das Kind in der Krippen liegen. Da sie es aber gesehen hatten, breiteten sie das Wort aus, welches zu ihnen von diesem Kind gesagt war. Und alle, für die es kam, wunderten sich der Rede, die ihnen die Hirten gesagt hatten. Maria aber behielt alle diese Worte und bewegte sie in ihrem Herzen. Und die Hirten kehrten wieder um, priesen und lobten Gott um alles, das sie gehört und gesehen hatten, wie denn zu ihnen gesagt war.

Lukas 2,1-16

Da Jesus geboren war

Da Jesus geboren war zu Bethlehem im jüdischen Lande zur Zeit des Königs Herodes, siehe da kamen die Weisen vom Morgenland gen Jerusalem und sprachen: Wo ist der neugeborne König der Juden? Wir haben seinen Stern gesehen im Morgenland und sind gekommen ihn anzubeten.

Da das der König Herodes hörte, erschrak er und mit ihm das ganze Jerusalem und ließ versammeln alle Hohepriester und Schriftgelehrten unter dem Volk und erforschte von ihnen, wo Christus sollte geboren werden? Und sie sagten ihm: Zu Bethlehem im jüdischen Lande, denn also steht geschrieben durch den Propheten: Und du Bethlehem im jüdischen Lande bist mitnichten die kleinste unter den Fürsten Juda. Denn aus dir soll mir kommen der Herzog, der über mein Volk Israel ein Herr sei.

Da berief Herodes die Weisen heimlich und erlernet mit Fleiß von ihnen, wann der Stern erschienen wäre? Und wies sie gen Bethlehem und sprach: Ziehet hin und forschet fleißig nach dem Kindlein, und wenn ihrs findet, sagt mirs wieder, dass ich auch komme und es anbete.

Als sie nun den König gehört hatten, zogen sie hin. Und siehe, der Stern den sie im Morgenland gesehen hatten, ging vor ihnen hin, bis dass er kam und stand oben über, da das Kindlein war. Da sie den Stern sahen, wurden sie hoch erfreut und gingen in das Haus und fanden das Kindlein mit Maria seiner Mutter und fielen nieder und beten es an und taten ihre Schätze auf und schenkten ihm Gold, Weihrauch und Myrrhe. Und Gott befahl ihnen im Traum, dass sie sich nicht sollten wieder zu Herodes lenken und zogen durch einen andern Weg wieder in ihr Land.

Da sie aber hinweggezogen waren, siehe da erschien der Engel des Herrn dem Joseph im Traum und sprach: Stehe auf und nimm das Kindlein und seine Mutter zu dir und flieh ins Ägyptenland und bleib allda, bis ich dir sage. Denn es ist für handen, dass Herodes das Kindlein suche, dasselbe umzubringen. Und er stand auf und nahm das Kindlein und seine Mutter zu sich bei der Nacht und entwich ins Ägyptenland und blieb allda, bis nach dem Tod von Herodes. Auf dass erfüllt würde, das der Herr durch den Propheten gesagt hat, der da spricht: Aus Ägypten hab ich meinen Sohn gerufen.

Matthäus 2,1-16

Der Mann, der dabei war

Ben-Asra, der Hirte, zog von Betlehem nach Jerusalem, um ein Lamm zu opfern. Als er durch Betanien, das kleine Dorf am Ölberg, kam, gedachte er zu rasten; es war heiß und er war nicht mehr der Jüngste. Zudem war es ein anmutiger, einladender Ort vor der Heiligen Stadt, die er stets mit einigem Bangen betrat; denn er lebte jahrein, jahraus mit seiner Herde abseits vom Treiben der Welt.

Die Unruhe der nahen Stadt, so dünkte den Hirten, kündigte sich schon in Betanien an. Die Dörfler standen vor ihren Häusern in erregtem, scheuem Gespräch, und seltsame Kunde drang an Ben-Asras Ohr, von einem heiligen Mann, von messianischen Wunderheilungen und von Totenerweckungen. Der Hirte ließ sich, das Lamm auf dem Schoß, unter einem Feigenbaum vor einem Hause nieder, das ein wenig abseits vom Dorfe stand, mit freier Aussicht auf die hoch gebaute Stadt und den Tempel auf dem Berge Moriah. Ben-Asra zog sein Brot heraus, aß geruhsam, tränkte auch das Lamm aus einer Lederflasche und wollte sich eben wieder auf den Weg machen, als eine Frau sich aus der Tür neigte und ihn bat einzutreten: drinnen sei es kühl und ein Schluck roten Weines werde ihm guttun.

Also trat der Hirte ins Haus. Die Frau, die ihn hereingerufen hatte, kniete vor einem Stein und mahlte Körner aus. Nur manchmal hielt sie inne und blickte zu den anderen Hausbewohnern hinüber, die untätig beieinander saßen in vertrautem Gespräch, einem jungen rotblonden Weibe und einem jungen Menschen mit einem weißen zarten Gesicht und verwunderten Augen. Noch jemand war zu Gaste: ein bärtiger Mann, kaum älter als dreißig Jahre, der den Hirten willkommen hieß. Der band das Lamm an einen Ring am Herd und setzte sich zu den anderen.

Sie fragten ihn, woher er komme und wohin er wolle. Der Wein, den man ihm bot, machte ihn gesprächig. Er wusste selbst nicht, wie es kam, dass er, der Wortkarge, Bedächtige, ins Erzählen geriet, dass er von seinem Hirtenleben sprach, dem friedfertigen, ereignislosen Dasein mit den Tieren.

Aufmerksam und freundlich hörten seine Wirte ihm zu. Ben-Asra sprach zu allen und vornehmlich zu dem Bärtigen, als müsse er ihm sagen, was ihn bewegte. Denn einmal, vor etwa dreißig Jahren, hatte sich doch etwas ereignet auf dem Felde bei den Herden, als er mit seinen Gefährten des Nachts die Schafe hütete. Damals – es war wohl vor ihrer Zeit gewesen – hatte der römische Kaiser Augustus im ganzen Reiche eine Volkszählung angeordnet, um zu erfahren, über wie viele Menschen er regiere, welchen Beruf und welchen Verdienst sie hätten und woher sie gebürtig seien. Bis zu ihnen in die Berge bei Betlehem seien die Leute wegen eines Nachtquartiers gekommen, da jeder sich in seinem Heimatort melden musste.

»Wir hatten«, so erzählte er, »einen kleinen Stall dort, zum Schutz für Mensch und Tier bei schlechtem Wetter, für die lammenden Schafe und die kalbenden Rinder. Da kam zu uns ein Zimmermann aus Nazaret mit seiner jungen Frau, die schwanger war, und bat um Herberge für die Nacht. Der Mann selbst war nicht mehr jung. Er wärmte seine Hände an dem Rind, das im Stalle stand bei unserem Esel, mit dem wir die Milch in tönernen Krügen nach Betlehem zu bringen pflegten. Wir schneiden aus dem Kaktus runde Scheiben und schließen damit die Krüge, damit die Milch nicht überschwappt.

Auf einem Lager von Stroh im Stall ruhte die Frau und wartete furchtsam auf ihre Stunde. Ich war damals«, sagte der Hirte zu dem jungen Mann gewandt, »nicht älter als du, sechzehn Jahre vielleicht; aber was in jener Nacht geschah, werde ich mein Lebtag nicht vergessen.

Ich saß mit meinem Vater am Berghang, nicht weit vom Stall, unter der Sternenwiese. Über dem Stall stand ein besonders heller Stern, den wir noch nie gesehen hatten. Auf einmal wurden die Tiere unruhig – wie bei einem Gewitter. Die Schafe blökten und drängten sich aneinander und die Rinder brüllten in die Nacht. Man sah ihren warmen Atem. Der Mond schien nicht, aber es war sternklar, dunkel, aber nicht finster, wolkenlos. Vom Stall herüber tönte das Schreien der jungen Frau. Ihr kennt das: Es ist Schmerz und Lust zugleich. Dann hörte man das Kind weinen. Da wurde es plötzlich taghell um uns, und während unser Hund sich wimmernd verkroch und die Schafe, in die Knie brechend, sich duckten, sahen wir einen Engel vor uns stehen. Ich hatte noch nie einen Engel gesehen, aber ich wusste sogleich, dass dies kein Mensch war wie ihr und ich. Er redete uns an mit einer Stimme voll Wohllaut, sagte uns, dass wir uns nicht fürchten sollten. ›Denn‹, so sagte er, er sang es beinahe, ›heute ist euch der Heiland geboren, welcher ist Christus, der Herr, in der Stadt Davids.‹ Denkt euch: in unserem Stall! Während es so mit tausend Stimmen in den Lüften sang zum Lobe Gottes, liefen wir hinüber und sahen das Kind in Windeln gewickelt und in der Eselskrippe liegend.

Wir knieten nieder und beteten es an. – Ich habe einen Engel gesehen, ich, Ben-Asra, ein Hirte. Warum ich? Aber so war es, so unwahrscheinlich es klingt. Und ich habe mit diesen Augen das Kind gesehen, so wie ich dich sehe, Herr, und euch. Was bedarf es mehr? Und der Ochs und der Esel beugten vor ihm die Knie mit uns und verbeugten sich tief.«

Der Hirte schwieg. Die Frau an der Kornmühle, die Hände auf dem Stein, hatte schon lange innegehalten; sie wandte ihre fragenden Augen von dem Hirten ab und dem Bärtigen zu. Der aber gebot ihr zu schweigen.

Und dann, sich erinnernd, fügte der Hirte hinzu: »Es war ein so reizendes Kind, Herr. Ich möchte wohl wissen, was aus ihm geworden ist.«

Er erhob sich, dankte, band sein Lamm los und ging hinauf nach Jerusalem.

JULES SUPERVIELLE
Ochs und Esel bei der Krippe

Auf der Straße nach Bethlehem trug der Esel, geführt von Joseph, die Jungfrau; wenig wog sie, von nichts belastet als von der Hoffnung in ihr.

Der Ochs folgte ihnen; er ging allein.

Da waren die Wanderer in der Stadt, richteten sich in einem verlassenen Stall ein, und Joseph machte sich gleich an die Arbeit.

›Diese Menschen‹, dachte der Ochs, ›sind doch erstaunlich. Da siehst du, was sie mit ihren Händen und ihren Armen alles fertigbringen; die sind freilich mehr wert als bei uns Huf und Fessel. Und unser Meister: nicht seinesgleichen hat er doch im Hantieren und im Sortieren; er kann Verwickeltes einrichten und Rechtes verwickeln, und alles Nötige macht er unverdrossen und ist nie traurig.‹

Joseph geht nun hinaus, kommt aber gleich wieder; Stroh hat er auf dem Rücken, aber was für Stroh! So starkes und wie von der Sonne durchstrahlt; es sieht aus, als ob ein Wunder komme.

›Was wird denn da‹, fragte sich der Esel, ›das könnte ja ein Kinderbett werden.‹

»Euch werden wir vielleicht diese Nacht nötig haben«, sagt die Jungfrau zu Ochs und Esel.

Die Tiere sehen sich lange an und versuchen zu begreifen; dann legen sie sich hin.

Eine feine Stimme, die aber gerade den ganzen Himmel durchdrang, weckt sie alsbald wieder auf.

Der Ochs stellt sich auf und hat vor sich in der Krippe ein Kindlein, nackt und schlafend; das wärmt er nach allen Regeln der Kunst, ohne eine auszulassen, mit seinem Atem.

Lächelnden Blicks dankt ihm die Jungfrau.

Wesen mit Flügeln kommen und gehen; sie tun, als ob sie die Mauern nicht sähen, durch die sie so einfach hindurchdringen.

Da kommt Joseph zurück, mit Windeln, von einer seiner Nachbarinnen gestellt. »Sonderbar ist das«, sagt er mit seiner Zimmermannsstimme, die hier ein wenig zu laut klang, »es ist Mitternacht und doch Tag. Drei Sonnen sind da statt einer; aber die wollen zusammen.«

Im Dämmern steht der Ochs wieder auf, setzt die Hufe vorsichtig, aus Furcht, das Kind aufzuwecken oder eine himmlische Blüte zu zerstören oder einem Engel weh zu tun. Wie ist doch alles seltsam schwierig geworden!

Nachbarn besuchen Jesus und die Jungfrau. Es sind arme Leute, die nur ihre strahlenden Gesichter zu verschenken haben. Und dann kommen noch andere und bringen Nüsse und ein Flötchen.

Ochs und Esel gehen ein wenig beiseit, um sie herantreten zu lassen, und fragen sich, welchen Eindruck sie selbst wohl auf das Kind machen. Gesehen hat es sie bis jetzt noch nicht; gerade wacht es auf.

»Ungetüme sind wir doch nicht«, meint der Esel.

»Ja, aber unser Gesicht: es sieht so anders aus als seins und das der Eltern – wir könnten es erschrecken.«

»Die Krippe, der Stall und das Dach mit den Balken, die haben noch weniger ein ähnliches Gesicht, und doch hat es sich nicht erschreckt.«

Doch der Ochs war nicht überzeugt, er dachte an seine Hörner und sinnierte:

»Es ist wirklich recht peinlich, daß man sich denen nicht nähern kann, die man am meisten liebt, ohne daß es gleich nach Drohung aussieht. Immer muß ich Obacht geben, um nicht irgendwen zu verletzen; dabei liegt es gar nicht in meiner Natur, mich ohne tieferen Grund an Personen oder an Dinge heranzumachen. Ich bin nicht bös und auch nicht giftig. Aber überall, wo ich gehe – sind auch die Hörner; ich wache mit ihnen auf, selbst wenn ich noch so müde bin und nicht mehr weiß, was ich tue: die beiden spitzen, die beiden harten bleiben und vergessen mich nicht. Mitten in der Nacht habe ich sie zu fühlen, tief im Traum.«

Auf einmal hatte der Ochs Angst; er dachte, wie nahe er dem Kind gewesen war, als er es wärmte. Wenn er es nun versehentlich mit den Hörnern gestoßen hätte?

»Du darfst ja nicht allzu nahe zu dem Kleinen gehen«, sagte der Esel, der den Gedanken seines Gefährten erriet, »nicht einmal daran denken darfst du; du träfest ihn. Und dann könntest du ja auch etwas Speichel verlieren. Du hältst ihn nicht bei dir, und das wäre unsauber. Übrigens, warum ist das bei dir so mit dem Speichel, wenn du dich glücklich fühlst? Behalt das doch für dich! Du brauchst es nicht vor aller Welt zu zeigen.«

(Der Ochs schwieg.)

»Ich aber will ihm meine beiden Ohren hinhalten, verstehst du: die bewegen sich, sogar nach allen Seiten, und weil kein Knochen drin ist, sind sie weich zum Anfassen. Das beunruhigt und beruhigt gleichzeitig und ist gerade das Richtige, ein Kind zu unterhalten. In seinem Alter ist es auch lehrreich.«

»Ja, ich verstehe, das Gegenteil habe ich nie behauptet; ich bin doch nicht dumm.«

Doch da der Esel reichlich zufrieden aussah, sagte der Ochs noch: »Aber, daß du dich nicht unterstehst, ihm ins Gesicht zu schreien, damit tötest du es.«

»Bauer!« sagte der Esel.

Der Esel hält sich links von der Krippe, der Ochs rechts; auf diesen Plätzen hatten sie bei der Geburt gestanden, und dem Ochs, der sehr auf Formen hält, sind sie besonders lieb. Unbewegt verharren sie so – manche Stunde lang, als ob sie einem unsichtbaren Maler Modell stünden.

Das Kind senkt die Lider. Eilig schläft es wieder ein. Ein heller Engel erwartet es einige Schritte hinter dem Schlaf, um ihm etwas zu sagen, oder vielleicht, um etwas zu fragen.

Lebendig tritt der Engel aus dem Traum Jesu heraus und erscheint im Stall. Verbeugt sich vor dem Neugeborenen und malt dann einen reinsten Schein um seinen Kopf. Und einen für die Jungfrau, einen dritten für Joseph. Dann entschwindet er in einem Blenden von Flügeln und Federn, deren Weiße, wieder- und wiederkehrend in großem Getose, an helle Wellen in der Flutzeit denken läßt.

»Für uns hat er keinen Schein übrig gehabt«, stellt der Ochs fest, »sicher hatte der Engel seine Gründe. Wir sind ihm zu wenig, der Esel und ich. Was haben wir denn auch getan, um den goldenen Kranz zu verdienen?«

»Du hast sicher nichts getan; aber vergiß nicht: ich habe die Jungfrau getragen.«

Der Ochs denkt bei sich:

›Wie hat die Jungfrau es nur gemacht, diese schöne, leichte, daß sie das liebliche Kindlein verbarg?‹

Aber vielleicht hat er zu laut gedacht, denn der Esel entgegnet:

»Es gibt Sachen, die du nicht verstehst.«

»Warum sagst du immer, daß ich nicht verstehe! Ich habe mehr als du erlebt; ich habe in den Bergen und auf dem flachen Lande und schon am Meere gearbeitet.«

»Darauf kommt es nicht an«, sagt der Esel.

Und dann:

»Es ist nicht nur der Schein. Du hast sicher noch nicht bemerkt, daß das Kind in einer wunderbaren Wolke schwebt – doch es ist noch mehr als eine Wolke.«

»Es ist viel köstlicher«, sagt der Ochs, »es ist wie ein Leuchten, ein goldener Dampf, der von dem kleinen Leib ausgeht.«

»Ja, aber damit willst du mir weismachen, du habest ihn gesehen.«

»Ich habe ihn nicht gesehen?«

Der Ochs zieht den Esel in eine Ecke des Stalls, wo der Wiederkäuer als Zeichen der Andacht ein Zweiglein hergerichtet hat, aufs zierlichste von Strohhälmchen umgeben, und ganz deutlich stellen sie das Strahlen des göttlichen Leibes dar. Hier ist die erste Kapelle; dies Stroh: von draußen hatte es der Ochs herbeigetragen; das Stroh der Krippe dafür zu nehmen, hatte er nicht gewagt. Er hatte eine abergläubische Furcht davor, weil es so gut zu essen war.

Ochs und Esel sind dann bis zum Abend grasen gegangen. Wenn auch die Steine lange brauchen, um zu begreifen, so gab es doch schon viele auf den Feldern, die es wußten. Und sogar einem Kieselstein begegneten sie, der Farbe und Form ein wenig wechselte und ihnen so mitteilte, daß er auf dem laufenden sei.

Auch Blumen wußten schon und wollten geschont sein. Es war die reinste Mühsal, zu grasen, ohne Gott zu verletzen. Und das Essen erschien dem Ochsen mehr und mehr unwichtig. Das Glück vermochte ihn zu sättigen.

Auch ehe er trank, fragte er sich:

›Ob auch dieses Wasser es weiß?‹

In seinem Zweifel trank er lieber nicht, ging ein wenig weiter zu einer schlammigen Pfütze, die offenbar noch nichts wußte.

Doch manchmal belehrte ihn nur eine unendliche Süße in seiner Kehle, in dem Augenblick, wenn er das Wasser schlürfte.

›Zu spät‹, dachte der Ochs, ›ich hätte doch nicht davon trinken dürfen.‹

Er wagte kaum zu atmen, die Luft erschien ihm wie etwas Heiliges und Einbezogenes. Er fürchtete, einen Engel einzuatmen.

Der Ochs schämte sich, weil er wußte, daß er nicht immer so sauber war, wie er wollte:

›Also muß ich sauberer werden als bisher; man muß eben achtgeben und aufpassen, wo man seine Füße hinsetzt.‹

Der Esel fühlte sich wohl.

Die Sonne schien in den Stall, und die beiden Tiere stritten jetzt um die Ehre, dem Kinde als Schatten zu dienen.

›Ein bißchen Sonne wäre sicher gar nicht schlecht‹, dachte der Ochs, ›aber dann wird der Esel sofort wieder sagen, ich verstehe nichts davon.‹

Das Kind schlief weiter, manchmal dachte es in seiner Ruhe nach und bewegte die Brauen.

Eines Tages drehte der Esel aufs zärtlichste mit seinem Maul das Kind auf seine Seite, während die Jungfrau an der

Schwelle der Tür die tausend Fragen zukünftiger Christen beantworten mußte.

Als Maria zu ihrem Sohne zurückkam, erschrak sie sehr: sie bestand darauf, des Kindes Gesicht da zu finden, wo sie es gelassen hatte.

Merkend, was geschehen war, ließ sie den Esel wissen, daß es sich nicht gehöre, das Kind zu berühren. Der Ochs stimmte durch ein Schweigen besonderer Art zu, er verstand es, seiner Stummheit Rhythmus, Nuancen und Akzente zu geben. Während der kühlen Tage konnte man an der langen Dunstfahne, die aus seiner Nase strömte, sehr leicht den Lauf seiner Gedanken ablesen. Und sich über vieles klarwerden.

Der Ochs hielt sich nicht für berufen, dem Kinde anders als mittelbar zu dienen; so zog er, indem er alle Morgen den Rücken an einem Stock wilder Bienen rieb, die Fliegen des Stalles an sich, oder aber er zerdrückte Insekten an der Mauer.

Der Esel horchte auf die Geräusche von draußen, er versperrte den Eingang, wenn ihm etwas verdächtig vorkam. Gleich stellte sich dann der Ochs hinter ihn. Sie machten sich so breit sie konnten: solange die Gefahr da war, füllten sich ihr Kopf und ihr Leib gleichsam mit Blei und Granit. Und ihre Augen blitzten, wachsamer als je.

Der Ochs war erstaunt, als er sah, daß die Jungfrau die Gnade besaß, das Kind lächeln zu machen, wenn sie an die Krippe trat. Joseph, trotz seines Bartes, erreichte es auch ohne viel Mühe, und das nur durch seine bloße Gegenwart oder weil er auf dem Flötchen spielte. Der Ochs wollte nun auch etwas spielen, man brauchte ja eigentlich nur zu schnaufen.

›Kein Wort gegen meinen Herrn, aber ich glaube nicht, daß er das Jesukind mit seinem Atem hätte wärmen können. Und das mit der Flöte: ich müßte nur mit dem Kleinen allein sein, dann wäre ich nicht mehr schüchtern. Es wird dann wieder schutzbedürftig, und ein Ochs hat immerhin das Gefühl seiner Stärke.‹

Wenn sie zusammen auf der Wiese weideten, kam es nicht selten vor, daß der Ochs fortging.

»Wo gehst du hin?«

»Ich komme sofort wieder.«

»Wohin gehst du?« drängte der Esel.

»Ich will sehen, ob es nichts nötig hat. Man kann nie wissen.«

»Aber laß es doch in Ruhe!«

Der Ochs ging dennoch. Im Stall war eine Luke – die man später, aus diesem Grunde, Ochsenauge genannt hat –, durch die schaute er hinein.

Eines Tages bemerkte er, daß Maria und Joseph fort waren. Er fand das Flötchen auf der Bank liegen, gerade in richtiger Höhe, und nicht zu weit und nicht zu nah vom Kindlein.

›Was könnte ich ihm denn wohl vorspielen?‹ fragte sich der Ochs, der nur durch die vermittelnde Musik bis an das Ohr Jesu zu gehen wagte. ›Ein Arbeitslied? Das Kriegslied des kleinen tapferen Stieres oder die verzauberte Färse?‹

Bei Ochsen sieht es oft aus, als ob sie mit Kauen beschäftigt seien, in Wirklichkeit jedoch singen sie im Grunde ihres Herzens.

Der Ochs blies sorglich die Flöte, und es ist gar nicht sicher, daß ihm ein Engel geholfen hat, so saubere Töne hervorzubringen. Ein wenig wandte sich das Kind mit Kopf und Schultern auf seinem Lager, um zu sehen. Trotzdem war der Spieler nicht zufrieden. Doch glaubte er sich wenigstens sicher, nicht von außen gesehen zu werden, aber da täuschte er sich.

Schnell lief er fort, vor Furcht, daß einer, der Esel besonders, eintrete und ihn dann zu nahe bei dem Flötchen entdecke.

»Komm es doch ansehen«, sagte eines Tages die Jungfrau zum Ochsen, »warum gehst du denn nie mehr an das Kind heran, du, und hast es doch so gut gewärmt, als es noch ganz nackt war?«

Erkühnt stellte er sich ganz nah zu Jesus. Der wollte ihn sehr beglücken und umfaßte mit beiden Händen des Ochsen Maul. Der Ochs hörte zu atmen auf – Atmen war jetzt ganz unnötig. Jesus lächelte. Die Freude des Ochsen war stumm. Sie hatte von seiner ganzen Gestalt Besitz genommen und erfüllte ihn bis in die Spitzen seiner Hörner.

Das Kind betrachtete den Esel und den Ochsen nacheinander. Den Esel, ein wenig seiner selbst zu sicher, und den Ochsen, der sich wie aus unglaublich Dichtem bestehend fühlte gegenüber dem so zart von innen her erleuchteten Gesicht, – es war, wie wenn eine Lampe, durch leichten Vorhang gesehen, in einer kleinen fernen Wohnung von Zimmer zu Zimmer getragen wird.

Es sah den Ochsen so finster und lachte laut auf.

Das Tier konnte aber nicht in das Lachen hineinsehen und fragte sich, ob das Kind sich nicht über ihn lustig mache. Sollte er sich nicht künftig mehr zurückhalten? Oder vielleicht sogar fortgehen?

Doch da lachte das Kind wieder, und wie dem Ochsen

schien, so strahlend und so kindlich, daß er begriff: er hatte gut daran getan zu bleiben.

Die Jungfrau und ihr Sohn betrachteten sich oft von ganz nah, sie waren stolz aufeinander.

›Ich meine, alles müßte fröhlich sein‹, dachte der Ochs, ›ich habe noch nie eine reinere Mutter und ein schöneres Kind gesehen. Aber wie ernst sieht in Augenblicken beider Gesicht aus !‹

Ochs und Esel schickten sich an, zurück in den Stall zu gehen. Da sagte der Ochs – vor lauter Angst, sich zu irren, hatte er genau hingesehen:

»Sieh doch den Stern, der am Himmel aufgeht, wie wunderschön, er macht mir das Herz warm!«

»Laß doch dein Herz in Ruhe, es hat nichts mit den großen Ereignissen zu schaffen, die wir seit kurzem mit ansehen.«

»Sag, was du willst, ich glaube, daß dieser Stern auf uns zu kommt. Schau, wie tief er steht; es sieht aus, als ob er in die Richtung des Stalles will. Und darunter sind drei Leute, mit Edelsteinen geschmückt.«

Die Tiere langten vor der Schwelle des Stalles an.

»Was geht nach deiner Meinung hier vor, Ochs?«

»Da fragst du mich zuviel, Esel. Ich begnüge mich damit, zu sehen, was ist, und das ist schon viel.«

»Ich kann es mir schon denken!«

»Voran, voran!« rief ihnen Joseph zu und öffnete die Tür. »Seht ihr nicht, daß ihr den Eingang versperrt? Ihr steht den Leuten im Wege, die hereinwollen.«

Die Tiere traten beiseite und ließen die Heiligen Könige vorbei. Es waren drei an der Zahl; der eine, ganz schwarz, vertrat Afrika. Zunächst beobachtete ihn der Ochs diskret;

er wollte sehen, ob der Neger wirklich nur Gutes mit dem Neugeborenen vorhabe.

Als das Gesicht des Schwarzen, der wohl ein wenig kurzsichtig war, sich deshalb näher zu Jesus beugte, um ihn zu sehen, gab es, blank und wie ein Spiegel glänzend, das Antlitz des Kindes wieder, und es war so ergeben und selbstvergessen, daß das Herz des Ochsen ganz von Sanftmut durchdrungen wurde.

›Das ist ein wackerer Mann!‹ dachte er bei sich. ›Die beiden anderen hätten das niemals fertiggebracht.‹

Und fügte gleich danach hinzu:

›Er ist der Beste von den dreien.‹

Denn gerade ertappte er die weißen Könige, als sie einen Strohhalm aus der Krippe sorgfältig in ihrem Gepäck verwahrten. Der Schwarze hatte nichts genommen.

Auf einer notdürftigen Lagerstatt, von Nachbarn erstellt, schliefen die Könige, Seite an Seite, ein.

›Sonderbar‹, dachte der Ochs, ›beim Schlafen die Kronen aufzubehalten. Die belästigen sicher noch viel mehr als die Hörner. Und mit all den glänzenden Steinen auf dem Kopf werden sie Mühe haben, Schlaf zu finden.‹

Sie schliefen gelassen wie Statuen auf Grabmalen. Ihr Stern glänzte über der Krippe.

Kurz vor Tagesgrauen standen die drei auf, zur selben Zeit, mit den gleichen Bewegungen. Sie hatten eben im Traum denselben Engel gesehen, der ihnen empfahl, sofort aufzubrechen und nicht bei Herodes, dem neidischen, vorbeizugehen und ihm nicht zu sagen, daß sie Jesus gesehen hatten.

Als sie gingen, ließen sie den Stern über der Krippe, damit jeder sah, daß es da war.

»Du, himmlisches Kind, du darfst mich nicht nach meiner bestürzten, verständnislosen Miene beurteilen. Könnte ich denn nicht eines Tages aufhören, einem wandelnden kleinen Felsen zu gleichen?

Du mußt wissen, daß diese Hörner mehr ein Schmuck sind als etwas anderes; ich will dir sogar eingestehen, daß ich sie noch nie gebraucht habe.

Jesus, wirf ein wenig deines Lichts auf all die Wirrnisse und die Ärmlichkeiten, die in mir sind! Lehre mich ein wenig von deiner Feinheit, du, dessen Füßchen und Händchen so sorgfältig an deinen Körper gefügt sind. Wirst du mir sagen, mein kleiner Herr, wieso ich eines Tages nur den Kopf zu drehen brauchte, um dich ganz zu sehen? Wie ich dir danke, daß ich vor dir knien kann, du wunderbares Kind, und so im vertrauten Umgang mit Engeln und Sternen leben darf! Manchmal frage ich mich, ob du nicht schlecht unterrichtet warst und ob ich wohl der Richtige bin, der hier sein muß. Vielleicht hast du nicht bemerkt, daß ich eine große Narbe auf dem Rücken habe und daß ich an der Seite kahl bin; das ist sehr häßlich. Wenn es schon meine Familie sein sollte: könnten nicht besser mein Bruder oder meine Vettern hier sein, die taugen alle viel mehr als ich! Wären nicht überhaupt der Löwe oder der Adler hier besser am Platze?«

»Sei doch still«, sagte der Esel, »was hast du denn so zu stöhnen, merkst du nicht, wie du es im Schlaf störst mit deinem Wiederkäuen?«

›Er hat recht‹, sagte sich der Ochs, ›man muß zur rechten Zeit schweigen können, auch wenn man ein so großes Glück verspürt, daß man nicht weiß, wo man es bergen soll.‹

Doch auch der Esel betete:

»Zugesel, Packesel, das Leben wird schön für unsere Tritte, und auf lustigen Weiden werden die Füllen ihre Zeiten erwarten. Dank dir, du kleiner junger Mann, bleiben nun die Steine schön auf ihrem Platz am Straßenrand liegen, sie werden nicht mehr auf uns fallen. Jedoch: Warum soll es immer noch Hügel und Berge auf unsern Wegen geben? Wäre nicht das Ebene überall und für jedermann das Richtige? Und warum trägt der Ochs, der doch viel stärker ist als unsereins, niemals jemanden auf seinem Rücken? Und warum sind meine Ohren so lang, warum habe ich keine schönen Haare an meinem Schweif, und meine Hufe sind so klein, und meine Brust ist eng, und meine Stimme ist rauh wie Winterwetter. Aber das alles ist wahrscheinlich nicht endgültig.«

In den Nächten, die nun kamen, mußten bald dieser Stern, bald ein anderer wachen. Und manchmal ein ganzes Sternbild. Das Geheimnis des Himmels zu hüten, stellte sich stets eine Wolke dahin, wo die fehlenden Sterne eigentlich stehen sollten. Und es war wunderbar, zu sehen, wie sich die unendlich weit Entfernten klein machten, wenn sie über der Krippe standen, und wie sie ihr Übermaß an Feuer, an Licht und an Unendlichkeit verhielten, nur das Notwendige hergaben, davon den Stall zu wärmen und zu erleuchten, ohne das Kind zu erschrecken. Erste Nächte der Christenheit ... Die Jungfrau, Joseph, das Kind, der Ochs und der Esel, sie kamen dann in außerordentlichem Maße zu sich selbst. Dieser Widerschein ihrer selbst, der am Tage ein wenig verblaßte und vor den Besuchern schwand, wurde nach Sonnenuntergang wundersam dicht und gesichert. Mehrere Tiere baten, Ochs und Esel als Mittler, das Jesuskind sehen zu dürfen. Und eines schönen Tages wurde, nachdem Joseph zugestimmt hatte, ein Pferd, als zutunlich und schnell bekannt, vom Ochsen bestimmt, das vom folgenden Tage an alle einladen sollte, die kommen mochten.

Ochs und Esel fragten sich, ob man wilde Tiere zulassen dürfe, und auch Dromedare, Kamele, Elefanten: alles Tiere, die ein bißchen verdächtig sind vor lauter Buckel, Rüssel, Bein und Fleisch. Dasselbe galt für Abscheu erregende Tiere, Insekten wie die Skorpione, Taranteln, die Riesenspinne, die Schlangen, alle, die Gift in ihren Drüsen entstehen lassen, tags und nachts, selbst morgens, wenn alles noch rein ist.

Die Jungfrau zögerte nicht.

»Ihr könnt alle kommen lassen, mein Kind ist so sicher in seiner Krippe, als sei es im höchsten Himmel.«

»Und eins nach dem andern«, meinte Joseph in fast militärischem Ton, »es dürfen nicht zwei Tiere auf einmal durch die Tür, sonst findet man sich ja gar nicht mehr zurecht.«

Mit den giftigen Tieren fing man an; jeder hatte das Gefühl, daß man ihnen so genugtun müsse. Bemerkenswert war der Takt der Schlangen, die es vermieden, die Jungfrau anzusehen, und ihr weit aus dem Wege gingen. Dann schieden sie mit so viel verhaltener Würde, als seien sie Tauben oder Wachhunde.

Und da waren kleine Tiere, so klein, daß man nicht wußte, ob sie drinnen waren oder noch draußen warteten. Den Atomen wurde eine ganze Stunde bewilligt, in der sie sich vorstellen und um die Krippe kreisen konnten. Als ihre Zeit vorbei war, bat Joseph, obwohl er an einem feinen Prickeln der Haut merkte, daß noch nicht alle fort waren, die anderen Tiere, sich zu zeigen.

Die Hunde konnten sich nicht enthalten, ihr Wundern zu

zeigen: sie nämlich durften nicht im Stall wohnen wie Ochs und Esel. Jeder aber – anstatt ihnen Bescheid zu geben – streichelte sie, und so gingen sie wieder, voll sichtlichen Danks.

Und trotzdem, als man an seinem Geruch den Löwen kommen spürte, wurden Ochs und Esel unruhig. Um so mehr, als dieser Geruch unbekümmert Weihrauch, Myrrhen und die anderen Düfte durchdrang, die die Könige reichlich verbreitet hatten.

Der Ochs würdigte die hochherzigen Gründe, aus denen das Vertrauen der Jungfrau und Josephs kam. Aber ein solches Kind, solch ein zartes Fünkchen an ein Tier zu bringen, das es mit einem einzigen Atemzug auszulöschen vermochte …

Die Unruhe von Ochs und Esel wurde noch größer, weil es sich, wie sie genau sahen, für sie gehörte, gleichsam gelähmt vor dem Löwen zu stehen. Sie konnten nicht daran denken, an ihn heranzukommen, so wenig wie an Donner oder Blitz. Und der Ochs, vom Fasten schwach, fühlte sich wie aus Luft, gar nicht kampflustig.

Der Löwe kam mit seiner Mähne, die nie einer gekämmt hatte außer dem Wüstenwind, und mit melancholischen Augen, die sagten: ›Ich bin der Löwe, was kann ich denn dafür; ich bin nur der König der Tiere.‹

Dann sah man, daß seine größte Sorge war, möglichst wenig Platz im Stall einzunehmen, was nicht leicht war, und zu atmen, ohne etwas in Unordnung zu bringen, und seine Krallen zu vergessen und die mit fürchterlichen Muskeln versehenen Kinnbacken. Er kam mit gesenkten Lidern und verbarg sein wunderschönes Gebiß wie eine häßliche Krankheit; kam mit so viel Bescheidenheit, daß er augenscheinlich den Löwen zuzurechnen war, die sich eines Tages weigerten, die heilige Blandine zu fressen. Die Jungfrau hatte

Mitleid und wollte ihn beruhigen mit einem Lächeln, wie sie es sonst nur für das Kind übrig hatte. Der Löwe blickte geradeaus, mit einer Miene, als sage er in noch verzweifelterem Ton als vorher:

›Was habe ich denn getan, daß ich so groß und stark bin? Ihr wißt doch alle, daß ich immer von Hunger und der frischen Luft getrieben war, wenn ich fraß; und ihr kennt ja auch das Problem der Löwenjungen. Wir haben alle mehr oder weniger versucht, Pflanzenfresser zu werden, aber Pflanzen sind nichts für uns, so geht es nicht.‹

Dann senkte er seinen riesigen Kopf, auf dem die Haare wie explodiert standen, und legte sich traurig auf den harten Boden; die Quaste seines Schweifs wirkte ebenso niedergeschlagen wie sein Kopf; er war von einer großen Stille umgeben, die allen zu Herzen ging.

Der Tiger warf sich, als er an die Reihe kam, auf die Erde und machte sich so flach, bis er vor lauter Selbstverleugnung wie ein Bettvorleger vor der Krippe lag. Doch dann, in Sekundenschnelle, war er wieder ganz da mit einer unglaublich elastischen Kraft, verschwand und ward nicht mehr gesehen.

Die Giraffe zeigte für kurze Zeit ihre Füße in der Tür, und jeder war der Meinung, daß das ›zähle‹, als ob sie den Besuch an der Krippe gemacht habe.

Das gleiche war beim Elefanten; er begnügte sich damit, auf der Schwelle niederzuknien und seinen Rüssel wie ein Weihrauchfaß zu schwenken, was von allen gut aufgenommen wurde.

Ein Hammel mit unheimlich viel Wolle wünschte, sogleich geschoren zu werden, aber man ließ ihm sein Vlies mit verbindlichem Dank.

Mutter Känguruh wollte mit aller Gewalt Jesus eins ihrer Kinder schenken, machte geltend, daß das Geschenk von Herzen komme und daß es sie nicht beraube, denn sie habe noch andere kleine Känguruhs zu Hause. Aber Joseph wollte es nicht, und sie mußte ihr Kind wieder mitnehmen.

Der Strauß hatte mehr Glück; er legte in einer unbeobachteten Sekunde ein Ei in den Winkel und kam ohne Lärm fort. Das Andenken wurde erst am nächsten Tag entdeckt, und zwar bemerkte es der Esel. Er hatte noch niemals etwas so Großes und Hartes als Ei gesehen und wollte an ein Wunder glauben. Da belehrte Joseph ihn eines Besseren: es wurde daraus ein Eierkuchen gemacht.

Die Fische, die sich infolge ihrer bedauernswerten Atemweise nicht außerhalb des Wassers zeigen konnten, hatten eine Möwe beauftragt, sie zu vertreten.

Die Vögel ließen, wenn sie fortflogen, ihre Lieder da, Tauben ihre Liebessänge, Affen lustige Streiche, Katzen ihre Blicke, Turteltäubchen die Süße ihrer Kehle.

Gern hätten sich auch alle Tiere vorgestellt, die noch nicht entdeckt sind und noch keinen Namen haben, in der Erde, im Meer, in solchen Unergründlichkeiten, daß für sie immer Nacht ist ohne Sterne, Mond und Jahreszeiten.

Man hörte in der Luft die Herzen derer schlagen, die nicht kommen konnten oder sich verspäteten, und anderer, die am Rande der Welt wohnten und sich doch auf den Weg gemacht hatten, mit Insektenbeinen so klein, daß sie in der Stunde kaum einen Meter vorankamen, und deren Leben so kurz bemessen war, daß sie nicht damit rechnen konnten, einen halben Meter zurückzulegen, selbst wenn sie viel Glück hatten.

Wunder geschahen: die Schildkröte beeilte sich, die Eidechse lief langsamer, das Flußpferd machte zierliche Kniefälle, die Papageien bewahrten Schweigen.

Kurz vor Sonnenuntergang ereignete sich etwas, das alle schmerzte. Joseph, ermüdet von seiner Arbeit – er hatte den ganzen Tag, ohne zum Essen zu kommen, die Besucher abgefertigt –, zertrat eine häßliche Spinne; in seiner Zerstreutheit vergaß er, daß auch sie dem Kinde huldigen wollte. Und das fassungslose Gesicht des Heiligen bestürzte alle für eine ganze Weile.

Manche Tiere, von denen man mehr Bescheidenheit hätte erwarten können, blieben einfach im Stall zurück: den Marder, den Dachs und das Eichhörnchen mußte der Ochs hinaustreiben, weil sie nicht gehen wollten.

Ein paar Nachtfalter nutzten ihre den Dachbalken ähnliche Farbe aus, um die ganze Nacht über der Krippe sein zu können. Aber der erste Sonnenstrahl verriet sie am nächsten Morgen, und Joseph, der niemanden bevorzugen wollte, jagte sie sofort davon.

Ein paar Fliegen sollten ebenfalls verschwinden, doch ließen sie durch ihre Abneigung, wegzufliegen, erkennen, daß sie immer schon dagewesen waren, und Joseph wußte nicht, was er ihnen sagen sollte.

Die übernatürlichen Erscheinungen, die der Ochs miterlebte, verschlugen ihm oft den Atem. Da er sich angewöhnt hatte, die Luft anzuhalten, wie es die Asketen Asiens zu tun pflegen, bekam er ebenfalls Gesichte und erlebte, obwohl er weniger am Erhabenen als an der Demut Lust hatte, richtige Ekstasen. Aber er bekam dann Bedenken, und das hinderte ihn, sich Engel und Heilige vorzustellen. Er sah sie nur, wenn sie sich wirklich in der Nähe aufhielten, ›Ich Ärmster‹, dachte der Ochs, erschreckt durch diese Erscheinungen, die ihm verdächtig waren, ›ich Ärmster, der ich nur ein Lasttier bin oder vielleicht der böse Geist. Denn warum habe ich Hörner wie er? Ich habe doch nie etwas Böses getan? Selbst wenn ich nur ein Zauberer wäre …‹

Joseph bemerkte sehr genau die Bedrängnis des Ochsen, der zusehends abmagerte.

»Geh doch nach draußen, fressen!« rief er ihm zu. »Du läufst uns den ganzen Tag zwischen den Beinen herum und bist bald nur noch Haut und Knochen!«

Ochs und Esel gingen hinaus.

»Es stimmt schon, du bist mager«, sagte der Esel, »deine Knochen sind so spitz geworden, daß dir überall Hörner hervorkommen!«

»Sprich mir nicht von Hörnern!«

Der Ochs sagte zu sich selbst:

›Er hat recht, ja, man muß leben. Also nimm doch das Büschel Gras und dies hier! Bildest du dir ein, es sei giftig? Nein, ich habe keinen Hunger. Wie schön ist doch das Kind! Und die großen Gestalten, die hin und her gehen und durch ihre ständig schlagenden Flügel atmen! Diese sanfte, himmlische Welt, die in unsern kleinen Stall kommt, ohne sich zu beschmutzen. Friß doch, Ochs, mach dir nichts draus! Und dann darfst du dich nicht von dem Glück stören lassen, das mitten in der Nacht kommt und dich an den Ohren zieht. Auch nicht so lange an der Krippe auf einem Knie bleiben, bis es dir weh tut! Dein Fell ist an den Gelenken schon ganz durchgerieben, noch ein Weilchen, und die Fliegen stürzen sich drauf.‹

Eines Nachts hatte das Sternbild des Stiers die Wacht über dem Stall an einer Bahn des schwarzen Himmels. Das rote Auge des Aldebaran leuchtete prächtig und hell, ganz nah. Und die Hörner, die Stierflanken, wurden zu einem riesigen Schmuckstück. Der Ochs war stolz darauf, daß das Kind so gut behütet wurde. Alles schlief friedlich; der Esel mit vertrauensvoll gesenkten Ohren. Aber der Ochs, obwohl er durch die übernatürliche Anwesenheit des freundschaftlich verwandten Sternbilds gestärkt wurde, fühlte in sich nichts als Schwäche. Er dachte an alle seine Opfer für das Kind, die nutzlosen Wachen und den sinnlosen Schutz.

›Ob mich wohl der Stier sieht?‹ dachte er. ›Weiß das große rote Auge, das zum Fürchten funkelt, daß ich hier bin? Die Sterne – sie sind so hoch, so fern, daß man nicht einmal weiß, wohin sie blicken.‹

Auf einmal steht Joseph, der schon eine Weile auf seinem Lager unruhig war, auf und erhebt die Arme. Er, der immer so maßvoll in Gesten und Worten ist, jetzt weckt er alle, selbst das Kind. »Ich habe den Herrn im Traum gesehen. Wir müssen gleich wegziehen. Ja, wegen Herodes, er will Jesus etwas zuleide tun.«

Die Jungfrau nimmt ihren Sohn in den Arm, als ob der Judenkönig schon da sei und in der Tür stehe, ein Metzgermesser in der Hand. Der Esel stellt sich auf.

»Und der da?« sagt Joseph zu der Jungfrau und zeigt auf den Ochsen.

»Er ist wohl zu schwach, er kann nicht mitkommen.«

Der Ochs will zeigen, daß das nicht stimmt. Er strengt sich an, um aufzustehen, aber nie hat er sich so an die Erde gefesselt gefühlt. Dann blickt er hilfeflehend das Sternbild an. Er rechnet nur noch darauf, daß es ihm die Kraft gebe aufzustehen. Der himmlische Stier rührt sich nicht, sein Auge bleibt rot und hell und immer von der Seite dem Ochsen zugekehrt.

»Er hat mehrere Tage nicht gefressen«, sagt die Jungfrau zu Joseph.

›Oh, ich verstehe gut, sie wollen mich hier lassen‹, denkt der Ochs, ›es war zu schön, es konnte nicht so weitergehen. Schließlich könnte ich nur wie ein Knochengespenst nachhinken. Meine Rippen haben von meiner Haut genug und wollen es sich nun unter dem Himmel bequem machen.‹

Der Esel kommt zum Ochsen und reibt sein Maul gegen das des Wiederkäuers, um ihm zu sagen, daß die Jungfrau ihn einer Nachbarin empfohlen habe und daß ihm nach ihrem Abschied nichts fehlen werde. Aber der Ochs, mit halb geschlossenen Lidern, wirkt wie zerschmettert.

Die Jungfrau streichelt ihn und ruft: »Natürlich verreisen wir nicht. Wir wollten dir nur angst machen.«

»Versteht sich, wir kommen sofort wieder«, fügt Joseph hinzu, »mitten in der Nacht geht man doch nicht einfach so weg.«

»Die Nacht ist so schön«, antwortet die Jungfrau, »das Kind soll ein bißchen Luft schöpfen, es ist etwas blaß in den letzten Tagen.«

»Es stimmt wirklich«, sagt der heilige Mann.

Das ist die fromme Lüge. Der Ochs versteht sie, aber er möchte die Eltern nicht hindern, sich auf die Reise vorzubereiten, und tut, als ob er tief schlafe. Das ist seine Art zu lügen.

»Er ist eingeschlafen«, sagt die Jungfrau, »wir wollen ihm Krippenstroh hinlegen, dann fehlt ihm nichts, wenn er aufwacht. Wir wollen ihm auch das Flötchen so hinlegen, daß er hineinblasen kann«, fügt sie noch ganz leise hinzu, »er spielt gerne, wenn er allein ist.«

Sie machen sich fertig zu gehen. Die Stalltür knarrt.

›Ich hätte sie ölen sollen‹, denkt Joseph, und er hat Angst, daß der Ochs aufwacht, aber der tut immer noch, als schlafe er.

Die Tür wird mit Sorgfalt geschlossen.

Während der Esel der Krippe nach und nach der Esel der Flucht nach Ägypten wird, bleibt der Ochs zurück und richtet seine Augen auf das Stroh, auf dem eben noch das Jesuskind lag.

Er weiß genau, daß er es niemals mehr berühren wird und auch nicht das Flötchen.

Das Sternbild des Stiers springt mit einem Satz zurück nach oben bis zum Zenit und heftet sich mit einem Hornstoß an den Himmel, an die Stelle, die es niemals mehr verließ.

Als die Nachbarin, kurz nach der Morgenröte, hereintrat, hatte der Ochs aufgehört zu malmen.

Worüber das Christkind lächeln musste

Als Josef mit Maria von Nazareth her unterwegs war, um in Bethlehem anzugeben, dass er von David abstamme, was die Obrigkeit so gut wie unsereins hätte wissen können, weil es ja längst geschrieben stand – um jene Zeit also kam der Engel Gabriel heimlich noch einmal vom Himmel herab, um im Stalle nach dem Rechten zu sehen. Es war ja sogar für einen Erzengel in seiner Erleuchtung schwer zu begreifen, warum es nun der allererbärmlichste Stall sein musste, in dem der Herr zur Welt kommen sollte, und seine Wiege nichts weiter als eine Futterkrippe. Aber Gabriel wollte wenigstens noch den Winden gebieten, dass sie nicht gar zu grob durch die Ritzen pfiffen, und die Wolken am Himmel sollten nicht gleich wieder in Rührung zerfließen und das Kind mit ihren Tränen überschütten, und was das Licht in der Laterne betraf, so musste man ihm noch einmal einschärfen, nur bescheiden zu leuchten und nicht etwa zu blenden und zu glänzen wie der Weihnachtsstern.

Der Erzengel stöberte auch alles kleine Getier aus dem Stall, die Ameisen und Spinnen und die Mäuse, es war nicht auszudenken, was geschehen konnte, wenn sich die Mutter Maria vielleicht vorzeitig über eine Maus entsetzte! Nur Esel und Ochs durften bleiben, der Esel, weil man ihn später ohnehin für die Flucht nach Ägypten zur Hand haben musste, und der Ochs, weil er so riesengroß und so faul war, dass ihn alle Heerscharen des Himmels nicht hätten von der Stelle bringen können.

Zuletzt verteilte Gabriel noch eine Schar Engelchen im Stall herum auf den Dachsparren, es waren solche von der kleinen Art, die fast nur aus Kopf und Flügeln bestehen. Sie sollten ja auch bloß still sitzen und achthaben und sogleich Bescheid geben, wenn dem Kinde in seiner nackten Armut etwas Böses drohte. Noch ein Blick in die Runde, dann hob der Mächtige seine Schwingen und rauschte davon.

Gut so. Aber nicht ganz gut, denn es saß noch ein Floh auf dem Boden der Krippe in der Streu und schlief. Dieses winzige Scheusal war dem Engel Gabriel entgangen, versteht sich, wann hatte auch ein Erzengel je mit Flöhen zu tun!

Als nun das Wunder geschehen war, und das Kind lag leibhaftig auf dem Stroh, so voller Liebreiz und so rührend arm, da hielten es die Engel unterm Dach nicht mehr aus vor Entzücken, sie umschwirrten die Krippe wie ein Flug Tauben. Etliche fächelten dem Knaben balsamische Düfte zu und die anderen zupften und zogen das Stroh zurecht, damit ihn ja kein Hälmchen drücken oder zwicken möchte.

Bei diesem Geraschel erwachte aber der Floh in der Streu. Es wurde ihm gleich himmelangst, weil er dachte, es sei jemand hinter ihm her, wie gewöhnlich. Er fuhr in der Krippe herum und versuchte alle seine Künste, und schließlich, in der äußersten Not, schlüpfte er dem göttlichen Kinde ins Ohr.

»Vergib mir!«, flüsterte der atemlose Floh, »aber ich kann nicht anders, sie bringen mich um, wenn sie mich erwischen. Ich verschwinde gleich wieder, göttliche Gnaden, lass mich nur sehen, wie!«

Er äugte also umher und hatte auch gleich seinen Plan. »Hör zu«, sagte er, »wenn ich alle Kraft zusammennehme, und wenn du stillhältst, dann könnte ich vielleicht die Glatze des Heiligen Josef erreichen, und von dort weg kriege ich das Fensterkreuz und die Tür ...«

»Spring nur!«, sagte das Jesuskind unhörbar. »Ich halte stille!«

Und da sprang der Floh. Aber es ließ sich nicht vermeiden, dass er das Kind ein wenig kitzelte, als er sich zurechtrückte und die Beine unter den Bauch zog.

In diesem Augenblick rüttelte die Mutter Gottes ihren Gemahl aus dem Schlaf.

»Ach, sieh doch!«, sagte Maria selig. »Es lächelt schon!«

PETER HANDKE
Lebensbeschreibung

Was nützt es dem Menschen,
wenn er an der Seele gewinnt,
an der Welt aber Schaden leidet?

Gott erblickte das Licht der Welt in der Nacht vom vierundzwanzigsten zum fünfundzwanzigsten Dezember.

Die Mutter Gottes wickelte Gott in Windeln. Auf einem Esel flüchtete er sodann nach Ägypten. Als seine Taten verjährt waren, kehrte er in sein Geburtsland zurück, weil er fand, daß dort der Ort sei, an welchem ein jeder am besten gedeihen könnte. Er wuchs auf im stillen und nahm zu an Alter und Wohlgefallen. Es litt ihn in der Welt. Er wurde die Freude seiner Eltern, die alles daransetzten, aus ihm einen ordentlichen Menschen zu machen.

So erlernte er nach einer kurzen Schulzeit das Zimmermannshandwerk. Dann, als seine Zeit gekommen war, legte er, sehr zum Verdruß seines Vaters, die Hände in den Schoß.

Er trat aus der Verborgenheit. Es hielt ihn nicht mehr in Nazareth. Er brach auf und verkündete, daß das Reich Gottes nahe sei.

Er wirkte auch Wunder.

Er sorgte für Unterhaltung bei Hochzeiten. Er trieb Teufel aus. Einen Schweinezüchter brachte er auf solche Art um sein Eigentum. In Jerusalem verhinderte er eines Tages im

Tempel den geregelten Geldverkehr. Ohne das Versammlungsverbot zu beachten, sprach er oft unter freiem Himmel. Aus der Langeweile der Massen gewann er einigen Zulauf. Indes predigte er meist tauben Ohren.

Wie später die Anklage sagte, versuchte er das Volk gegen die Obrigkeit aufzuwiegeln, indem er ihm vorspiegelte, er sei der ersehnte Erlöser. Andererseits war Gott kein Unmensch. Er tat keiner Fliege etwas zuleide. Niemandem vermochte er auch nur ein Haar zu krümmen.

Er war nicht menschenscheu. Unbeschadet seines ein wenig großsprecherischen Wesens war er im Grunde harmlos.

Immerhin hielten einige Gott für besser als gar nichts. Die meisten jedoch erachteten ihn für so gut wie nichts.

Deshalb wurde ihm ein kurzer Prozeß gemacht. Er hatte zu seiner Verteidigung wenig vorzubringen. Wenn er sprach, sprach er nicht zur Sache. Im übrigen blieb er bei seiner Aussage, daß er der sei, der er sei. Meist aber schwieg er.

Am Karfreitag des Jahres dreißig oder neununddreißig nach der Zeitwende wurde er, in einem nicht ganz einwandfreien Verfahren, ans Kreuz gehenkt.

Er sagte noch sieben Worte.

Um drei Uhr am Nachmittag, bei sonnigem Wetter, gab er den Geist auf.

Zur gleichen Zeit wurde in Jerusalem ein Erdbeben von mittlerer Stärke verzeichnet. Es ereigneten sich geringe Sachschäden.

DIE BESCHERUNG

FELIX TIMMERMANS
Sankt Nikolaus in Not

Es fielen noch ein paar mollige Flocken aus der wegziehen-
den Schneewolke, und da stand auf einmal auch schon der
runde Mond leuchtend über dem weißen Turm.

Die beschneite Stadt wurde eine silberne Stadt.

Es war ein Abend von flaumweicher Stille und lilienrei-
ner Friedsamkeit. Und wären die flimmernden Sterne her-
niedergesunken, um als Heilige in goldenen Meßgewändern
durch die Straßen zu wandeln – niemand hätte sich gewun-
dert.

Es war ein Abend, wie geschaffen für Wunder und Mira-
kel. Aber keiner sah die begnadete Schönheit des alten Städtchens unter dem mondbeschienenen Schnee.

Die Menschen schliefen.

Nur der Dichter Remoldus Keersmaeckers, der in allem
das Schöne sah und darum lange Haare trug, saß noch bei
Kerzenschein und Pfeifenrauch und reimte ein Gedicht auf
die Götter des Olymps und die Herrlichkeit des griechischen Himmels, die er so innig auf Holzschnitten bewun-
dert hatte.

Der Nachtwächter Dries Andijvel, der auf dem Turm die
Wache hielt, huschte alle Viertelstunden hinaus, blies eilig
drei Töne in die vier Windrichtungen, kroch dann zurück
in die warme, holzgetäfelte Kammer zum bullernden Kano-
nenöfchen und las weiter in seinem Liederbüchlein: »Der
flämische Barde, hundert Lieder für fünf Groschen.« War

eins dabei, von dem er die Weise kannte, dann kratzte er die auf einer alten Geige und sang das Lied durch seinen weißen Bart, daß es bis hoch ins rabenschwarze Gerüst des Turmes schallte. Ein kühles Gläschen Bier schmierte ihm jedesmal zur Belohnung die Kehle.

Trinchen Mutser aus dem »Verzuckerten Nasenflügel« saß in der Küche und sah traurig durch das Kreuzfensterchen in ihren Laden.

Ihr Herz war in einen Dornbusch gefallen. Trinchen Mutsers Herz war ganz durchstochen und durchbohrt, nicht weil all ihr Zuckerzeug heut am Sankt-Nikolaus-Abend ausverkauft war – ach nein! weil das große Schokoladenschiff stehengeblieben war. Einen halben Meter war es hoch und so lang wie von hier bis dort! Wie wunderschön stand es da hinter den flaschengrünen Scheiben ihres Lädchens, lustig mit Silberpapier beklebt, verziert mit rosa Zuckerrosetten, mit Leiterchen aus weißem Zucker und mit Rauch in den Schornsteinen. Der Rauch war weiße Watte.

Das ganze Stück kostete soviel wie all die kleinen Leckereien, die Pfefferkuchenhähne mit einem Federchen am Hintern, die Knusperchen, die Schaumflocken, die Zuckerbohnen und die Schokoladenplätzchen zusammen. Und wenn das Stück, das Schiff aus Schokolade, das sich in rosa Zuckerbuchstaben als die »Kongo« auswies, nicht verkauft wurde, dann lag ihr ganzer Verdienst im Wasser, und sie verlor noch Geld obendrein.

Warum hat sie das auch kaufen müssen? Wo hat sie nur ihre Gedanken gehabt! So ein kostbares Stück für ihren bescheidenen kleinen Laden!

Wohl waren alle gekommen, um es sich anzusehn, Mütter und Kinder, sie hatte dadurch verkauft wie noch nie. Aber kein Mensch fragte nach dem Preis, und so blieb es stehen und rauchte immer noch seine weiße Watte, stumm wie ein toter Fisch.

Als Frau Doktor Vaes gekommen war, um Varenbergsche Hustenbonbons zu holen, da hatte Trinchen gesagt: »Sehen Sie nur mal, Frau Doktor Vaes, was für ein schönes Schiff! Wenn ich Sie wäre, dann würde ich Ihren Kindern nichts anderes zum Sankt Nikolaus schenken als dieses Schiff. Sie werden selig sein, wie im Himmel.«

»Ach«, sagte Frau Vaes abwehrend, »Sankt Nikolaus ist ein armer Mann. Die Kinder werden schon viel zu sehr verwöhnt, und außerdem gehen die Geschäfte von dem Herrn Doktor viel zu schlecht. Wissen Sie wohl, Trinchen, daß es in diesem Winter fast keine Kranken gibt? Wenn das nicht besser wird, weiß ich gar nicht, was wir anfangen sollen.« Und sie kaufte zwei Pfefferkuchenhähne auf einem Stäbchen und ließ sich tagelang nicht mehr sehen.

Und heute war Nikolausabend; aller Kleinkram war verkauft, nur die »Kongo« stand noch da in ihrer braunen Kongofarbe und rauchte einsam und verlassen ihre weiße Watte. Zwanzig Franken Verlust! Der ganze Horizont war schwarz wie die »Kongo« selber. Vielleicht könnte man sie stückweise verkaufen oder verlosen? Ach nein, das brachte noch nicht fünf Franken ein, und sie konnte das Ding doch nicht auf die Kommode stellen neben die anderen Nippsachen.

Ihr Herz war in einen Dornbusch gefallen. Sie zündete eine Kerze an für den heiligen Antonius und eine für Sankt Nikolaus und betete einen Rosenkranz, auf daß der Himmel sich des Schiffes annehmen möge und Gnade tauen. Sie wartete und wartete.

Die Stille wanderte auf und ab.

Um zehn Uhr machte sie die Fensterläden zu und konnte in ihrem Bett vor Kummer nicht schlafen.

Und es gab noch ein viertes Wesen in dem verschneiten Städtchen, das nicht schlief. Das war ein kleines Kind, Cäcilie; es hatte ein seidig blondes Lockenköpfchen und war so arm, daß es sich nie mit Seife waschen konnte, und ein Hemdchen trug es, das nur noch einen Ärmel hatte und am Saum ausgefranst war wie Eiszapfen an der Dachrinne.

Die kleine Cäcilie saß, während ihre Eltern oben schliefen, unter dem Kamin und wartete, bis Sankt Nikolaus das Schokoladenschiff von Trinchen Mutser durch den Schornstein herunterwerfen würde. Sie wußte, es würde ihr gebracht werden; sie hatte es jede Nacht geträumt, und nun saß sie da und wartete voller Zuversicht und Geduld darauf; und weil sie fürchtete, das Schiff könne beim Fallen kaputtgehen, hatte sie sich ihr Kopfkissen auf den Arm gelegt, damit es weich wie eine Feder darauf niedersinken könnte.

Und während nun die vier wachenden Menschen im Städtchen: der Dichter, der Turmwächter, Trinchen Mutser und Cäcilie, ein jedes mit seiner Freude, seinem Kummer oder seiner Sehnsucht beschäftigt, nichts sahen von der Nacht, die war wie ein Palast, öffnete sich der Mond wie ein runder Ofen mit silberner runder Tür, und es stürzte aus der Mondhöhle eine solche strahlende Klarheit hernieder, daß sie sich auch mit goldener Feder nicht beschreiben ließe.

Einen Augenblick lang fiel das echte Licht aus dem wirklichen Himmel auf die Erde. Das geschah, um Sankt Nikolaus auf seinem weißen, schwer beladenen Eselchen und den schwarzen Knecht Ruprecht durchzulassen.

Aber wie kamen sie nun auf die Erde? Ganz einfach. Das

Eselchen stellte sich auf einen Mondstrahl, stemmte die Beine steif und glitschte nur so herunter, wie auf einer schrägen Eisbahn. Und der schlaue Knecht Ruprecht faßte den Schwanz vom Eselchen und ließ sich ganz behaglich mitziehen, auf den Fersen hockend. So kamen sie ins Städtchen, mitten auf den beschneiten Großen Markt.

In Körben, die zu beiden Seiten des Eselchens hingen, dufteten die bunten Leckereien, die Knecht Ruprecht unter der Aufsicht von Sankt Nikolaus in der Konditorei des Himmels gebacken hatte. Und als man sah, daß es nicht reichte und der Zucker zu Ende ging, da hatte Knecht Ruprecht sich in Zivil geworfen, um unerkannt in den Läden, auch bei Trinchen Mutser, Süßigkeiten zu kaufen, von dem Geld aus den Sankt-Nikolaus-Opferstöcken, die er alle Jahre einmal in den Kirchen ausleeren durfte. Mit all den Leckereien war er an einem Mondstrahl in den schönen Himmel hinaufgeklettert, und nun mußte das alles verteilt werden an die kleinen Freunde von Sankt Nikolaus.

Sankt Nikolaus ritt durch die Straßen, und bei jedem Haus, in dem ein Kind wohnte, gab er je nach der Artigkeit des Kindes dem Knecht Ruprecht Leckereien, welche dieser, mit Katzengeschmeidigkeit an Regenkandeln und Dachrinnen entlang kletternd und über die Ziegel krabbelnd, zum Schornstein brachte; da ließ er sie dann vorsichtig hinunterfallen durch das kalte zugige Kaminloch, gerade auf einen Teller oder in einen Holzschuh hinein, ohne die zerbrechlichen Köstlichkeiten auch nur etwas zu bestoßen oder zu schrammen.

Knecht Ruprecht verstand sich auf seine Sache, und Sankt Nikolaus liebte ihn wie seinen Augapfel.

So bearbeiteten sie das ganze Städtchen, warfen herab, wo

zu werfen war, sogar hier und da eine harte Rute für rechte Taugenichtse.

»Da wären wir bis zum nächsten Jahr wieder mal fertig«, sagte der Knecht Ruprecht, als er die leeren Körbe sah. Er steckte sich sein Pfeifchen an und stieß einen erleichterten Seufzer aus, weil die Arbeit nun getan war.

»Was?« fragte Sankt Nikolaus beunruhigt, »ist nichts mehr drin? Und die kleine Cäcilie? die brave kleine Cäcilie? schscht!«

Sankt Nikolaus sah auf einmal, daß sie vor Cäciliens Haus standen, und legte mahnend den Finger auf den Mund. Doch das Kind hatte die warme, brummende Stimme gehört wie Hummelgesumm, machte große Augen unter dem goldenen Lockenkopf, glitt ans Fenster, schob das Gardinchen weg und sah Sankt Nikolaus, den wirklichen Sankt Nikolaus.

Das Kind stand mit offenem Munde staunend da. Und während es sich gar nicht fassen konnte über den goldenen Bischofsmantel, der funkelte von bunten Edelsteinen wie ein Garten, über die Pracht der Mitra, worauf ein diamantenes Kreuz Licht in die Nacht hineinschnitt wie mit Messern, über den Reichtum der Ornamente am Krummstab, wo ein silberner Pelikan das Rubinenblut pickte für seine Jungen, während sie die feine Spitze besah, die über den purpurnen Mantel schleierte, während sie Gefallen fand an dem guten weißen Eselchen, und während sie lachen mußte über die Grimassen von dem drolligen schwarzen Knecht, der die weißen Augen herumrollte, als ob sie lose wie Taubeneier in seinem Kopf lägen, während alledem hörte sie die zwei Männer also miteinander reden:

»Ist gar nichts mehr in den Körben, lieber Ruprecht?«

»Nein, heiliger Herr, so wenig wie in meinem Geldsäckel.«

»Sieh noch einmal gut nach, Ruprecht!«

»Ja, heiliger Herr, und wenn ich die Körbe auch ausquetsche, so kommt doch nicht so viel heraus wie eine Stecknadel.«

Sankt Nikolaus strich kummervoll über seinen schneeweißen Lockenbart und zwinkerte mit seinen honiggelben Augen.

»Ach,« sagte der schwarze Knecht, »da ist nun doch nichts mehr zu machen, heiliger Herr. Schreib der kleinen Cäcilie, daß sie im kommenden Jahr doppelt und dreimal soviel kriegen soll.

»Niemals! Ruprecht! Ich, der ich im Himmel wohnen darf, weil ich drei Kinder, die schon zerschnitten und eingepökelt waren, wieder zum Leben gebracht und ihrer Mutter zurückgegeben habe, ich sollte nun diese kleine Cäcilie, das bravste Kind der ganzen Welt, leer ausgehen lassen und ihm eine schlechte Meinung von mir beibringen? Nie, Ruprecht! Nie!«

Knecht Ruprecht rauchte heftig, das brachte auf gute Gedanken, und sagte plötzlich: »Aber, heiliger Herr, nun hört mal zu! Wir haben keine Zeit mehr, um noch einmal zum Himmel zurückzukehren. Ihr wißt, für Sankt Peter ist der Himmel kein Taubenschlag. Und außerdem, der Backofen ist kalt und der Zucker zu Ende. Und hier in der Stadt schläft alles, und es ist Euch sowohl wie mir verboten, Menschen zu wecken, und zudem sind auch alle Läden ausverkauft.«

Sankt Nikolaus strich nachdenklich über seine von vier Falten durchzogene Stirn, neben der schon Löckchen glänzten, denn sein Bart begann dicht unter dem Rande seines schönen Hutes.

Ich brauche euch nicht zu erzählen, wie Cäcilie langsam

immer bekümmerter wurde von all den Worten. Das reiche Schiff sollte nicht bei ihr stranden! Und auf einmal schoß es leuchtend durch ihr Köpfchen. Sie machte die Tür auf und stand in ihrem zerschlissenen Hemdchen auf der Schwelle. Sankt Nikolaus und Knecht Ruprecht fuhren zusammen wie die Kaninchen. Doch Cäcilie schlug ehrerbietig ein Kreuz, stapfte mit ihren bloßen Füßchen in den Schnee und ging zu dem heiligen Kinderfreund. »Guten Tag, lieber Sankt Nikolaus«, stammelte das Kind. »Alles ist noch nicht ausverkauft ... bei Trinchen Mutser steht noch ein großes Schokoladenschiff vom Kongo ... wie sie die Läden vorgehängt hat, stand es noch da. Ich hab es gesehen!«

Von seinem Schreck sich erholend, rief Sankt Nikolaus erfreut: »Siehst du wohl, es ist noch nicht alles ausverkauft! Auf zu Trinchen Mutser! Zu Trinchen ... aber ach! ...«, und seine Stimme zitterte verzweifelt, »wir dürfen niemand wecken.«

»Ich auch nicht, Sankt Nikolaus?« fragte das Kind.

»Bravo!« rief der Heilige, »wir sind gerettet, kommt!«

Und sie gingen mitten auf der Straße, die kleine Cäcilie mit ihren bloßen Füßen voran, gerade nach der Eierwaffelstraße, wo Trinchen Mutser wohnte. In der Süßrahmbutterstraße wurde ihr Blick auf ein erleuchtetes Fenster gelenkt. Auf dem heruntergelassenen Vorhang sahen sie den Schatten von einem dürren, langhaarigen Menschen, der mit einem Büchlein und einer Pfeife in der Hand große Gebärden machte, und sein Mund ging dabei auf und zu.

»Ein Dichter«, sagte Sankt Nikolaus und lächelte.

Sie kamen vor Trinchen Mutsers Haus. Im Mondlicht konnten sie gut das Aushängeschild erkennen: »Zum verzuckerten Nasenflügel«.

»Weck sie rasch auf«, sagte Sankt Nikolaus. Und das Kindchen lehnte sich mit dem Rücken an die Tür und klopfte mit der Ferse gegen das Holz. Aber das klang leise wie ein Samthämmerchen. »Stärker«, sagte der schwarze Knecht. »Wenn ich noch stärker klopfe, wird's noch weniger gehen, denn mein Fuß tut mir weh«, sagte das Kind.

»Mit den Fäusten«, sagte Knecht Ruprecht. Doch die Fäustchen waren noch leiser als die Fersen.

»Wart, ich werd meinen Schuh ausziehen, dann kannst du damit klopfen«, sagte Knecht Ruprecht.

»Nein«, gebot Sankt Nikolaus, »kein Drehn und Deuteln! Gott ist heller um uns als dieser Mondschein und duldet keine Advokatenkniffe.« Und doch hätte der gute Mann sich gern einen Finger abgebissen, um Cäcilie befriedigen zu können.

»Ach! aber den Kerl mit den Affenhaaren auf dem Vorhang«, rief Knecht Ruprecht erfreut, »den darf ich rufen, der schläft nicht!«

»Der Dichter! Der Dichter!« lachte Sankt Nikolaus. Und nun gingen sie alle drei schnell zu dem Dichter Remoldus Keersmaeckers.

Und kurzerhand machte Knecht Ruprecht kleine Schneebälle, die er ans Fenster warf. Der Schatten stand still, das Fenster ging auf, und das lange Gestell des Dichters, der Verse von den Göttern und Göttinnen des Olymps hersagte, wurde im Mondschein sichtbar und fragte von oben: »Welche Muse kommt, um mir Heldengesänge zu diktieren?«

»Du sollst Trinchen Mutser für uns wecken«, rief Sankt Nikolaus, und er erzählte seine Not.

»Ja, bist du denn der wirkliche Sankt Nikolaus?« fragte Remoldus.

»Der bin ich!« Und darauf kam der Dichter erfreut herunter, jätete allen Dialekt aus seiner Sprache, machte Verbeugungen und redete von Dante, Beatrice, Vondel, Milton und anderen Dichtergestalten, die er im Himmel glaubte. Er stand zu Diensten.

Sie kamen zu Trinchen Mutser, und der Dichter stampfte und rammelte mit so viel Temperament an der Tür, daß das Frauenzimmer holterdiepolter aus dem Bett stürmte und erschrocken das Fenster öffnete.

»Geht die Welt unter?«

»Wir kommen wegen dem großen Schokoladenschiff«, sagte Sankt Nikolaus, weiter konnte er ihr nichts erklären, denn sie war schon weg und kam wieder in ihrer lächerlichen Nachtbekleidung, mit einem bloßen Fuß und einem Strumpf in der Hand, und machte die Türe auf.

Sie steckte die Lampe an und ging sofort hinter den Ladentisch, um zu bedienen. Sie dachte, es müsse der Bischof von Mecheln sein.

»Herr Bischof«, sagte sie stotternd, »hier ist das Schiff aus bester Schokolade, und es kostet fünfundzwanzig Franken.« Der Preis war nur zwanzig Franken, aber ein Bischof kann ja gern fünf Franken mehr bezahlen.

Aber nun platzte die Bombe! Geld! Sankt Nikolaus hatte kein Geld, das hat man im Himmel nun einmal nicht nötig. Knecht Ruprecht hatte auch kein Geld, das Kind hatte nur ein zerschlissenes Hemdchen an, und der Dichter kaute an seinem langen Haupt- und Barthaar vor Hunger – er war vier Wochen Miete schuldig.

Niedergeschlagen sahen sie einander an.

»Es ist Gott zuliebe«, sagte Sankt Nikolaus. Gerne hätte er seine Mitra gegeben, aber alles das war ihm vom Himmel geliehen, und es wäre Heiligenschändung gewesen, es wegzugeben.

Trinchen Mutser rührte sich nicht und betrachtete sie finster.

»Tu es dem Himmel zuliebe«, sagte Knecht Ruprecht. »Nächstes Jahr will ich auch deinen ganzen Laden aufkaufen.«

»Tu es aus lauter Poesie«, sagte der Dichter theatralisch.

Aber Trinchen rührte sich nicht, sie fing an zu glauben, weil sie kein Geld hatten, daß es verkleidete Diebe seien.

»Schert euch raus! Hilfe! Hilfe!« schrie sie auf einmal.

»Schert euch raus! Heiliger Antonius und Sankt Nikolaus, steht mir bei!«

»Aber ich bin doch selbst Sankt Nikolaus«, sagte der Heilige.

»So siehst du aus! Du hast nicht mal einen roten Heller aufzuweisen!«

»Ach, das Geld, das alle Bruderliebe vergiftet!« seufzte Sankt Nikolaus.

»Das Geld, das die edle Poesie verpfuscht!« seufzte der Dichter Keersmaeckers.

»Und die armen Leute arm macht«, schoß es der kleinen Cäcilie durch den Kopf.

»Und ein Schornsteinfegerherz doch nicht weiß klopfen machen kann«, lachte Knecht Ruprecht. Und sie gingen hinaus.

In der Mondnacht, die still war von Frostesklarheit und Schnee, tönte das »Schlafet ruhig« hart und hell vom Turm.

»Noch einer, der nicht schläft«, rief Sankt Nikolaus erfreut, und sogleich steckte Knecht Ruprecht auch schon den

Fuß zwischen die Tür, die Trinchen wütend zuschlagen wollte.

»Haltet ihr mir die Frau wach«, sagte der schwarze Knecht, »ich komme sofort zurück!« Und damit stieß er die Tür wieder auf, und zwar so heftig, daß Trinchen sich plötzlich in einem Korb voll Zwiebeln wiederfand.

Und während die andern aufs neue hineingingen, sprang Knecht Ruprecht auf das Eselchen, sauste wie ein Sensenstrich durch die Straßen, hielt vor dem Turm, kletterte an Zinnen, Vorsprüngen und Zieraten, Schiefern und Heiligenbildern den Turm hinauf bis zu Dries Andijvel, der gerade »Es wollt ein Jäger früh aufstehn« auf seiner Geige kratzte.

Der Mann ließ Geige und Lied fallen, aber Knecht Ruprecht erzählte ihm alles.

»Erst sehen und dann glauben!« sagte Dries. Knecht Ruprecht kriegte ihn am Ende doch mit hinunter, und zu zweit rasten sie auf dem Eselchen durch die Straßen nach dem »Verzuckerten Nasenflügel«.

Sankt Nikolaus fiel vor dem Nachtwächter auf die Knie und flehte ihn an, doch die fünfundzwanzig Franken zu bezahlen, dann solle ihm auch alles Glück der Welt werden.

Der Mann war gerührt und sagte zu dem ungläubigen, hartherzigen Trinchen: »Ich weiß nicht, ob er lügt, aber so sieht Sankt Nikolaus doch aus in den Bilderbüchern von unsern Kindern und im Kirchenfenster über dem Taufstein. Und wenn er's nun wirklich ist! Gib ihm doch das Schiff! Morgen werde ich dir's bezahlen ...!«

Trinchen hatte großes Vertrauen zu dem Nachtwächter, der aus ihrer Nachbarschaft war. Und Sankt Nikolaus bekam das Schiff.

»Jetzt geh nur schnell nach Hause und leg dich schlafen«,

sagte Sankt Nikolaus zu Cäcilie. »Wir bringen gleich das Schiff.«

Das Kind ging nach Hause, aber es schlief nicht, es saß am Kamin mit dem Kissen auf den Ärmchen und wartete auf das Niedersinken des Schiffes.

Der Mond sah gerade in das armselig-traurige Kämmerchen.

Ach, was sah Cäcilie da auf einmal!

Dort auf einem glitzernden Mondstrahl kletterte das Eselchen in die Höhe mit Sankt Nikolaus auf seinem Rücken, und Knecht Ruprecht hielt sich am Schwanz fest und ließ sich mitschleifen. Der Mond öffnete sich; ein sanftes, großes Licht fiel in funkelnden Regenbogenfarben über die beschneite Welt. Sankt Nikolaus grüßte die Erde, trat hinein, und wieder war da das gewöhnliche grüne Mondenlicht. Die kleine Cäcilie wollte weinen. Knecht Ruprecht oder der gute Heilige hatten das Schiff nicht gebracht, es lag nicht auf dem Kissen.

Aber siehe! Was für ein Glück, das Schiff, die »Kongo«, stand ja da, in der kalten Asche, ohne Delle, ohne Bruch, strahlend von Silber, und rauchte für mindestens zwei Groschen weiße Watte aus beiden Schornsteinen! Wie war das möglich? Wie konnte das so in aller Stille geschehen ...?

Ja, das weiß nun niemand, das ist die Findigkeit und die große Geschicklichkeit vom Knecht Ruprecht, und die gibt er niemand preis.

ERICH KÄSTNER
Ein Kind hat Kummer

Nur einmal in jedem Jahre hätte ich sehnlich gewünscht, Geschwister zu besitzen: am Heiligabend! Am Ersten Feiertag hätten sie ja gut und gerne wieder fortfliegen können, meinetwegen erst nach dem Gänsebraten mit den rohen Klößen, dem Rotkraut und dem Selleriesalat. Ich hätte sogar auf meine eigene Portion verzichtet und statt dessen Gänseklein gegessen, wenn ich nur am 24. Dezember abends nicht allein gewesen wäre! Die Hälfte der Geschenke hätten sie haben können, und es waren wahrhaftig herrliche Geschenke!

Und warum wollte ich gerade an diesem Abend, am schönsten Abend eines Kinderjahres, nicht allein und nicht das einzige Kind sein? Ich hatte Angst. Ich fürchtete mich vor der Bescherung! Ich hatte Furcht davor und durfte sie nicht zeigen. Es ist kein Wunder, daß ihr das nicht gleich versteht. Ich habe mir lange überlegt, ob ich darüber sprechen solle oder nicht. Ich will darüber sprechen! Also muß ich es euch erklären.

Meine Eltern waren, aus Liebe zu mir, aufeinander eifersüchtig. Sie suchten es zu verbergen, und oft gelang es ihnen. Doch am schönsten Tag im Jahr gelang es ihnen nicht. Sie nahmen sich sonst, meinetwegen, so gut zusammen, wie sie konnten, doch am Heiligabend konnten sie es nicht sehr gut. Es ging über ihre Kraft. Ich wußte das alles und mußte, uns dreien zuliebe, so tun, als wisse ich's nicht.

Wochenlang, halbe Nächte hindurch, hatte mein Vater im

Keller gesessen und, zum Beispiel, einen wundervollen Pferdestall gebaut. Er hatte geschnitzt und genagelt, geleimt und gemalt, Schriften gepinselt, winziges Zaumzeug zugeschnitten und genäht, die Pferdemähnen mit Bändern durchflochten, die Raufen mit Heu gefüllt, und immer noch war ihm, beim Blaken der Petroleumlampe, etwas eingefallen, noch ein Scharnier, noch ein Beschlag, noch ein Haken, noch ein Stallbesen, noch eine Haferkiste, bis er endlich zufrieden schmunzelte und wußte: Das macht mir keiner nach!

Ein andermal baute er einen Rollwagen mit Bierfässern, Klappleitern, Rädern mit Naben und Eisenbändern, ein solides Fahrzeug mit Radachsen und auswechselbaren Deichseln, je nachdem, ob ich zwei Pferde oder nur eins einspannen wollte, mit Lederkissen fürs Abladen der Fässer, mit Peitschen und Bremsen am Kutschbock, und auch dieses Spielzeug war ein fehlerloses Meisterstück und Kunstwerk!

Es waren Geschenke, bei deren Anblick sogar Prinzen die Hände überm Kopf zusammengeschlagen hätten, aber Prinzen hätte mein Vater sie nicht geschenkt.

Wochenlang, halbe Tage hindurch, hatte meine Mutter die Stadt durchstreift und die Geschäfte durchwühlt. Sie kaufte jedes Jahr Geschenke, bis sich deren Versteck, die Kommode, krummbog. Sie kaufte Rollschuhe, Ankersteinbaukästen, Buntstifte, Farbtuben, Malbücher, Hanteln und Keulen für den Turnverein, einen Faustball für den Hof, Schlittschuhe, musikalische Wunderkreisel, Wanderstiefel, einen Norwegerschlitten, ein Kästchen mit Präzisionszirkeln auf blauem Samt, einen Kaufmannsladen, einen Zauberkasten, Kaleidoskope, Zinnsoldaten, eine kleine Druckerei mit Setzbuchstaben und, von Paul Schurig und den Empfehlungen des Sächsischen Lehrervereins angeleitet, viele, viele gute Kinder-

bücher. Von Taschentüchern, Strümpfen, Turnhosen, Rodel-
mützen, Hemden und ähnlich nützlichen Dingen ganz zu
schweigen. Es war ein Konkurrenzkampf aus Liebe zu mir,
und es war ein verbissener Kampf. Es war ein Drama mit
drei Personen, und der letzte Akt fand, alljährlich, am Heiligabend statt. Die Hauptrolle spielte ein kleiner Junge. Von
seinem Talent aus dem Stegreif hing es ab, ob das Stück eine
Komödie oder ein Trauerspiel wurde. Noch heute klopft mir,
wenn ich daran denke, das Herz bis in den Hals. Ich saß
in der Küche und wartete, daß man mich in die Gute Stube
rief, unter den schimmernden Christbaum, zur Bescherung.
Meine Geschenke hatte ich parat: für den Papa ein Kistchen
mit zehn oder gar 25 Zigarren, für die Mama einen Schal,
ein selbstgemaltes Aquarell oder – als ich einmal nur noch
65 Pfennige besaß – in einem Karton aus Kühnes Schnitt-
warengeschäft, hübsch verpackt, die sieben Sachen. Die sieben Sachen? Ein Röllchen weißer und ein Röllchen schwarzer Seide, ein Heft Stecknadeln und ein Heft Nähnadeln, eine
Rolle weißen Zwirn, eine Rolle schwarzen Zwirn und ein
Dutzend mittelgroßer schwarzer Druckknöpfe, siebenerlei
Sachen für 65 Pfennige. Das war, fand ich, eine Rekordleis-
tung! Und ich wäre stolz gewesen, wenn ich mich nicht so
gefürchtet hätte.

Ich stand also am Küchenfenster und blickte in die Fenster gegenüber. Hier und dort zündete man schon die Kerzen an. Der Schnee auf der Straße glänzte im Laternenlicht.
Weihnachtslieder erklangen. Im Ofen prasselte das Feuer,
aber ich fror. Es duftete nach Rosinenstollen, Vanillezucker
und Zitronat. Doch mir war elend zumute. Gleich würde ich
lächeln müssen, statt weinen zu dürfen.

Und dann hörte ich meine Mutter rufen: »Jetzt kannst du

kommen!« Ich ergriff die hübsch eingewickelten Geschenke für die beiden und trat in den Flur. Die Zimmertür stand offen. Der Christbaum strahlte. Vater und Mutter hatten sich links und rechts vom Tisch postiert, jeder neben seine Gaben, als sei das Zimmer samt dem Fest halbiert. »Oh«, sagte ich, »wie schön!« und meinte beide Hälften. Ich hielt mich noch in der Nähe der Tür, so daß mein Versuch, glücklich zu lächeln, unmißverständlich beiden galt. Der Papa, mit der erloschnen Zigarre im Munde, beschmunzelte den firnisblanken Pferdestall. Die Mama blickte triumphierend auf das Gabengebirge zu ihrer Rechten. Wir lächelten zu dritt und überlächelten unsre dreifache Unruhe. Doch ich konnte nicht an der Tür stehen bleiben!

Zögernd ging ich auf den herrlichen Tisch zu, auf den halbierten Tisch, und mit jedem Schritt wuchsen meine Verantwortung, meine Angst und der Wille, die nächste Viertelstunde zu retten. Ach, wenn ich allein gewesen wäre, allein mit den Geschenken und dem himmlischen Gefühl, doppelt und aus zweifacher Liebe beschenkt zu werden! Wie selig wäre ich gewesen, und was für ein glückliches Kind! Doch ich mußte meine Rolle spielen, damit das Weihnachtsstück gut ausgehe. Ich war ein Diplomat, erwachsener als meine Eltern, und hatte dafür Sorge zu tragen, daß unsre feierliche Dreierkonferenz unterm Christbaum ohne Mißklang verlief. Ich war, schon mit fünf und sechs Jahren und später erst recht, der Zeremonienmeister des Heiligen Abends und entledigte mich der schweren Aufgabe mit großem Geschick. Und mit zitterndem Herzen.

Ich stand am Tisch und freute mich im Pendelverkehr. Ich freute mich rechts, zur Freude meiner Mutter. Ich freute mich an der linken Tischhälfte über den Pferdestall im allgemeinen. Dann freute ich mich wieder rechts, diesmal über den Rodelschlitten, und dann wieder links, besonders über das Lederzeug. Und noch einmal rechts, und noch einmal links, und nirgends zu lange, und nirgends zu flüchtig. Ich freute mich ehrlich und mußte meine Freude zerlegen und zerlügen. Ich gab beiden je einen Kuß auf die Backe. Meiner Mutter zuerst. Ich verteilte meine Geschenke und begann mit den Zigarren. So konnte ich, während der Papa das Kistchen mit seinem Taschenmesser öffnete und die Zigarren beschnupperte, bei ihr ein wenig länger stehen bleiben als bei ihm. Sie bewunderte ihr Geschenk, und ich drückte sie heimlich an mich, so heimlich, als sei es eine Sünde. Hatte er es trotzdem bemerkt? Machte es ihn traurig?

Nebenan, bei Grüttners, sangen sie »O du fröhliche, o du selige, gnadenbringende Weihnachtszeit!« Mein Vater holte ein Portemonnaie aus der Tasche, das er im Keller zugeschnitten und genäht hatte, hielt es meiner Mutter hin und sagte: »Das hätt ich ja beinahe vergessen!« Sie zeigte auf ihre Tischhälfte, wo für ihn Socken, warme lange Unterhosen und ein Schlips lagen. Manchmal fiel ihnen, erst wenn wir bei Würstchen und Kartoffelsalat saßen, ein, daß sie vergessen hatten, einander ihre Geschenke zu geben. Und meine Mutter meinte: »Das hat ja Zeit bis nach dem Essen.«

PETER HÄRTLING
»*Es hätte sehr feierlich sein können*«

Die Türen zu Herren- und Speisezimmer sind verschlossen; dort werden die Geschenke gestapelt. Aber andere Geschenke dürfen wir sehen und in Empfang nehmen. Wenn es schellt, rennen Lore und ich zur Tür. Manchmal werden wir enttäuscht, dann ist es der Briefträger oder irgendein Besucher, doch oft stehen eine Bäuerin oder ein Bauer vor der Schwelle, verlangen Vater und Mutter zu sprechen. Sie werden in die Küche geführt, und dort ziehen sie aus Korb oder Tasche den Segen, der uns graust und anzieht: einen Hasen, eine Gans, eine Ente. Es seien »Naturalien«, erklären sie. Ein Wort, das sich mir einprägt, sich ständig weitet und am Ende zahllose nützliche Dinge einschließt. Mit diesen Naturalien danken sie Vater, der sie vor Gericht verteidigt hat. Oft sind es Tschechen, die aus kleinen Orten in der Hana, der großen Ebene an der March, angereist kommen.

So gut wird es uns nie wieder gehen, sagt Mutter ein ums andere Mal. Vater ist stolz. Er erzählt von den Spendern, diesen »armen Würsteln«, die sich mit dem neuen Recht nicht auskennen.

Eine Gans und zwei Hasen bleiben übrig; alles andere wird weiterverschenkt, an Bohumila, unser tschechisches Dienstmädchen, an den alten Anwalt, an dessen Freunde, an Klienten.

Mutter hält sich fast nur noch in der Küche auf, rupft, zieht ab, berauscht sich mit Bohumila über die Erweiterung des

Küchenzettels: daß wir einmal richtig schlemmen können und nicht nur zwischen Erbseneintopf, Armem Ritter und Kartoffelgulasch zu wählen haben. Es wäre schön, wir könnten so, geschäftig und redend, auf das Fest zutreiben, ich könnte ungefragt von der Schule erzählen, vor der ich mich geängstigt habe, in der ich aber unerwartet rasch Freunde gewann und die beherrscht wurde von dem Oberlehrer Kögler, der aus dem Riesengebirge stammte, wie Rübezahl aussah und ein noch gewaltigerer Heldenbeschwörer war als Kutzschebauch in Hartmannsdorf, Tschechen als Kreaturen bezeichnete und die Schlacht um Stalingrad als den Schlußpunkt des Kampfes gegen den Bolschewismus ansah. Nur ist es wichtig, Buben, fürs Winterhilfswerk zu sammeln, damit die Soldaten auch dicke Mäntel und festes Schuhwerk bekommen. Mutter schüttelt den Kopf, nennt den Oberlehrer einen dummen Schwärmer. Ich finde das ungerecht, denn schließlich hat er im Ersten Weltkrieg am Isonzo gestanden und war verwundet worden.

Wenn Vater mir zuhört, preßt er die Lippen zusammen. Kögler zählt offenbar zu denen, die er meidet. Immerhin redet er sie mir nicht aus. Er will nichts von ihnen wissen, wie von vielem nicht. Insgeheim und in Wachträumen rufe ich die Bewunderten gegen Vater zusammen, fühle mich stärker als er, fast schon wie ein Held. Weil Vater den Helden ausweicht und sich vor dem Kampf drückt, bin ich eigentlich ein Kind des Führers. Und natürlich liebe ich Mutter, die mir ab und zu mit ihrem Spott zwar unheimlich ist, aber niemals feige sein wird.

Die Vorbereitungen wurden turbulent, als der Weihnachtsbesuch, Großmutter und Tante Käthe, eintraf. Ein Plan Vaters verdarb mir schließlich alle Vorfreude. Er machte mich erst am Tag vor Weihnachten damit vertraut, weil er wohl ahnte, in welche Pein er mich bringen würde. Er saß an dem leeren Schreibtisch im Herrenzimmer, bat mich, ein wenig gereizt, Platz zu nehmen und, bitte, zuzuhören.

Ich möchte, begann er, daß wir diese Weihnachten besonders feierlich begehen, und habe dir eine wichtige Aufgabe zugedacht. Hörst du? Eine besonders wichtige Aufgabe. Du hast eine hübsche Stimme und deklamierst ja gerne. Ich habe also einen Geiger engagiert, der dich beim Singen begleiten soll. Mehr als zwei Lieder wünsche ich gar nicht. Sagen wir, Stille Nacht und Oh du fröhliche. Im übrigen – Vater sah auf die Armbanduhr – wird der Musiker gleich hier sein. Ihr solltet wenigstens einmal zusammen proben.

Ich antworte nicht. Ich kann es nicht. Schreck und Verblüffung machen mich starr, ich hoffe, daß ich die Stimme verliere, niemals singen kann, niemals.

Er merkt anscheinend nicht, daß ich die Sprache verloren habe, und beugt sich fragend nach vorne: Was meinst du?

Endlich kann ich mich hören. Das Nein steht sichtbar vor meinem Mund, wie eine Sperre.

Bist du verrückt? Er steht auf. Seine Hand drückt meinen Hals. Willst du mir alles verderben?

Da er genau geplant hat, führt Bohumila den Geiger herein, einen kleinen verschwitzten Herrn, der eine Verbeugung nach der andern macht, mir flüchtig mit feuchter Hand die Wange tätschelt und dennoch entschieden den Herrn Doktor bittet, »uns zwei Musikanten« allein zu lassen. Dem Geiger scheint der Auftrag nicht weiter peinlich zu sein, und er beginnt, mich zu trösten: Also, Bub, ein solches Konzert geht schneller vorüber als man denkt. Besonders an Festen. Da ist jeder so aufgeregt, daß ein Patzer gar nichts bedeutet. Die Kunst muß das Gefühl verstärken, sonst nichts. Und was heißt schon Kunst. Ich rate dir, sing leis, dann werden sie besonders gerührt sein, auch wenn du stockst oder ein Wort vergißt. Es schadet nichts. Und überhaupt bin ich hier, um dir zu helfen. Denk daran, die Geige läßt dich nicht im Stich. Zwei Lieder, was sag ich, vergehen wie im Flug.

Er zieht ein schmutziges, zerknülltes Tuch aus der Hosentasche, klemmt es zusammen mit der Geige unters Kinn, stimmt das Instrument, blinzelt mir zu, zieht mich in ein Vertrauen, das ich zu ihm so wenig wie zu den anderen Erwachsenen habe, und befiehlt: Stell dich am gescheitesten direkt neben mich, schon von wegen der Intonation.

Die Geige klingt zu meiner Überraschung mächtig und klar.

Zaghaft stimme ich ein. Ich flüstere mehr als daß ich singe. Er unterbricht das Spiel.

Ein bissel lauter müßte es schon sein. Piano meinetwegen, nicht pianissimo. Verstehst mich?

Ich versteh ihn gut.

Am liebsten würde ich ihm bloß zuhören.

Wir proben jedes Lied zweimal. Dann packt er unverzüglich die Geige in den Kasten, tätschelt mir die Wange, riecht, als habe er sich in Eukalyptusessenz gebadet.

Wir werden's überstehen, Bub. Denk an die Rührung.

Ich höre, wie er im Vorsaal mit Vater redet. Vater muß gelauscht und ihn abgefangen haben, vielleicht, um ihn zu bezahlen, vielleicht auch, um sich nach meiner Gesangskunst zu erkundigen.

Am Heiligen Abend weckte mich Geschrei. Die drei Frauen überboten sich in lärmender Hilfsbereitschaft. Nein, laß mich den Vorsaal bohnern, inzwischen kannst du die Küche – Ich bitte dich, das macht doch keine Umstände, noch den Teppich – Ehe Rudi den Baum schmückt, sollte aber – Die Fülle für die Gans müßte jetzt, wenn nicht – Die Würstel müßten noch heute vormittag – Wer geht mit den Kindern spazieren, ehe –

Ich hasse sie, ich hasse diese Stimmen, die mir die Freude nehmen, ich möchte das Fest verschlafen, das sie für sich und nicht für Lore und mich veranstalten, ich möchte ihnen nicht vorsingen müssen und ihnen helfen, in Tränen auszubrechen. Aber Mutter ist schon im Zimmer, zieht die Rolläden hoch und ihre Unrast elektrisiert uns. Raus! Ihr Siebenschläfer! Ihr habt eine Menge zu tun. Ihr müßt einkaufen gehen und Bohumila das Weihnachtsgeschenk bringen.

Wir werden von Befehlen, Anordnungen, Bitten, Zurufen in Bewegung gehalten, dürfen da nicht hinein, müssen dort die Augen schließen, gehen Großmutter auf die Nerven, sollen Tante Käthe in Frieden lassen.

Die Kartoffelsuppe, »jetzt-will-sie-keiner-mehr-gekocht-haben«, um die wir uns mittags versammeln, schmeckt angebrannt. Die Frauen streiten sich, bis die Schüssel leer ist, Vater wortlos den Stuhl hinter sich schiebt, und uns Kinder mit einem Kopfnicken auffordert, ihm zu folgen.

Er sagt: Es wird ihnen gar nicht auffallen, wenn wir verschwinden. Er hilft uns in die Mäntel, wickelt die Schals um unsere Hälse und wendet sich mit dieser ungewohnten Aufmerksamkeit gegen die Zerstörung, den Zwist. Wir wandern an seinen Händen durch die Stadt. Erst an dem Marcharm entlang, der hinter unserem Haus vorbeiführt, dann hinauf zu den beiden großen Plätzen, umkreisen die Dreifaltigkeitssäule und mehrfach das Rathaus, ziehen Spuren durch den Schnee, sehen zur Kunstuhr hoch, deren Erbauer, so erfuhr ich in der Schule, geblendet wurde, weil man ihn für einen Hexenmeister hielt, und beenden unseren Rundgang, wie ich es erwartet habe, im Café Rupprecht, in dem Vater Stammgast ist, wo er abends oft Billard spielt.

Wir sitzen zwischen alten Männern, schlürfen Tee, ich spüre, daß ihnen meine Blicke lästig sind. Ich komme mir vor wie auf einem Schiff, auf dem man vergessen hat, daß Weihnachten ist.

Ein Herr tritt an unseren Tisch, fragt Vater, ob er auf eine Partie Billard Lust habe. Wir ziehen ihm nach, in den Raum, wo die drei Billardtische stehen, setzen uns. Ich höre, wie die Kugeln aufeinanderprallen, träume vor mich hin, wünsche mir, daß die Ruhe bis zur Bescherung nicht gestört werde.

Als wir das Café verlassen, ist es dunkel. Schön, sagt Vater und saugt die kalte Luft hörbar ein. Sie werden uns sicher schon erwarten.

Wir werden tatsächlich erwartet, doch anders, als wir es erhoffen, mit einer Art Kriegsbericht, und erst allmählich verstehen wir, was für ein Unglück geschehen ist: Mutter habe den Gasofen anzünden wollen und er sei explodiert, eine Flamme sei aus der Röhre geschossen. Schaut sie euch an, die Haare versengt, Lider und Augenbrauen verbrannt. Schaut sie euch doch an, die Ärmste!

Mutter wird vorgeführt. Sie wehrt sich gegen den Jammer von Großmutter und Tante Käthe. Es ist nicht so schlimm, sagt sie. Ich möchte lachen, traue mich aber nicht.

Es wird Zeit, daß ihr euch umzieht, sagt Vater sehr ruhig. Die Bescherung ist auf acht angesetzt, schon wegen des Geigers. Ich kann ihn nicht warten lassen. Wir sollten also um sieben abendessen.

Wo sollen wir bleiben? fragt Lore.

Geht ins Kinderzimmer und spielt, bis ihr gerufen werdet.

Wir setzen uns auf unsere Betten und warten im Dunkeln.

Mutter holt uns. Sie hat sich umgezogen und hat neue Augenbrauen.

Die hab ich mir angemalt.

Beim Abendessen führt Großmutter das Gespräch. Sie findet die Würstchen gut, lobt Mutter für den Kartoffelsalat, der durch eine winzige Prise Zucker erst delikat werde.

Plötzlich läuft sie blau an, greift sich mit der Hand an den Hals, ringt nach Luft.

Der Erstickungsanfall überrascht uns so, daß wir alle wie angenagelt sitzen.

Mutter ist die erste, die etwas sagt: Sie hat sich verschluckt. Mein Gott! Tut doch was! schreit Tante Käthe. Sie erstickt uns doch. Mein Gott! Lore beginnt zu weinen. Ich möchte schon wieder lachen. Vater schüttelt den Kopf. Großmutter droht zu sterben. Sie verdreht die Augen, so daß man nur noch das Weiße sieht.

Vater steht auf, schlägt ihr mit einer ungeheuren Wut ein-, zweimal auf den Rücken. Es dröhnt, und plötzlich schießt, wie aus einem Kanonenlauf, ein Stück Wurst aus Großmutters Mund. Ächzend zieht sie die Luft ein.

Nein, sagt Mutter.

Vater zündet sich eine Zigarette an.

Lore weint.

Ich wage leise zu lachen und Tante Käthe stimmt laut ein.

Großmutter sagt: So schlimm hättest du ja auch nicht losdreschen müssen.

Obwohl Großmutter sich noch nicht erholt hat, weiter nach Luft ringt, drängt Vater, den Tisch abzuräumen. Der

Geiger müsse gleich erscheinen. Er werde nach nebenan gehen und inzwischen die Kerzen am Baum anzünden.

Ich sitze auf meinem Stuhl und rühre mich nicht.

Du kannst doch wenigstens die Teller zusammenstellen. Mutter sieht mich vorwurfsvoll an. Sie merkt nicht, daß ich eigentlich gar nicht mehr vorhanden bin. Ich werde stumm sein. Stumm und taub. Ich werde die Geige nicht hören und keinen Ton herausbringen.

Gleich ist Bescherung!

Lore rennt hinter Mutter her in die Küche, ich bleibe allein mit Großmutter, die sich nicht beruhigen kann, vor sich hin murmelt, seufzt, sich das Taschentuch vor den Mund hält, mit ihrem Schreck beschäftigt ist, während ich auf meinen warte.

Es klingelt. Es kann nur der Geiger sein. Großmutter ist, ohne daß es mir auffiel, aus dem Zimmer verschwunden. Ich könnte mich verstecken, hinterm Vorhang, unter der Couch. Aber ich sitze, starre auf die Tür, die jetzt auch geöffnet wird, und Mutter sagt mit einer Stimme, die trösten will: Komm, wir warten schon alle auf dich.

Im dunklen Vorsaal steht der Musiker. Er hat die Geige aus dem Kasten genommen. Mutter schiebt mich auf ihn zu. Die Tür zum Speisezimmer wird aufgerissen. Ich sehe die Kerzen brennen, Vaters Schatten, und stehe mit einem Mal vor allen anderen, die auf Stühlen Platz nehmen, wie im Theater, mich anglotzen, auffordernd anlächeln.

Ich höre den Geiger sagen: In der Reihenfolge, wie wir es besprochen haben, nicht wahr?

Der Geiger klemmt sich sein Instrument unters Kinn, schiebt sich noch näher an mich heran, zählt leise: Eins, zwei, drei, und die Geige singt, während meinem Mund ein krächzender Laut entfährt, nicht mehr. Der Geiger bricht ab, sagt sehr ruhig: Wir fangen noch einmal an. Du mußt, wie ich dir erklärt hab, nicht laut singen, Bub. Nicht laut.

Ich halte mich an seinen Rat, bin erstaunt, daß ich ihm folgen kann, die Sätze nicht vergessen habe, flüstere einfach mit, schaue auf den Boden, höre jemanden seufzen, singe schneller, als die Geige es will und bekomme einen Stoß in die Seite: Nicht so rasch, Bub! Singe mehr und mehr gegen die Musik, gegen die albernen Zuhörer, gegen Vaters Erwartung, renne zu Mutter hin und werfe mich auf sie, weine, schreie.

Es war doch zuviel für ihn. Mutter preßt mich an sich.

Schade, sagt Vater, es hätte sehr feierlich sein können.

Der Geiger spielt nun allein weiter, ohne mich. Ich beginne, mein Gesicht gegen Mutters Brust gepreßt, zuzuhören und verberge mich, auch nachdem er geendet hat, Vater ihn hinausbringt, Lore schon Geschenke auspackt.

Willst du dir deine Geschenke nicht ansehen? fragt Großmutter. Mutter läßt mich los. Es ist schon gut, sagt sie.

Ich kann mich nicht erinnern, was ich geschenkt bekommen habe, bis auf die alte Ausgabe des »Sigismund Rüstig«, denn ich habe den ganzen Abend gelesen, mich gegen alle wehrend, die sich nun um mich bemühen, auch Vater, der sich für eine Weile neben mich setzt, nichts spricht, nur manchmal den Kopf schüttelt. Ehe er aufsteht und zu Großmutter geht, sagt er: Wir hätten uns vorher über alles unterhalten sollen.

Erst als die drei Kerzen verlöschen, nimmt er den Christbaum zu sich herein.

JOACHIM RINGELNATZ
Weihnachtserinnerungen

Kindheitserinnerungen

Der Weihnachtsbescherung gingen besondere intime, überlieferte oder eingeführte Gebräuche, Scherzchen und Sentimentalitäten voraus, und ebensolche familiär geheiligte Bräuche folgten. Es liegt mir fern, mich darüber lustig zu machen. Ich will nur hier auf das in allen Variationen so oft geschilderte Thema nicht weiter eingehen. Weihnachten war auch uns Kindern in jedem Jahr das Fest der Seligkeit, der Herzlichkeit, der Anhänglichkeit, des Reichtums, des Glücks.

Und zu Silvester kriegten wir Pfannkuchen, durften Punsch trinken und um Mitternacht leicht angeheitert am offenen Fenster lauschen. Draußen, drunten läuteten die Glocken, rief man »Prost Neujahr«, knallte Feuerwerk. Auch wir durften einmal mutig, als wär's was, aus dem Fenster brüllen: »Prost Neujahr!«

Zu Weihnachten erhielt Ottilie von Onkel Martin entzückende, weiße, prachtvoll bestickte Seide für ein Kleid. Ich warf ein glühendes Streichholz auf den Stoff und hinderte meine Schwester gewaltsam, das zu entfernen. Auf ihr Gezeter sprangen Mutter und Bruder hinzu. Sie entdeckten, dass mein Streichholz ein angekohltes, aber längst ausgekohltes Zündholz war. An der Stelle, wo Verkohlt und Unverbrannt sich trafen, hatte ich einen schmalen roten Stanniolstreifen um das Hölzchen gewunden. Der wirkte in der Kerzenbeleuchtung wie Glut. Ich freute mich meiner kleinen Erfindung.

>>Streichholz groß, Streichholz klein,
Armes Streichholz, ganz allein.<<

(Alter Spielreim)

E. T. A. HOFFMANN
Der Weihnachtsabend

Am vierundzwanzigsten Dezember durften die Kinder des Medizinalrats Stahlbaum den ganzen Tag über durchaus nicht in die Mittelstube hinein, viel weniger in das daranstoßende Prunkzimmer. In einem Winkel des Hinterstübchens zusammengekauert, saßen Fritz und Marie, die tiefe Abenddämmerung war eingebrochen, und es wurde ihnen recht schaurig zumute, als man, wie es gewöhnlich an dem Tage geschah, kein Licht hereinbrachte. Fritz entdeckte ganz insgeheim wispernd der jüngern Schwester (sie war eben erst sieben Jahr alt worden), wie er schon seit frühmorgens es habe in den verschlossenen Stuben rauschen und rasseln und leise pochen hören. Auch sei nicht längst ein kleiner dunkler Mann mit einem großen Kasten unter dem Arm über den Flur geschlichen, er wisse aber wohl, daß es niemand anders gewesen als Pate Droßelmeier. Da schlug Marie die kleinen Händchen vor Freude zusammen und rief: »Ach, was wird nur Pate Droßelmeier für uns Schönes gemacht haben.« Der Obergerichtsrat Droßelmeier war gar kein hübscher Mann, nur klein und mager, hatte viele Runzeln im Gesicht, statt des rechten Auges ein großes schwarzes Pflaster und auch gar keine Haare, weshalb er eine sehr schöne weiße Perücke trug, die war aber von Glas und ein künstliches Stück Arbeit. Überhaupt war der Pate selbst auch ein sehr künstlicher Mann, der sich sogar auf Uhren verstand und selbst welche machen konnte. Wenn daher eine von den schönen Uhren in Stahlbaums Hause krank war und nicht singen konnte, dann kam Pate Droßelmeier, nahm die Glasperücke ab, zog sein gelbes Röckchen aus, band eine blaue Schürze um und stach mit spitzigen Instrumenten in die Uhr hinein, so daß es der kleinen Marie ordentlich wehe tat, aber es verursachte der Uhr gar keinen Schaden, sondern sie wurde vielmehr wieder lebendig und fing gleich an recht lustig zu schnurren, zu schlagen und zu singen, worüber denn alles große Freude hatte. Immer trug er, wenn er kam, was Hübsches für die Kinder in der Tasche, bald ein Männlein, das die Augen verdrehte und Komplimente machte, welches komisch anzusehen war, bald eine Dose, aus der ein Vögelchen heraushüpfte, bald was anderes. Aber zu Weihnachten, da hatte er immer ein schönes künstliches Werk verfertigt, das ihm viel Mühe gekostet, weshalb es auch, nachdem es einbeschert worden, sehr sorglich von den Eltern aufbewahrt wurde. – »Ach, was wird nur Pate Droßelmeier für uns Schönes gemacht haben«, rief nun Marie; Fritz meinte aber, es könne wohl diesmal nichts anders sein, als eine Festung, in der allerlei sehr hübsche Soldaten auf- und abmarschierten und exerzierten, und dann müßten andere Soldaten kommen, die in die Festung hineinwollten, aber nun schössen die Soldaten von innen tapfer heraus mit Kanonen, daß es tüchtig brauste und knallte. »Nein, nein«, unterbrach Marie den Fritz, »Pate Droßelmeier hat mir von einem schönen Garten erzählt, darin ist ein großer See, auf dem schwimmen sehr herrliche Schwäne mit goldnen Halsbändern herum und singen die hübschesten Lieder. Dann kommt ein kleines Mädchen aus dem Garten an den See und lockt die Schwäne heran und füttert sie mit süßem Marzipan.« »Schwäne fressen keinen Marzipan«, fiel Fritz etwas rauh ein, »und einen ganzen Garten kann Pate Droßelmeier auch nicht machen. Eigentlich haben wir wenig von seinen Spielsachen; es wird uns ja alles gleich wieder weggenommen, da ist mir denn doch das viel liebei, was uns Papa und Mama einbescheren, wir behalten es fein und können damit machen, was wir wollen.« Nun rieten die Kinder hin und her, was es wohl diesmal wieder geben könne. Marie meinte, daß Mamsell Trutchen (ihre große Puppe) sich sehr verändere, denn ungeschickter als jemals, fiele sie jeden Augenblick auf den Fußboden, welches ohne garstige Zeichen im Gesicht nicht abginge, und dann sei an Reinlichkeit in der Kleidung gar nicht mehr zu denken. Alles tüchtige Ausschelten helfe nichts. Auch habe Mama gelächelt, als sie sich über Gretchens kleinen Sonnenschirm so gefreut. Fritz versicherte dagegen, ein tüchtiger Fuchs fehle seinem Marstall durchaus so wie seinen Truppen gänzlich an Kavallerie, das sei dem Papa recht gut bekannt. – So wußten die Kinder wohl, daß die Eltern ihnen allerlei schöne Gaben eingekauft hatten, die sie nun aufstellten, es war ihnen aber auch gewiß, daß dabei der liebe Heilige Christ mit gar freundlichen frommen Kindesaugen hineinleuchte, und daß, wie von segensreicher Hand berührt, jede Weihnachtsgabe herrliche Lust bereite wie keine andere. Daran erinnerte die Kinder, die immerfort von den zu erwartenden Geschenken wisperten, ihre ältere Schwester Luise, hinzufügend, daß es nun aber auch der Heilige Christ sei, der durch die Hand der lieben Eltern den Kindern immer das beschere, was ihnen wahre Freude und Lust bereiten könne, das wisse er viel besser als die Kinder selbst, die müßten daher nicht allerlei wünschen und hoffen, sondern still und fromm erwarten, was ihnen beschert worden. Die kleine Marie wurde ganz nachdenklich, aber Fritz murmelte vor sich hin: »Einen Fuchs und Husaren hätt' ich nun einmal gern.«

Es war ganz finster geworden. Fritz und Marie, fest aneinandergerückt, wagten kein Wort mehr zu reden, es war ihnen, als rausche es mit linden Flügeln um sie her und als ließe sich eine ganz ferne, aber sehr herrliche Musik vernehmen. Ein heller Schein streifte an der Wand hin, da wußten die Kinder, daß nun das Christkind auf glänzenden Wolken fortgeflogen zu andern glücklichen Kindern. In dem Augenblick ging es mit silberhellem Ton: Klingling, klingling, die Türen sprangen auf, und solch ein Glanz strahlte aus dem großen Zimmer hinein, daß die Kinder mit lautem Ausruf: »Ach! – Ach!« wie erstarrt auf der Schwelle stehen blieben. Aber Papa und Mama traten in die Türe, faßten die Kinder bei der Hand und sprachen: »Kommt doch nur, kommt doch nur, ihr lieben Kinder, und seht, was euch der Heilige Christ beschert hat.«

Die Gaben

Ich wende mich an dich selbst, sehr geneigter Leser oder Zuhörer Fritz – Theodor – Ernst – oder wie du sonst heißen magst, und bitte dich, daß du dir deinen letzten, mit schönen bunten Gaben reich geschmückten Weihnachtstisch recht lebhaft vor Augen bringen mögest, dann wirst du es dir wohl auch denken können, wie die Kinder mit glänzenden Augen ganz verstummt stehen blieben, wie erst nach einer Weile Marie mit einem tiefen Seufzer rief: »Ach, wie schön – ach, wie schön«, und Fritz einige Luftsprünge versuchte, die ihm überaus wohl gerieten. Aber die Kinder mußten auch das ganze Jahr über besonders artig und fromm gewesen sein, denn nie war ihnen so viel Schönes, Herrliches einbeschert worden, als dieses Mal. Der große Tannenbaum in der Mitte trug viele goldne und silberne Äpfel, und wie Knospen und Blüten keimten Zuckermandeln und bunte Bonbons und was es sonst noch für schönes Naschwerk gibt, aus allen Ästen. Als das Schönste an dem Wunderbaum mußte aber wohl gerühmt werden, daß in seinen dunkeln Zweigen hundert kleine Lichter wie Sternlein funkelten und er selbst, in sich hinein- und herausleuchtend, die Kinder freundlich einlud, seine Blüten und Früchte zu pflücken. Um den Baum umher glänzte alles sehr bunt und herrlich – was es da alles für schöne Sachen gab – ja, wer das zu beschreiben vermöchte! Marie erblickte die zierlichsten Puppen, allerlei saubere kleine Gerätschaften, und was vor allem schön anzusehen war, ein seidenes Kleidchen, mit bunten Bändern zierlich geschmückt, hing an einem Gestell so der kleinen Marie vor Augen, daß sie es von allen Seiten betrachten konnte, und das tat sie denn auch, indem sie ein Mal über das andere ausrief: »Ach, das schöne, ach, das liebe – liebe Kleidchen; und das werde ich – ganz gewiß – das werde ich wirklich anziehen dürfen!« – Fritz hatte indessen schon, drei- oder viermal um den Tisch herumgaloppierend und -trabend, den neuen Fuchs versucht, den er in der Tat am Tische angezäumt gefunden. Wieder absteigend, meinte er, es sei eine wilde Bestie, das täte aber nichts, er wolle ihn schon kriegen, und musterte die neue Schwadron Husaren, die sehr prächtig in Rot und Gold gekleidet waren, lauter silberne Waffen trugen und auf solchen weißglänzenden Pferden ritten, daß man beinahe hätte glauben sollen, auch diese seien von purem Silber. Eben wollten die Kinder, etwas ruhiger geworden, über die Bilderbücher her, die aufgeschlagen waren, daß man allerlei sehr schöne Blumen und bunte Menschen, ja auch allerliebste spielende Kinder, so natürlich gemalt, als lebten und sprächen sie wirklich, gleich anschauen konnte. – Ja! eben wollten die Kinder über diese wunderbaren Bücher her, als nochmals geklingelt wurde. Sie wußten, daß nun der Pate Droßelmeier einbescheren würde, und liefen nach dem an der Wand stehenden Tisch. Schnell wurde der Schirm, hinter dem er so lange versteckt gewesen, weggenommen. Was erblickten da die Kinder! – Auf einem grünen, mit bunten Blumen geschmückten Rasenplatz stand ein sehr herrliches Schloß mit vielen Spiegelfenstern und goldnen Türmen. Ein Glockenspiel ließ sich hören, Türen und Fenster gingen auf, und man sah, wie sehr kleine, aber zierliche Herrn und Damen mit Federhüten und langen Schleppkleidern in den Sälen herumspazierten. In dem Mittelsaal, der ganz in Feuer zu stehen schien – so viel Lichterchen brannten an silbernen Kronleuchtern – tanzten Kinder in kurzen Wämschen und Röckchen nach dem Glockenspiel. Ein Herr in einem smaragdenen Mantel sah oft durch ein Fenster, winkte heraus und verschwand wieder, sowie auch Pate Droßelmeier selbst, aber kaum viel höher als Papas Daumen, zuweilen unten an der Tür des Schlosses stand und wieder hineinging. Fritz hatte mit auf den Tisch gestemmten Armen das schöne Schloß und die tanzenden und spazierenden Figürchen angesehen, dann sprach er: »Pate Droßelmeier! Laß mich mal hineingehen in dein Schloß!« – Der Obergerichtsrat bedeutete ihn, daß das nun ganz und gar nicht anginge. Er hatte auch recht, denn es war töricht von Fritzen, daß er in ein Schloß gehen wollte, welches überhaupt mitsamt seinen goldnen Türmen nicht so hoch war, als er selbst. Fritz sah das auch ein. Nach einer Weile, als immerfort auf dieselbe Weise die Herrn und Damen hin und her spazierten, die Kinder tanzten, der smaragdne Mann zu demselben Fenster heraussah, Pate Droßelmeier vor die Türe trat, da rief Fritz ungeduldig: »Pate Droßelmeier, nun komm mal zu der andern Tür da drüben heraus.« »Das geht nicht, liebes Fritzchen«, erwiderte der Obergerichtsrat. »Nun so laß mal«, sprach Fritz weiter, »laß mal den grünen Mann, der so oft herauskuckt, mit den andern herumspazieren.« »Das geht auch nicht«, erwiderte der Obergerichtsrat aufs neue. »So sollen die Kinder herunterkommen«, rief Fritz, »ich will sie näher besehen.« »Ei, das geht alles nicht«, sprach der Obergerichtsrat verdrießlich, »wie die Mechanik nun einmal gemacht ist, muß sie bleiben.« »So – o?« fragte Fritz mit gedehntem Ton, »das geht alles nicht? Hör' mal, Pate Droßelmeier, wenn deine kleinen geputzten Dinger in dem Schlosse nichts mehr können als immer dasselbe, da taugen sie nicht viel, und ich frage nicht sonderlich nach ihnen. – Nein, da lob' ich mir meine Husaren, die müssen manövrieren vorwärts, rückwärts, wie ich's haben will, und sind in kein Haus gesperrt.« Und damit sprang er fort an den Weihnachtstisch und ließ seine Eskadron auf den silbernen Pferden hin und her trottieren und schwenken und einhauen und feuern nach Herzenslust. Auch Marie hatte sich sachte fortgeschlichen, denn auch sie wurde des Herumgehens und Tanzens der Püppchen im Schlosse bald überdrüssig und mochte es, da sie sehr artig und gut war, nur nicht so merken lassen, wie Bruder Fritz. Der Obergerichtsrat Droßelmeier sprach ziemlich verdrießlich zu den Eltern: »Für unverständige Kinder ist solch künstliches Werk nicht, ich will nur mein Schloß wieder einpacken«; doch die Mutter trat hinzu und ließ sich den innern Bau und das wunderbare, sehr künstliche Räderwerk zeigen, wodurch die kleinen Püppchen in Bewegung gesetzt wurden. Der Rat nahm alles auseinander und setzte es wieder zusammen. Dabei war er wieder ganz heiter geworden und schenkte den Kindern noch einige schöne braune Männer und Frauen mit goldnen Gesichtern, Händen und Beinen. Sie waren sämtlich aus Thorn und rochen so süß und angenehm wie Pfefferkuchen, worüber Fritz und Marie sich sehr erfreuten. Schwester Luise hatte, wie es die Mutter gewollt, das schöne Kleid angezogen, welches ihr einbeschert worden, und sah wunderhübsch aus, aber Marie meinte, als sie auch ihr Kleid anziehen sollte, sie möchte es lieber noch ein bißchen so ansehen. Man erlaubte ihr das gern.

Der Schützling

Eigentlich mochte Marie sich deshalb gar nicht von dem Weihnachtstisch trennen, weil sie eben etwas noch nicht Bemerktes entdeckt hatte. Durch das Ausrücken von Fritzens Husaren, die dicht an dem Baum in Parade gehalten, war nämlich ein sehr vortrefflicher kleiner Mann sichtbar geworden, der still und bescheiden dastand, als erwarte er ruhig, wenn die Reihe an ihn kommen werde. Gegen seinen Wuchs wäre freilich vieles einzuwenden gewesen, denn abgesehen davon, daß der etwas lange, starke Oberleib nicht recht zu den kleinen dünnen Beinchen passen wollte, so schien auch der Kopf bei weitem zu groß. Vieles machte die propre Kleidung gut, welche auf einen Mann von Geschmack und Bildung schließen ließ. Er trug nämlich ein sehr schönes violettglänzendes Husarenjäckchen mit vielen weißen Schnüren und Knöpfchen, ebensolche Beinkleider und die schönsten Stiefelchen, die jemals an die Füße eines Studenten, ja wohl gar eines Offiziers gekommen sind. Sie saßen an den zierlichen Beinchen so knapp angegossen, als wären sie darauf gemalt. Komisch war es zwar, daß er zu dieser Kleidung sich hinten einen schmalen unbeholfenen Mantel, der recht aussah wie von Holz, angehängt und ein Bergmannsmützchen aufgesetzt hatte, indessen dachte Marie daran, daß Pate Droßelmeier ja auch einen sehr schlechten Matin umhänge und eine fatale Mütze aufsetze, dabei aber doch ein gar lieber Pate sei. Auch stellte Marie die Betrachtung an, daß Pate Droßelmeier, trüge er sich auch übrigens so zierlich wie der Kleine, doch nicht einmal so hübsch als er aussehen werde. Indem Marie den netten Mann, den sie auf den ersten Blick liebgewonnen, immer mehr und mehr ansah, da wurde sie erst recht inne, welche Gutmütigkeit auf seinem Gesichte lag. Aus den hellgrünen, etwas zu großen hervorstehenden Augen sprach nichts als Freundschaft und Wohlwollen. Es stand dem Manne gut, daß sich um sein Kinn ein wohlfrisierter Bart von weißer Baumwolle legte, denn um so mehr konnte man das süße Lächeln des hochroten Mundes bemerken. »Ach!« rief Marie endlich aus, »ach, lieber Vater, wem gehört denn der allerliebste kleine Mann dort am Baum?« »Der«, antwortete der Vater, »der, liebes Kind, soll für euch alle tüchtig arbeiten, er soll euch fein die harten Nüsse aufbeißen, und er gehört Luisen ebensogut, als dir und dem Fritz.« Damit nahm ihn der Vater behutsam vom Tische, und indem er den hölzernen Mantel in die Höhe hob, sperrte das Männlein den Mund weit, weit auf und zeigte zwei Reihen sehr weißer spitzer Zähnchen.

Marie schob auf des Vaters Geheiß eine Nuß hinein, und – knack – hatte sie der Mann zerbissen, daß die Schalen abfielen und Marie den süßen Kern in die Hand bekam. Nun mußte wohl jeder und auch Marie wissen, daß der zierliche kleine Mann aus dem Geschlecht der Nußknacker abstammte und die Profession seiner Vorfahren trieb. Sie jauchzte auf vor Freude, da sprach der Vater: »Da dir, liebe Marie, Freund Nußknacker so sehr gefällt, so sollst du ihn auch besonders hüten und schützen, unerachtet, wie ich gesagt, Luise und Fritz ihn mit ebenso vielem Recht brauchen können als du!« – Marie nahm ihn sogleich in den Arm und ließ ihn Nüsse aufknacken, doch suchte sie die kleinsten aus, damit das Männlein nicht so weit den Mund aufsperren durfte, welches ihm doch im Grunde nicht gut stand. Luise gesellte sich zu ihr, und auch für sie mußte Freund Nußknacker seine Dienste verrichten, welches er gern zu tun schien, da er immerfort sehr freundlich lächelte. Fritz war unterdessen vom vielen Exerzieren und Reiten müde geworden, und da er so lustig Nüsse knacken hörte, sprang er hin zu den Schwestern und lachte recht von Herzen über den kleinen drolligen Mann, der nun, da Fritz auch Nüsse essen wollte, von Hand zu Hand ging und gar nicht aufhören konnte mit Auf- und Zuschnappen. Fritz schob immer die größten und härtsten Nüsse hinein, aber mit einem Male ging es – krack – krack – und drei Zähnchen fielen aus des Nußknackers Munde, und sein ganzes Unterkinn war lose und wacklicht. – »Ach, mein armer lieber Nußknacker!« schrie Marie laut und nahm ihn dem Fritz aus den Händen. »Das ist ein einfältiger dummer Bursche«, sprach Fritz. »Will Nußknacker sein und hat kein ordentliches Gebiß – mag wohl auch sein Handwerk gar nicht verstehn. – Gib ihn nur her, Marie! Er soll mir Nüsse zerbeißen, verliert er auch noch die übrigen Zähne, ja das ganze Kinn obendrein, was ist an dem Taugenichts gelegen.« »Nein, nein«, rief Marie weinend, »du bekommst ihn nicht, meinen lieben Nußknacker, sieh nur her, wie er mich so wehmütig anschaut und mir sein wundes Mündchen zeigt! – Aber du bist ein hartherziger Mensch – du schlägst deine Pferde und läßt wohl gar einen Soldaten totschießen.« – »Das muß so sein, das verstehst du nicht«, rief Fritz; »aber der Nußknacker gehört ebensogut mir als dir, gib ihn nur her.« – Marie fing an heftig zu weinen und wickelte den kranken Nußknacker schnell in ihr kleines Taschentuch ein. Die Eltern kamen mit dem Paten Droßelmeier herbei. Dieser nahm zu Mariens Leidwesen Fritzens Partie. Der Vater sagte aber: »Ich habe den Nußknacker ausdrücklich unter Mariens Schutz gestellt, und da, wie ich sehe, er dessen eben jetzt bedarf, so hat sie volle Macht über ihn, ohne daß jemand dreinzureden hat. Übrigens wundert es mich sehr von Fritzen, daß er von einem im Dienst Erkrankten noch fernere Dienste verlangt. Als guter Militär sollte er doch wohl wissen, daß man Verwundete niemals in Reihe und Glied stellt?« – Fritz war sehr beschämt und schlich, ohne sich weiter um Nüsse und Nußknacker zu bekümmern, fort an die andere Seite des Tisches, wo seine Husaren, nachdem sie gehörige Vorposten ausgestellt hatten, ins Nachtquartier gezogen waren. Marie suchte Nußknackers verlorne Zähnchen zusammen, um das kranke Kinn hatte sie ein hübsches weißes Band, das sie von ihrem Kleidchen abgelöst, gebunden und dann den armen Kleinen, der sehr blaß und erschrocken aussah, noch sorgfältiger als vorher in ihr Tuch eingewickelt. So hielt sie ihn wie ein kleines Kind wiegend in den Armen und besah die schönen Bilder des neuen Bilderbuchs, das heute unter den andern vielen Gaben lag. Sie wurde, wie es sonst gar nicht ihre Art war, recht böse, als Pate Droßelmeier so sehr lachte und immerfort fragte, wie sie denn mit solch einem grundhäßlichen kleinen Kerl so schön tun könne. – Jener sonderbare Vergleich mit Droßelmeier, den sie anstellte, als der Kleine ihr zuerst in die Augen fiel, kam ihr wieder in den Sinn, und sie sprach sehr ernst: »Wer weiß, lieber Pate, ob du denn, putztest du dich auch so heraus wie mein lieber Nußknacker, und hättest du auch solche schöne blanke Stiefelchen an, wer weiß, ob du denn doch so hübsch aussehen würdest als er!« – Marie wußte gar nicht, warum denn die Eltern so laut auflachten, und warum der Obergerichtsrat solch eine rote Nase bekam und gar nicht so hell mitlachte wie zuvor. Es mochte wohl seine besondere Ursache haben.

LUDWIG THOMA
Der Christabend

Eine Familiengeschichte

Bei Oberstaatsanwalt Saltenberger hatten sie drei Töchter, Emerentia, Rosalie und Marie. Alle im höchsten Grade fähig und entschlossen, dem ledigen Stande zu entsagen.

Das herannahende Weihnachtsfest brachte die geliebten Eltern auf den Gedanken, dass sie ihre Kinder am besten mit Männern bescheren würden, und sie überlegten lange, wie dieses zu ermöglichen wäre.

Mama Saltenberger meinte, ihr Mann sollte seine hervorragende Beamtenstellung in die Waagschale werfen und jüngere Kollegen durch die Macht seines Ansehens an ihre staatsbürgerlichen Pflichten erinnern. Saltenberger war nicht prinzipiell abgeneigt, aber er betonte, dass dieser Einfluss nur in ganz familiären Grenzen ausgeübt werden dürfe und dass man in der Wahl der Objekte sehr vorsichtig sein müsse.

In geheimer Beratung wurde zur engeren Wahl der zukünftigen Familienmitglieder geschritten.

Beide Eheleute einigten sich zunächst auf Karl Mollwinkler, zweiter Staatsanwalt. Er war ziemlich abgelebt, und sein kränklicher Zustand ließ hoffen, dass er sich nach der Pflege einer geliebten Frau sehne.

Als zweiter ging Sebald Schneidler, königlicher Landgerichtssekretär, durch. Nicht ohne Widerspruch. Frau Saltenberger fand die Stellung denn doch etwas subaltern. Ihr Mann hatte Mühe, sie zu überzeugen, dass die gegenwärtige Zeitrichtung die Standesunterschiede einigermaßen nivelliert habe und dass speziell in Heiratsfragen eine zu strenge Auffassung von Übel sei.

Schließlich kam man dahin überein, dass Schneidler sich in Anbetracht seiner sozialen Verhältnisse mit der ältesten Tochter, der vierunddreißigjährigen Emerentia, zu begnügen habe.

Die Aufstellung des dritten Kandidaten bereitete Schwierigkeiten. Unter den Juristen fand sich trotz sorgfältigster Prüfung keiner mehr, der des Vertrauens würdig gewesen wäre. Man musste wohl oder übel in eine andere Sparte hinübergreifen. Aber auch da zeigten sich überall unüberwindliche Schwierigkeiten, und schon wollte der Oberstaatsanwalt an der gestellten Aufgabe verzweifeln, als im letzten Moment Frau Saltenberger den rettenden Gedanken fasste.

»Weißt du was, Andreas«, sagte sie, »wir nehmen einfach einen von der Post. Da sind die meisten Chancen, denn fast alle Verlobungen, welche man an Weihnachten in der Zeitung liest, gehen von Postadjunkten aus.«

Dieses leuchtete ihrem Manne ein, und er gab seine Zustimmung zur Wahl des Postadjunkten Jakob Geiger. Somit war die Sache gediehen; es galt nunmehr, die zur Bescherung Vorgemerkten unter die drei Töchter zu verteilen. Und das war das Schwierigste.

Der Friede wich aus dem Hause des Oberstaatsanwalts Saltenberger.

Emerentia brach in Tränen aus, als die Eltern von dem Plane sprachen; sie sei immer das Stiefkind gewesen, die anderen Fratzen habe man verhätschelt und verzogen, nur sie sei misshandelt worden und jetzt solle sie sich mit einem Sekretär begnügen.

Vielleicht müsse sie noch Komplimente machen vor dem ekelhaften Ding, der Rosalie, die man natürlich zur Frau Staatsanwalt nehme, obwohl sie die Dümmste von allen sei. Aber nein! nein! und nein! Da kenne man sie schlecht. Sie lasse nicht auf sich herumtrampeln, und lieber verhindere sie den Plan, sodass gar keine einen Mann erwische, als dass sie sich mit dem Affen von einem Sekretär abfinden lasse.

Ihr Widerstand war leidenschaftlich, aber nicht schlimmer als derjenige von Marie, welcher man den Postadjunkten zugedacht hatte. Sie war die Jüngste und durfte billig annehmen, dass sie auf dem Heiratsmarkte die besten Preise erzielen könne. Allerdings schielte sie, aber sie sagte sich, dass ein verständiger Mann solche Kleinigkeiten nicht beachte.

Zudem, lieber schielen, als einen Kropf haben, wie Emerentia, oder schlechte Zähne, wie Rosalie.

Papa Saltenberger hatte böse Tage; während er auf dem Bureau weilte, sammelte sich daheim eine unglaubliche Menge Sprengstoff an, welcher regelmäßig beim Mittagstisch explodierte.

So ging das nicht. Die Eltern beschlossen, die drei Herren als Ganzes zu bescheren und die Wahl den Kindern zu überlassen. Auf diese Weise hatten wenigstens sie Ruhe gefunden, wenngleich der Krieg unter den Schwestern fortdauerte. Emerentia stickte in heimlicher Abgeschlossenheit an einem Paar Pantoffeln, und bei jedem Stich wurde sie fester entschlossen, dieselben nur dem zweiten Staatsanwalt Mollwinkler zum Zeichen ihrer Liebe an die Füße zu stecken. Rosalie häkelte einen Tabakbeutel, Marie strickte wollene Handschuhe. Und jede wusste, wem sie die Gabe weihen würde. Alle drei zogen die Mutter ins Vertrauen, und da Frau Saltenberger einen gutmütigen Charakter hatte, sagte sie zu jeder verstohlen:

»Kindchen, Kindchen, ich seh' dich noch als Frau Staatsanwalt.«

Und jede war glücklich darüber. Erstens überhaupt, und dann, weil die zwei anderen Maulaffen vor Neid bersten würden.

So kam allmählich das heilige Weihnachtsfest heran mit seinem unvergesslichen Zauber für die Familie, jener Tag, an welchem die Junggesellen so ganz besonders Sehnsucht empfinden nach einem schöneren Lose, nach einer liebenden Gattin und nach Kindern, welche mit ihren Spielzeugen um den Christbaum tanzen.

Oh, welche Gefühle warteten in dem Hause des Oberstaatsanwalts Andreas Saltenberger!

Das war ein Raunen und Flüstern, ein geheimnisvolles Weben, ein Hin und Her, von einem Zimmer in das andere, bis endlich um sieben Uhr Vater, Mutter und die drei Töchter sich im Salon versammelten, festlich geschmückt und sehr erwartungsvoll. Jede der Schwestern erregte durch ihr reizendes Aussehen die Freude der Eltern und das verächtliche Mitleid der beiden anderen.

Es läutete. Das Dienstmädchen eilte zur Türe, im Salon hielten fünf Menschen den Atem an. Wer kam? Eine tiefe Stimme, unverständlich, dann schlurfte das Mädchen zurück und übergab dem hastig öffnenden Papa einen Brief.

Aufreißen und lesen. Sekretär Schneidler sagt mit bestem Dank ab, da er heimreise. Die drei Schwestern atmeten auf.

Auf diesen Menschen hatte keine reflektiert. Es läutete wieder. Das Dienstmädchen überbrachte einen zweiten Brief.

Die Absage des Herrn Staatsanwalts Mollwinkler wegen Unwohlseins.

Drei Lebenshoffnungen waren vernichtet; der Vater blickte die Mutter an, die Schwestern bissen sich auf die Lippen, und ihr Schmerz wäre unerträglich gewesen, wenn sich nicht ein klein wenig Freude an der Enttäuschung der anderen darein gemengt hätte.

Was tun? Papa Saltenberger raffte sich auf und sagte mit erzwungener Höflichkeit: »Wozu auch fremde Menschen? Nun wollen wir das Fest so recht unter uns begehen!«

Da läutete es wieder. Und diesmal kam der königliche Postadjunkt Geiger, welcher noch niemals abgesagt hatte.

Er hatte es nicht zu bereuen. Er war der verhätschelte Liebling der Familie; er bekam ein Paar Pantoffeln, einen Tabakbeutel und wollene Handschuhe, viele Süßigkeiten, Äpfel und Nüsse. Er trank einen sehr guten Wein und einen famosen Punsch, er aß Rheinsalm, Rehbraten und Pudding und bewunderte die Freigebigkeit der Familie, welche für ihn allein so reichlich auftragen ließ.

Er sagte allen Damen Liebenswürdigkeiten und ließ sich von jeder in der gehobenen Stimmung auf die Füße treten. Und als er ziemlich betrunken den Heimweg antrat, sagte er sich, dass das Familienleben doch sein Gutes, besonders hinsichtlich der leiblichen Genüsse, habe.

Und er verlobte sich am Sylvesterabend mit der wohlhabenden Witwe Reisenauer, welche ein gutgehendes Geschäft am Marktplatz hatte.

NIKOS KAZANTZAKIS
Weihnacht mit Sorbas

»Wer hat dieses Labyrinth der Ungewißheit geschaffen, diesen Tempel der Anmaßung, diesen Sündenkrug, dieses Schlachtfeld der tausend Ränke, dieses Tor der Hölle, diesen randvollen Korb der Bosheiten, dieses honiggleiche Gift, diese Erdenfessel der Sterblichen: die Frau?«

Ich saß neben dem Kohlenbecken und schrieb langsam und bedächtig diesen buddhistischen Gesang ab. Ich bemühte mich heftig, mit allerlei Bannformeln mir einen regennassen Leib mit wogenden Hüften aus dem Sinn zu schlagen, der in diesen Winternächten durch die feuchte Luft geisterte. Ich weiß nicht, wie es kam: Gleich nach dem Einsturz der Stollen, bei dem mein Lebensfaden plötzlich zu reißen drohte, spukte die Witwe in meinem Blut. Sie rief nach mir wie ein Raubtier, herrisch und vorwurfsvoll: »Komm, komm! Das Leben ist wie der Blitz, komm schnell! Komm, ehe es zu spät ist!«

Ich wußte, daß es Mara war, der Geist des Bösen in der Gestalt des Frauenleibs mit den üppigen Hüften. Ich kämpfte dagegen an. Ich hatte mich hingesetzt, meinen Buddha zu schreiben, genau wie die Wilden in ihren Höhlen mit spitzen Steinen oder Farben die Raubtiere einritzen oder malen, die beutehungrig draußen umherschleichen. Auch sie halten, was sie bewegt, im Bild – an den Felswänden – fest, damit es nicht über sie herfällt und sie verschlingt.

Seit dem Tage, an dem ich beinahe zerquetscht worden

wäre, glitt die Witwe durch die glühende Luft meiner Einsamkeit und winkte mir wollüstig aus den Hüften zu. Am Tage war ich stark, mein Geist war wach, ich brachte es fertig, sie zu vertreiben. Ich schrieb, in welcher Gestalt der Versucher zu Buddha kam, wie er sich als Frau verkleidete und sich mit den steilen, harten Brüsten auf seine Knie lehnte, wie dann Buddha die Gefahr erkannte, seine ganze Existenz in den Kampf warf und den Versucher vernichtete. Auch ich konnte ihn vernichten. Ich schrieb und fühlte mich bei jedem Satz erleichtert. Ich schöpfte Mut, ich spürte, wie der Versucher vor der allmächtigen Zauberformel des Wortes die Flucht ergriff. Aber während ich mich über Tag tapfer nach Kräften herumschlug, streckte nachts mein Geist die Waffen, die inneren Tore öffneten sich, und die Witwe trat ein.

Morgens erwachte ich erschöpft und zerschlagen, und der Kampf setzte von neuem an. Ab und zu hob ich den Kopf, wenn das Licht mit dem sinkenden Tag die Flucht ergriff und Dunkel mich plötzlich anfiel. Die Tage wurden kürzer, das Weihnachtsfest nahte, ich verfolgte diesen ewigen Kampf in den Lüften und sprach mir zu: Ich bin nicht allein; eine Großmacht, das Licht, kämpft wie du, unterliegt und siegt und verzweifelt nicht. Mit ihr im Bunde werde ich siegen!

Es schien mir – und das ermutigte mich sehr –, daß auch ich einem allumfassenden Rhythmus gehorchte, wenn ich mit der Witwe rang. Da will nun, sagte ich mir, die listige Materie diesen Körper sanft unterjochen und die freie Flamme löschen, die in ihm lodert. Und ich dachte: Gott ist die unzerstörbare Macht, die die Materie in Geist verwandelt. Jeder Mensch hat in sich ein Stück dieses göttlichen Wirbels, deshalb gelingt es ihm, Brot, Wasser und Fleisch in Gedanken und Tat zu verwandeln. Sorbas hat recht: »Sage mir, was du aus dem machst, was du ißt, und ich sage dir, wer du bist!«

Ich bemühte mich also, das heiße Verlangen des Fleisches in Buddha zu verwandeln.

»Woran denkst du? Was bedrückt dich, Chef?« sagte Sorbas zu mir am Heiligen Abend. Er merkte, mit welchem Dämon ich mich herumschlug. Ich tat so, als ob ich nicht hörte. Aber Sorbas ließ nicht so leicht locker.

»Du bist jung«, sagte er, und plötzlich nahm seine Stimme einen bitteren und zornigen Ton an, »du bist jung und kräftig, ißt und trinkst gut, atmest reine Luft und speicherst Kräfte auf. Und was machst du damit? Du schläfst allein. Schade um die Kräfte! Geh hin, aber gleich heute abend, verliere keine Zeit! Alles auf der Welt ist so einfach. Wie oft soll ich dir das sagen! Mach nicht alles so schwierig!«

Ich hatte das Buddhamanuskript vor mir aufgeschlagen und blätterte darin. Ich hörte Sorbas' Worte und wußte, daß sie mich auf einen sehr sicheren, sehr menschlichen Weg wiesen. Auch sie stammten aus dem Geiste Maras, des listigen Kupplers.

Ich hörte ihn schweigend an. Ich war entschlossen zu widerstehen. Langsam durchblätterte ich das Manuskript und pfiff dabei, um meine Unruhe zu verbergen. Aber Sorbas, der sich über mein Verstummen ärgerte, ließ nicht ab zu schüren.

»Heute abend ist Weihnachten. Mach dich auf die Socken, ehe es zur Kirche geht! Heute abend wird Christus geboren, tu auch dein Wunder, Chef!«

Ich erhob mich gereizt.

»Schluß damit, Sorbas! Jeder Mensch geht seinen eigenen

Weg, genau wie jeder Baum seine Eigenart hat. Hast du jemals den Feigenbaum ausgescholten, weil er keine Kirschen trägt! Dann schweige bitte! Es ist gleich Mitternacht, laß uns zur Kirche gehen, damit wir auch sehen, wie Christus geboren wird.«

Sorbas zog seine dicke Wintermütze tief über den Kopf.

»Gut«, sagte er verdrießlich, »gehen wir! Aber das sollst du wissen: Gott wäre mit dir zufrieden, wenn du heute abend zur Witwe gegangen wärest wie der Erzengel Gabriel. Wenn Gott denselben Weg gegangen wäre wie du, wäre er niemals zu Maria gekommen, und Christus wäre niemals geboren worden. Wenn du mich nach Gottes Weg fragst, würde ich dir sagen: der Weg zu Maria. Maria ist die Witwe.«

Er wartete vergebens auf eine Antwort. Polternd öffnete er die Tür, wir traten ins Freie. Wütend stieß er seinen Stock auf die Kiesel.

»Jawohl«, wiederholte er hartnäckig. »Maria ist die Witwe.«

»Ziehen wir los«, sagte ich, »und schrei nicht so!« Wir schritten in der Winternacht kräftig aus. Der Himmel war von vollkommener Klarheit, die Sterne funkelten groß und nah und hingen wie Feuerbälle in der Luft. Die Nacht schien, während wir am Strande dahinzogen, wie ein Raubtier zu brüllen, das sich am Ufer ausgestreckt hatte.

Von heute ab, dachte ich, nimmt das Licht, das der Winter in die Enge trieb, wieder zu, als werde es heute nacht mit dem göttlichen Kinde zusammen geboren.

Alle Bauern hatten sich schon in dem warmen, duftenden Bienenstock der Kirche dicht zusammengedrängt. Vorne die Männer, hinten die Frauen, mit gefalteten Händen. Der Pope Stephanos, um Haupteslänge alle überragend, vom vierzigtägigen Fasten abgemagert, lief im goldenen Meßgewand mit großen Schritten hin und her, schwang sein Rauchfaß, sang aus vollem Halse und konnte kaum den Augenblick erwarten, bis Christus geboren wurde, um nach Hause zu gehen und sich auf die fette Suppe, auf die Würste und auf das Geselchte zu stürzen ...

Hätte die Verkündigung gelautet: »Das Licht ist heute geboren« statt »Der Heiland ist heute geboren«, das menschliche Herz wäre nie so ergriffen worden. Die Idee wäre nicht zur Legende geworden und hätte die ganze Welt erobert. Sie hätte ein normales natürliches Phänomen bezeichnet und keinen Umschwung in unserer Phantasie oder, richtiger, in unserer Seele hervorgerufen. Aber das Licht, das im Herzen des Winters geboren wird, ist zum Kinde geworden und das Kind zu Gott, und seit zwei Jahrtausenden hegt ihn unsere Seele am Busen und stillt ihn ...

Kurz nach Mitternacht nahm die mystische Feier ihr Ende. Christus war geboren, und die Bauern eilten hungrig, glücklich nach Haus, um zu schmausen und bis ins Innerste ihres Leibes das Mysterium der Inkarnation zu erleben.

Der Leib ist die feste Grundlage. Allem voran das Brot, das Fleisch und der Wein.

Ohne Brot, Fleisch und Wein kann Gott nicht entstehen.

Die Sterne leuchteten, groß wie Engel, über der schneeweißen Kuppel der Kirche, die Milchstraße ergoß sich von einem Ende des Himmels zum anderen, ein grüner Stern funkelte wie ein Smaragd über uns.

»Glaubst du«, sagte Sorbas, »daß Gott Mensch wurde und in einem Stall zur Welt kam? Glaubst du das, oder hältst du das für Schwindel?«

»Darauf kann man schwer antworten, Sorbas. Ich glaube es und glaube es auch nicht. Und du?«

»Was soll ich dir sagen! Wie soll sich da einer auskennen? Als ich noch ein kleiner Bengel war und meine Großmutter mir Märchen erzählte, hielt ich alles für Unsinn. Und doch zitterte ich vor Aufregung, ich lachte und weinte, als ob ich es glaubte. Als mir dann der Bart wuchs, warf ich alle diese Märchen zum alten Eisen und machte mich sogar lustig darüber. Aber jetzt, auf meine alten Tage, bin ich kindisch geworden und glaube wieder daran ... Was für ein komisches Geschöpf ist doch der Mensch!«

BEI UNS WAR ES AM ALLERSCHÖNSTEN

HANS FALLADA
Bei uns war es am allerschönsten

Überall, wo Kinder sind, ist das Weihnachtsfest schön, ich finde natürlich, zu Haus bei uns war es am allerschönsten! Das Hauptverdienst daran trägt sicher der Vater, er hatte eine so liebenswürdig geheimnisvolle Art, unsere Erwartung zu steigern, uns ein bißchen zu foppen und zu necken. In Berlin halten die Weihnachtsbäume zeitig ihren Einzug auf Straßen und Plätzen. Dann fangen wir Kinder an, Vater zu drängen, daß er auch einen Baum besorgt. Zuerst verschanzt sich Vater dahinter, daß das überhaupt nicht seine Sache sei, sondern die des Weihnachtsmanns. Natürlich kommt er damit bei uns nicht mehr durch, selbst Ede glaubt nicht mehr an diese Figur, seit beim letzten Fest Herrn Markuleits, unseres Portiers, Schuhe unter Vaters umgedrehtem Gehpelz erkannt wurden. Nein, Vater soll machen und einen Baum kaufen. Auf dem Winterfeldtplatz gab es die schönsten.

Schließlich versprach Vater, sich umzusehen, in diesen Tagen habe er aber noch nicht recht Zeit dafür. Doch wir ließen nicht nach mit Drängen. Schließlich ging Vater, und wir alle erwarteten seine Rückkehr mit Spannung. Natürlich kam er leer zurück. Das hatten wir auch nicht anders erwartet, denn Vater kaufte nie etwas sofort. Er erkundigte sich erst überall, wo er es am billigsten bekäme. Aber Vater kam auch recht niedergedrückt heim: die Weihnachtsbäume waren in diesem Jahre unerschwinglich teuer! Er hatte uns doch recht verstanden, wir wollten wieder einen Baum vom Fußboden bis zur Decke –? Nun also, so etwas hatte er sich schon gedacht, aber solche Bäume gab es nicht unter neun Mark, und mehr als fünf wolle er keinesfalls anlegen ... Wenn wir uns freilich mit einem auf den Tisch gestellten Bäumlein begnügen wollten –?

Wir schrien Protest. Es gelang dem Vater immer wieder, unsere Leidenschaft und unsern Zweifel zu erregen, obwohl sich alljährlich das gleiche Spiel wiederholte. Wir wußten ja, daß Vater wirklich *sehr* sparsam war, es war ja möglich, daß Weihnachtsbäume in diesem Jahre besonders teuer waren!

Von nun an kam Vater fast alltäglich mit neuen Geschichten über Weihnachtsbäume heim. Und diese Geschichten klangen so echt, mit ihren drastischen Berolinismen, daß wir immer sicherer wurden, Vater war wirklich auf der Suche nach einem Tannenbaum, hatte aber noch keinen gefunden.

Er erzählte uns, wie er am Viktoria-Luise-Platz beinahe, beinahe einen herrlichen Baum gekauft hatte, als er im letzten Augenblick merkte, daß die meisten seiner Zweige nicht an ihm gewachsen, sondern in eingebohrte Löcher gesteckt waren. Vater berichtete von windschiefen Tannenbäumen und von solchen, die jetzt schon nadelten, und von krummen Bäumen. Am Bayrischen Platz hatte Vater einen Baum fast schon gekauft, er und der Händler waren nur noch um fünfundzwanzig Pfennige auseinander, da war ein Wagen vorgefahren, eine Damenstimme hatte gerufen: »Den Baum will ich!« und fast aus Vaters Händen wurde der Baum zum Wagen getragen.

Vater tat sehr geheimnisvoll wegen der Käuferin. Er ließ

es für möglich erscheinen, daß es vielleicht eine Prinzessin vom kaiserlichen Hof gewesen sei, oder auch eine Hofdame, und er stellte uns vor, daß nun vielleicht des Kronprinzen Kinder mit »unserer Tanne« Weihnachten feierten!

Das versetzte unserer Phantasie einen Schwung, aber es verhalf uns immer noch nicht zu einer Tanne. Und das Fest zog näher und näher. Unser Drängen wurde heftiger. Aber nun wurde Vater plötzlich gleichmütig: er habe diese ewige Lauferei nach Tannenbäumen satt, sie würden auch noch immer teurer. Nein, nun werde er bis zum 24. Dezember warten, wenige Stunden vor dem Heiligen Abend gingen die Händler immer mit ihren Preisen herunter, um den Rest loszuwerden. Freilich riskiere man, daß dann alles fort sei, aber er, Vater, nehme lieber ein solches Risiko in den Kauf, als daß er Wucherpreise zahle.

Wenn Vater so redete, schielte ich immer nach den Fältchen um seine Augen. Sie waren im allgemeinen sichere Anzeiger für Ernst oder Scherz. Aber Vater wußte selbst sehr gut, daß solche Anzeiger in seinem Gesicht saßen, beherrschte oder verbarg sie – kurz, er brachte uns alle in Unsicherheit. Wir suchten die ganze Wohnung ab, wir stiegen auf den Boden und in den Keller, wir fanden keine Tanne, wir verzweifelten.

(Einmal ist es mir bei einer solchen Nachsuche geschehen, daß ich auf Mutters Versteck stieß, in dem sie alle unsere Weihnachtsgeschenke verheimlichte. Ich konnte meiner Neugierde nicht widerstehen und sah sie alle an. Ich habe nie ein kläglicheres, freudloseres Weihnachtsfest als dies erlebt. Ich mußte noch Freude und Überraschung heucheln, und dabei war mir zum Heulen zumute! Von da an habe ich in der Weihnachtszeit meine Augen hartnäckig

von jedem Paket, es mochte das harmloseste sein, fortge-
wendet.)

Also war es ausgemacht und beschlossen, Vater würde den
Baum erst wenige Stunden vor der Bescherung kaufen. Wir
waren von Angst erfüllt. Mit Kummer sahen wir die Bestän-
de an Weihnachtsbäumen dahinschwinden, wir flehten Vater an, aber Vater schien unerbittlich.

Dafür hatte er ein neues Spiel erfunden, er ließ uns unsere Geschenke raten. Jeder bekam ein Rätsel auf, wie dieses: »Es ist rund und aus Holz. Aber es ist auch eckig und
aus Metall. Es ist neu und doch über tausend Jahre alt. Es ist
leicht und doch schwer. Das bekommst du zu Weihnachten,
Hans!«

Da konnte man lange raten! Mutter zwar schrie manchmal Weh und Ach. »Das ist zu leicht, Vater. Das muß er ja raten! Du nimmst ihm ja die Vorfreude!«

Aber Vater war seiner Sache sicher, und ich erinnere mich
wirklich nicht eines einzigen Males, daß ich ein Geschenk
erraten hätte.

Unter all diesen Vorbereitungen nahte das Fest. Am 24.
Dezember stand Vater ungewohnt früh auf und zog sich mit
Mutter ins Weihnachtszimmer, wie nun sein Arbeitszim-
mer hieß, zurück. Über Weihnachten ruhte alle Arbeit bei
ihm. Da wollte er seine Familie ganz für sich haben. Für alle Fälle versuchten wir die Schlüssellöcher, trotzdem wir
Vaters Vorsicht kannten: er verhängte sie immer zuerst. Geheimnisvoll verdeckte Gegenstände wurden durch die Wohnung getragen. Alle lächelten, sogar die meist brummige
Minna.

Der Vormittag ging für uns Kinder noch so einigermaßen
hin. Meist waren wir mit unsern Geschenken für Eltern und

Geschwister noch nicht fertig. Mit Eifer wurde laubgesägt, kerbgeschnitzt, spruchgebrannt, gehäkelt und gestickt, und was es da alles sonst noch für Beschäftigungen gab, durch die man in damaligen Zeiten die Wohnungen immer mit Scheuel und Greuel anfüllte.

Zum Mittagessen gab es immer Rindfleisch mit Brühkartoffeln. Mutter vertrat den Standpunkt, daß wir uns noch früh genug den Magen verderben würden und vorher nicht einfach genug essen könnten. Nach dem Essen aber stieg unsere Spannung so sehr, daß wir eine Pest wurden, aus lauter Kribbligkeit und Erwartung brachen ständig Streitigkeiten zwischen uns aus. Schließlich jagte uns Vater auf die Straße mit dem Machtwort, nicht vor sechs Uhr nach Haus zu kommen, eher fange die Bescherung doch nicht an.

Meist trennten wir vier Geschwister uns sofort, wenn wir auf die Straße kamen. Die Schwestern gingen für sich, und ich machte mich mit Ede auf, um die schon hundertmal besichtigten Schaufenster der Spielwarenläden noch einmal anzusehen. Da stellten wir dann fest, was mittlerweile aus den Schaufenstern genommen war, und machten Pläne für das, was wir uns zum nächsten Weihnachtsfest wünschen wollten. Aber die Zeit wurde uns sehr lang, es schien überhaupt nicht dunkel werden zu wollen, und sonst kam die Dämmerung immer so schnell!

Wir gingen und gingen, aber die Zeit verging nicht. Dann kamen wir auf das Spiel, auf den Granitplatten des Bürgersteigs so zu gehen, daß nie auf eine Ritze getreten wurde. Auch durfte man auf jeden Stein nur einmal treten. Gelang es, so bis zur nächsten Straßenecke zu kommen, so wurde ein Lieblingswunsch erfüllt. Dies war also unser Orakel, und es war gar nicht so leicht! Denn manche Steine waren für

unsere Kinderbeine sehr breit, auch verlangten entgegen-
kommende Erwachsene, daß wir ihnen den Weg frei machten, und neben den Granitplatten lag Kleinpflaster – dann
ade Lieblingswunsch!

Schließlich war es doch dämmrig geworden. Wir warteten so lange, bis in irgendeinem Fenster der erste Baum brannte,
dann stürzten wir nach Haus mit dem Geschrei: »Die Weihnachtsbäume brennen schon überall! Warum geht's denn
bei uns noch nicht los?!«

Meist waren die Schwestern kurz vor uns eingetroffen
oder kamen gleich hinterher, und meist waren die Eltern
dann auch soweit, und wir brauchten nicht länger am Spie-
ße zu zappeln, wie Vater das nannte. (...)

Für die letzte Viertelstunde scheuchte Vater auch noch
Mutter aus dem Weihnachtszimmer. Er baute ihr noch rasch
seine Geschenke auf, auch war es sein eifersüchtig vertei-
digtes Vorrecht, die Lichter am Baum zu entzünden. In flie-
gender Hast warf Mutter sich in Gala, wobei sie noch uns
auf Sauberkeit und Ordnung prüfte.

Nun versammelten wir uns schon alle erwartungsvoll auf
dem Flur, die Herzen schlugen schneller, die Hoffnungen wurden immer ausschweifender. Ich ertappe mich dabei, daß ich
vor lauter Aufregung die Fäuste fest geballt habe und im-
merzu vor mich hinflüstere: »Au Backe! Au Backe! Au Backe!« Auch Edes Lippen bewegten sich stumm, ich weiß
schon, er sagt sich noch einmal das Weihnachtsgedicht auf,
das er gleich wird deklamieren müssen ... Nun, in diesem
spannendsten Moment, werde ich von der Mutter in die Küche geschickt, um die alte Minna zur Eile anzutreiben. Christa ist längst hier ...

Minna ist noch beim Haarmachen. Ihr dunkles spärliches

Haar steht in lauter kurzen Mäuseschwänzchen steil vom Kopfe ab. Jedes Schwänzchen wird sorgfältig mit Ochsenpfotenfett, einer Stangenpomade, eingerieben. Ich flehe Minna an, sich zu beeilen, obwohl ich aus Erfahrung weiß, daß jedes Hetzen bei Minna nur die Wirkung hat, sie noch zu verlangsamen, und kehre zu Mutter zurück, um ihr Bericht zu erstatten. Mutter entscheidet, daß wir auf Minna warten müssen. Aus dem Bescherungszimmer klingt eine rauhe Stimme:

»Seid ihr auch alle artig?«

Wir brüllen begeistert: »Ja!«

Die Stimme fragt weiter: »Habt ihr euch auch alle die Zähne geputzt?«

Wir brüllen ebenso begeistert: »Nein!«

Und die Stimme fragt zum dritten Male: »Seid ihr denn auch alle fertig?«

Wir brüllen eiligst wieder ein »Ja!«, aber Mutter fügt hastig hinzu: »Wir müssen noch auf Minna warten!«

»Na, denn wartet man!« ruft die Stimme, und hinter der Tür wird es wieder still.

Aber der Geruch von brennenden Kerzen und Tannennadeln hat sich doch auf dem Flur verbreitet. Unsere Aufregung kann nun nicht mehr höher steigen. Ich tanze auf einem Bein wie ein Irrwisch umher, Ede sieht bleich vor Aufregung aus. Plötzlich geht er, fast finster vor Entschlossenheit, auf Christa zu, nimmt ihre Hand und küßt sie!

Christa wird puterrot und reißt ihm ihre Hand fort. Wir andern brechen in ein verblüfftes Lachen aus.

»Warum hast du das denn bloß gemacht, Ede?« ruft Mutter verwundert.

»Nur so!« antwortet er ohne alle Verlegenheit. »Irgend

etwas muß man doch tun, und mir war grade so! Man wird ja verrückt vor lauter Warten!«

Nach diesen abgerissen hervorgestoßenen Sätzchen stellt er sich neben mich und haut mich mit der geballten Faust auf den Bizeps. Alle Vorbedingungen für die schönste Keilerei sind gegeben, aber ...

Aber da erscheint endlich Minna! Ich finde, ihr glatt an den Schädel geschmiertes Haar sieht nicht anders aus als sonst, darum hätte sie uns wirklich nicht so lange warten lassen müssen!

Mutter ruft: »Vater, wir sind soweit!« und fast augenblicklich ertönt das silberne Bimmeln eines kleinen Glöckchens. Sofort nehmen wir Aufstellung, und zwar ist nach dem Alter anzutreten, was auch genau der Größe entspricht. Wir stehen hintereinander wie die Orgelpfeifen, nur die zu kurz geratene Minna zwischen Christa und der Mutter stört ...

Die Tür zum Bescherungszimmer fliegt auf, eine strahlende Helligkeit begrüßt uns. Geführt von Ede rücken wir im Gänsemarsch ein. Vater, am Flügel sitzend, sieht uns mit einem glücklichen Lächeln entgegen.

Nach geheiligtem Gesetz dürfen wir weder rechts noch links schauen, wir haben schnurstracks auf den Baum loszumarschieren und vor ihm Aufstellung zu nehmen, nach dem Satz: erst kommt die Pflicht, dann das Vergnügen. Die Pflichterfüllung aber besteht darin, daß Vater nach einem kurzen Vorspiel das Lied »Stille Nacht, heilige Nacht« spielt, nun setzen wir ein, und es wird gesungen. Das heißt, wir sind natürlich nicht wir, ich brumme nur so mit, und auch das gebe ich gleich wieder auf: die klettern ja auf alle Gipfel!

Unterdes mustere ich den Baum. Jawohl, es ist doch wieder ein Weihnachtsbaum geworden, wie er sein soll, vom

Fußboden bis zur Decke. Vater hat uns also doch wieder reingelegt, denn diesen Baum hat er bestimmt nicht erst in der letzten Stunde gekauft! Wo er ihn nur so lange versteckt haben mag?! Im nächsten Jahre falle ich aber bestimmt nicht wieder darauf rein!

ELIZABETH VON ARNIM
Weihnachten in einem bayrischen Dorf

Als ich in der Dämmerung eines taubengrauen Nachmittags aus dem Zug stieg, kam mir meine Tochter auf dem Bahnsteig entgegengerannt, und neben ihr rannte ein junger Mann in kurzen Lederhosen und mit nackten Knien, und da es schon stark dunkelte und mir dieser Aufzug vertraut war, dachte ich, es sei ihr Ehemann. Deshalb begrüßte ich ihn entsprechend überschwenglich, nahm seine Hände in die meinen und rief: »Wie reizend von dir, bei dieser Kälte aus dem Haus zu gehen!«

Zum Glück kam es zwischen meinem Schwiegersohn und mir nicht zum Begrüßungskuß, doch abgesehen davon, war alles eitel Freude und Entzücken, wozu natürlich auch das vertrauliche »Du« gehörte. Meine Tochter zupfte mich am Arm. »Das ist der Taxifahrer«, flüsterte sie und kämpfte gegen ihr Gekicher an.

Ich muß sagen, der junge Mann ließ mein Benehmen mit Würde über sich ergehen. Vielleicht dachte er, alle Fremden machten das so, wenn sie auf Bahnhöfen ankämen, und die Engländer seien in Wirklichkeit gar nicht so unterkühlt, sondern ein recht feuriger Menschenschlag.

Etwas kleinlaut geworden, wurde ich aus dem Bahnhof in eine Welt von Christbäumen geführt. Vor den meisten Häusern stand ein Baum mit elektrischer Beleuchtung, und in der Mitte der einzigen breiten Straße erhob sich eine riesengroße Tanne, eine wahre Pyramide festlichen Glanzes.

Ich hatte das Gefühl, in eine Weihnachtskarte hineinspaziert zu sein: glitzernder Schnee, alte Häuser mit steilen Dächern, und auch die völlige Windstille einer Weihnachtskarte herrschte hier. Seit 1909 hatte ich keine deutsche Weihnacht mehr erlebt, die letzte in einer ganzen Kette solcher Feste, und wenn man bedenkt, daß 1909 schon so lange zurückliegt und seither viele Dinge geschehen sind, war es eigenartig, wie sehr ich mich heimisch fühlte, wie vertraut mir alles erschien und wie leicht dies, wäre die richtige Reihenfolge eingehalten worden, Weihnachten 1910 hätte sein können.

Auf der Eingangsstufe des kleinen Hauses inmitten von verschneiten Feldern und umgeben von steil aufragenden Bergen stand, überströmend von Willkommensfreude, mein echter Schwiegersohn. Er war genauso gekleidet wie der Taxifahrer, mit kurzer Lederhose und einem bestickten Hemd. Wie also konnte man von jemandem erwarten zu wissen, wer wer war? Daher schaute ich ihn mir genau an, ehe ich diesmal zu Herzlichkeiten überging. »Wie reizend von dir«, sagte ich, als ich mir ganz sicher war, »bei dieser Kälte aus dem Haus zu gehen!« Denn ich habe nicht viele deutsche Sätze auf Lager, und so muß einer mehrmals herhalten.

Nicht nur er kam mir auf der Eingangsstufe entgegen, sondern auch viele köstliche Düfte empfingen mich, sehr wohltuend für eine Hungrige, darunter solche von Lebkuchen, Leberwurst und Kraut, Gänsebraten und der ernstere Geruch – ernster, weil er auch Beerdigungen begleitet und Grabstätten umgibt –, der Geruch des Tannenbaums, der fertig geschmückt im Wohnzimmer stand.

Es war der Abend vor Weihnachten, der Tag, den die Deutschen als Heiligen Abend feiern; und während ich im ersten

Stock meine Sachen ablegte, wurden die Kerzen am Baum angezündet, so daß, als ich herunterkam, der ganze Haushalt, bestehend aus Vater, Mutter, Töchterchen, drei Dienstmädchen mit weißen Häubchen und weißen Baumwollhandschuhen sowie zwei Scotchterriern, in der Diele vor der verschlossenen Tür des geheimnisvollen Zimmers auf mich wartete. Zu den Klängen von *Stille Nacht, heilige Nacht* marschierten wir in der Reihenfolge unseres Alters hinein, wobei die Jüngste den Anfang machte, und die Köchin hinter mir das Schlußlicht bildete. Da seit geraumer Zeit jedermann jünger zu sein scheint als ich, war ich richtig froh über die Köchin.

Ich wußte genau, was mich im Inneren des Zimmers erwarten würde, denn hatte ich nicht jahrelang selbst solche Räume mit ihren Bäumen und Geschenktischen vorbereitet? Da standen die Tische in der gewohnten Anordnung, für jeden einer, und auf ihnen stapelten sich hübsch eingewickelte Päckchen mit silbrigen Bändern, dekoriert mit Zyklamen- und Azaleentöpfen zwischendrin, und dort erhob sich der Baum mit der kleinen Krippe zu seinen Füßen, und Marzipanschafe scharten sich um die aus Schokolade bestehenden Heiligen Drei Könige.

Wir standen im Halbkreis, die Blicke fest auf den Baum gerichtet, damit sie ja nicht zu den Tischen schweiften, denn das hätte von schlechten Manieren gezeugt, und während wir, begleitet von den Klängen des Grammophons, eifrig *Stille Nacht* sangen, verspeisten die Scotchterrier, die keine Manieren hatten, vor unseren entsetzten Augen ein Marzipanschaf nach dem anderen, bis keines mehr übrig war. Wegen des Weihnachtsbrauchs konnten wir nichts tun, als steif dazustehen und zu singen. Tradition und Schicklichkeit ließen uns wie angewurzelt verharren. Glücklicherweise gab es nur zwei Strophen, so daß die Weisen aus dem Morgenland gerade noch rechtzeitig gerettet wurden, und ich dachte bei mir, nur Deutsche können so diszipliniert sein und sich, geschult durch viel Übung, den Anschein geben, in die heiligen Worte vertieft zu sein, während sie gewiß innerlich kochen.

Doch wegen des unmanierlichen Betragens der Scotchterrier verzögerte sich die Bescherung. Sie mußten zur Vernunft gebracht und aus dem Zimmer verbannt werden, ehe wir unsere Aufmerksamkeit den Geschenken zuwenden konnten. Die Hunde machten sich gar nichts daraus, daß sie in Ungnade gefallen waren. Die Schafe hatten sie ja sicher in ihren Bäuchen verwahrt, und ich hätte schwören können, daß sie lachten, als man sie hinausführte.

Etwas kleinlaut – nun schon zum zweiten Mal seit meiner Ankunft –, denn es schien betrüblich für die Familie, so viele Schafe zu verlieren, die man, wie ich wußte, meinetwegen erst diese Weihnachten neu angeschafft hatte und die mindestens an weiteren fünf Weihnachten unterm Christbaum hätten stehen sollen, begann ich, meine Päckchen auszuwickeln, und bald gerieten wir alle wieder in richtige Weihnachtsstimmung. Von jedem Tisch kamen Schreie der Begeisterung und Freude. Von jedem Tisch kam dauernd jemand gelaufen, um sich zu bedanken und einen zu umarmen, oder zu danken und einem die Hand zu küssen. Sogar die Köchin und ich, die *doyennes* der Feier, waren nahe daran, uns um den Hals zu fallen. Zum Glück mußte sie sich schon bald in die Küche zurückziehen, um letzte Hand an die Gans anzulegen, sonst weiß ich nicht, ob wir uns schließlich nicht doch noch in den Armen gelegen hätten.

Durch zerrissenes Geschenkpapier und silbrige Bänder watend, begaben wir uns zu Tisch, tranken, hielten kleine Ansprachen und waren fröhlich. Nach dem Essen wateten wir wieder zurück und waren nicht mehr ganz so fröhlich, und nachdem wir Baumkuchen genascht und heißen Glühwein getrunken hatten, waren wir so gut wie überhaupt nicht mehr fröhlich, weil wir am liebsten schlafen gegangen wären, dies aber aus Gründen der Tradition und Schicklichkeit nicht tun konnten.

»Man kann sich eigentlich nicht vorstellen«, sagte ich, indem ich mich von der Benommenheit zu befreien versuchte, die auf mir lastete, »daß dieses heutige Deutschland so gar nicht anders ist als das Deutschland, das ich kannte.«

»Oh, aber es ist …«, begann meine Tochter, um sofort von ihrem Ehemann mit einem schnellen »Sei vorsichtig – « unterbrochen zu werden, denn die Dienstmädchen waren ins Zimmer gekommen. Davon wurde ich sofort wieder hellwach. Sei vorsichtig … Aber wovor denn?

Etwas kleinlaut, nun zum dritten Mal, ließ ich mich in meinen Pelzmantel stecken und zur Mitternachtsmesse fahren. Eine glitzernde Nacht. Eine Nacht voll Frieden und Schönheit. Die Glocken der alten Kirche auf dem Hügel läuteten, und Ströme von schwarzen Gestalten – Ströme, stellte ich mit Erstaunen fest – strebten im frommen Schweigen zu ihr hinauf! Drunten auf der Straße stand strahlend der riesige Christbaum. Auf jedem Grab im Friedhof brannte ein winzig kleiner, und alle zusammen erleuchteten den gesamten Ort mit Symbolen der Erinnerung und Liebe. Und drinnen in der Kirche, so dicht zusammengedrängt, daß wir kaum hindurchkamen, war eine Menschenmenge so andächtig versammelt, so auf den Gottesdienst konzentriert, so versunken in die Schönheit des Gesangs von (abermals) *Stille Nacht*, daß ich, die ich meine *Times* lese und weiß, was mit den Kirchen in Deutschland geschieht, meinen Augen nicht traute.

»Aber ...«, begann ich, wie ich so am Arm meines Schwiegersohnes hing.

»Sei vorsichtig«, flüsterte er schnell und umfaßte meine Hand.

Sei vorsichtig. Schon wieder. Muß man hier also ständig auf der Hut sein? Und was hatte ich denn schließlich gesagt, außer »aber«?

ROBERT WALSER
Zwei Weihnachtsaufsätzchen

I

Ich weiß nicht, ob die Straßen des Städtchens, worin sich
zutrug, was ich hier phantasiere, schneeweiß waren oder
nicht, ob's schneite, oder ob dies nicht zutraf. Ein Dörfchen
sah wie ein Zuckerbäckerkunstwerk aus, so tief lag es in der
Verschneitheit. Ein benachbartes jedoch hatte kein Flöck-
chen bekommen. Glich dieser Umstand nicht beinahe etwas
Wunderbarem? Ob nun nicht eine Weihnachtsgans erwähnt
werden dürfte, die von Kindern mit Interesse in Augenschein
genommen wurde? Einem unfolgsamen Knaben wurde be-
dauerlicherweise noch kurz vor Einweihung des Heiligen
Abends die Elastizität des Möbelklopfers zu schmecken gegeben. Oh, wie still war's in den kurzen, langen, krummen
und schnurgeraden Straßen. Stiller als alle Stille zu sein vermag, die man sich vorzustellen fähig ist, war das Benehmen
einer um ihren Herzensfreund in stundenlanger Wortlosig-
keit verharrenden Einsamkeitsüberantworteten. Irgendwo
wurde ein Weihnachtsbaum angezündet, und wie sehr es Tatsache ist, daß ich dies scheinbar überaus präzis, doch stim-
mungsvoll sage, so sähe ich nicht ein, was mich hinderte, aus-
zusprechen, daß, als die gleichsam helläugigen Lichterchen
zu flackern und strahlen anfingen und es in der Stube nach
Wünschen duftete, die ihre Köpfchen aus den Bettchen ver-
ständlichen menschlichen Sehnens streckten, ein Liebhaber

in einem Kämmerchen die Beute der Angesammeltheit seiner Wehmut wurde. Anstatt die Schnippischkeiten seiner Angebeteten in jeder Hinsicht entzückend schön zu finden, stellte er ein Geschluchz und eine Händeringerei an, die man am liebsten in einem Gedicht hätte wiedergeben mögen. Ein ritterlicher Kniender schnürte einer geduldig diesen Dienst Entgegennehmenden die Schuhe zu. Doch rasch zu den Prachtsgeschenken, die in jeder Art Form unter den silberflitterumwickelten Zweigen ausgebreitet lagen. Das Familienoberhaupt war Notar, dessen Töchter beim Gedanken, sie seien heiratsfähig, konventionell kicherten. Die männliche Nachkommenschaft schaute mit einer etwas doch schon beinahe allzu pyramidalen Seriosität in die lieblich-glitzernde Weihnachtsbäumlichkeit hinein. Jetzt trat das Christkindchen herein.

II

Weihnachtsabend war's, die Stadt lag klug und schön da. Einige Verspätete sorgten, daß sie raschmöglichst mit Bäumchen in der Hand nach Hause kamen. Kinder dachten, an Türen stehend, über Bettelmöglichkeiten nach. Die Münsterglocken fingen an zu tönen. Die beiden Domtürme verkörperten einen kraftvollen Historizismus. Stubenmädchen mit Schürzen traten aus Läden heraus. Indes sich in Kaffeestuben noch Gäste aufhielten, saßen in einem Industriequartierzimmer der kränklichzarte Durchgeistigte und die womöglich noch empfindsamere und auf Bildung usw. erpichtere Leichtinwallunggeratende, sich anscheinend vorzüglich unterhaltend, beisammen. Wenn irgendeiner über das noch durch keinerlei Baumeistertätigkeit oder Hausaufrichtung gleichsam entlandschaftete Land oder Feld mehr oder weniger einsam und eifrig wanderte, konnte er blätterlose Bäume in konzertdirigentenhafter Gestikulierung dastehen sehen. Das Mitglied einer jüngeren Dichtergruppe war's, dem derartige poetische Beobachtung aus der Fülle vorhandener Unwillkürlichkeit zweighaft entstieg. Sprach ich nicht schon von einer Räumlichkeit vorstädteligen Charakters? Schön, und nun komme ich auf ein Zimmer Nummer Zwei zu sprechen, das sich unmittelbar ans erste anlehnte, worin sich eine die Tiziangemäldehaftigkeit selbst zu sein scheinende, mithin unerhört schöne Schuhmacherstochter von einem in feinsinnigen Dingen Beginnenden den Hof tapfer und zugleich schüchtern machen ließ. Er verstehe famos vor Frauen zu knien, besaß er die Höflichkeit und gleichzeitig die Dreistigkeit zu beteuern. So möge er ihr von dieser Art Können einmal einen Beweis ablegen, ermunterte ihn die Liebesszenenliebhaberin. Da die Wohnung aus drei Gemächern bestand, so wird nun vielleicht hervorzuheben gestattet sein, daß sich im dritten Zimmer ein Entwickelter von einer aufs entzückendste im Unentwickeltheitszustand Befindlichen Natürlichkeitsunterricht erteilen ließ.

Nunmehr klingelte es mit einmal an der Türe der verschwenderisch mit dem dringend erforderlichen Luxus ausgestatteten Dreizimmerwohnung, und die sich darin Aufhaltenden fragten sich, wer dies wohl sei, und kamen herbei, um dem Einlaßwünschenden sorgfältig zu öffnen. Da war's niemand Großartigeres als in der Tat bloß das liebe Christkind.

KARL KROLOW

Eine Weihnachtserinnerung,
die ich nicht vergaß

Denke ich an Weihnachten in den Jahren meiner Kindheit,
so verbinde ich solche Erinnerung mit der Erinnerung an
Landschaft. Fast immer haben Augenblicke in mich umge-
bender niederdeutscher Landschaft die Weihnachtszeit mit
beeinflußt. Meine Eltern, besonders mein Vater, erzogen mich
früh zu derartigem natürlichen Verhältnis in meiner keineswegs ländlichen Umwelt, denn ich wuchs am Rande einer
Großstadt auf. Das unregelmäßige und eigentlich unschöne
Terrain, das begann, wo die letzten Neubauten aufhörten und
sich saure Wiesen hinzogen, Gärtnereien und die Anwesen
einiger Gemüsebauern, Schrebergärtensiedlungen, ehe das
erste Waldstück sichtbar wurde, ehe der wichtige Wald meiner jungen Jahre, der hannoversche Stadtwald, die Eilenriede, begann. Diese Eilenriede, die sich halbkreisförmig um
die Stadt zog, war damals noch ein richtiger Forst oder gab
mir doch als Buben diese Illusion, wenn man vom Felde her
auf sie zukam. Dann war das Wald-Massiv, die Mischwald-
Fläche – besonders bei unsichtigem Wetter – etwas mich
mächtig Anziehendes, eine dunkle Wildnis.

Ich kannte den Wald zu jeder Jahreszeit. Im Grunde war
die Entfernung zwischen meinem Elternhaus und ihm ge-
ring, vielleicht zwanzig Minuten weit, und nur die dazwischen liegenden, verstreuten Gehöfte, das von Geometern
bereits abgemessene Gebiet zwischen ausfallender und dann

jäh im Feldstück endender städtischer Straße, zwischen dem Ende der Wohnstraße und dem eigentlichen Wiesengrün und Ackerbraun, unterbrach die Vorstellung, daß der Wald eigentlich recht schnell erreichbar sein müsse. Das beiläufige und durch die Witterung so oft trist verhängte Übergangsgebiet, in dem ich mich bewegte und in dem ich mich rasch auskannte als einem idealen Spielgelände, machte den großen Flächenwald dann für mich um so begehrenswerter, in dessen Randbezirken wir Kinder unsere persönlichen Verstecke anlegten, die wir nie verrieten und schon gar nicht mit jemandem teilen würden. Zufluchten im dichten, grünen Unterholz, in das wir uns mit unserer Phantasie zurückzogen.

Im Eilenriedewald floß in seinem Südteil, entlang der nach Hildesheim führenden Bahnlinie, ein Rinnsal, ein verkrauteter Wassergraben, der an einer bestimmten Stelle seines Verlaufes unter einer Waldchaussee weitergeführt wurde. Der massiv gemauerte Eingang zu dieser Unterführung, bogenartig angelegt, glich dem Eingang zu einer Art Wald-Unterwelt, zu einem grünen, dichten Hades. Wie hier das träge Wasser verschwand, um erst sehr viel später an einer von hier aus nicht einzusehenden Stelle wieder ans Licht zu treten, das war für uns Kinder immer mit einem Gefühl der Ungewißheit, des Bangens, der Beklemmung und der Neugier betrachtet worden. Im Winter fror die winzige Wasserfläche vor der Unterführung schnell zu. Man konnte auf ihr dann ein paar Schritte tun, wagte sich allerdings niemals fort ins Dunkle der unterirdischen Weiterführung.

Ich muß noch ein sehr kleiner Junge gewesen sein, als mir mein Vater in der Vorweihnachtszeit, als wir wieder einmal gemeinsam diesen Ort passierten, vom Eingang zur unterirdischen Grabenweiterführung als vom Eingang zur Höhle des Knechtes Ruprecht zu erzählen begann, sicherlich ganz beiläufig, wie es seine Art war und wie man einem Buben meines damaligen Alters vielleicht Landschaft spannend, abenteuerlich machen kann. Ruprechts Bereich, das mir der Vater als ein Schatzversteck mit allen den Gaben, die er zu Weihnachten dann den Kindern unter den Christbaum legen würde, zu schildern verstanden hatte, ließ mich zunächst vermutlich nichts als nachdenklich werden. Dieser Höhleneingang – gerade an solcher Stelle – schien mir unbedingt glaubwürdig. Man mußte sich hier unterirdisch wunderbar verstecken können, um dann im tiefen Höhleninneren ein ganzes Schatzlager anzulegen. Auf dieses Lager aber hatte ich es abgesehen. Die Vorstellung von den verborgenen Sachen ließ mich ganz offenbar nicht los. Weihnachten, das in jedem Jahr ungeduldig erwartete Fest, rückte näher mit dem unberechenbaren Dezember, unberechenbar mit dem Auf und Ab der niederdeutschen Witterung, die zwischen nassem, flüchtigem Schnee und Nebel- oder Regenwetter schwankte, bei ständig gehendem Wind, der aus der Ebene fegte und nirgends Widerstand fand.

Plötzlich gab es einen frühen Wintereinfall mit Frost und lange niedergehendem Schnee, einige Tage vor dem Fest. Die Schnee-Einsamkeit des Eilenriedewaldes, durch die mich mein Vater nun mit dem Schlitten zog, war überwältigend. Ein richtiger Märchenwald war entstanden, in dem der Schnee von den Ästen in die Augen stäubte, nachdem es sich endlich ausgeschneit hatte und alles in seiner weißen Pracht dalag. Wir kamen sicherlich auch an jenen Waldfleck, wo Ruprechts Höhle lag. Ich erinnere mich dessen nicht mehr genau. Genau dagegen weiß ich, daß es für mich – ausgerechnet am

Vormittag des Heiligen Abends – kein Halten mehr gab. Meine Erwartungen waren wie meine Ungeduld auf das höchste gespannt. Ich hatte Ruprechts Höhle nicht vergessen können, die jetzt sicherlich, mit dem vereisten Wasserloch davor, halb zugeschneit war, die vor allem auch für ein gewöhnliches Menschenkind, für mich, erreichbar, passierbar sein mußte, nachdem das Grabenwasser wohl bis auf den Grund gefroren war. Auf einmal war ich auf dem Wege zu Ruprechts Reich, mit dem Schlitten, den ich hinter mir her zog, in einem günstigen Augenblick Haus, Straße und Spielgefährten verlassend. Die Neugier, das Abenteuer, meine Phantasie hatten mich überwältigt. An diesem kalten Wintervormittag, der schon fast Mittag war, war ich unversehens unterwegs, allein, wie es sich gehört, denn ich wollte das Geheimnis für mich allein haben. Ich wollte niemanden dabeihaben, bei meiner Entdeckung. Ich war unerschrocken genug, nach all dem, was ich mir erhoffte, um das Wagnis allein auf mich zu nehmen. Ich weiß die Einzelheiten dieses Hinweges, des Hingezogenwerdens nicht mehr. Auf einmal fand ich mich jedenfalls an jener Waldstelle mit vereistem Krautgraben und an dieser Stelle merkwürdig dünner Schneedecke.

Hier angekommen, muß sich bei mir einiges verändert haben. Das Zeitgefühl muß ausgesetzt haben. Habe ich gezögert? – Habe ich – mit dem im Gebüsch schließlich abgestellten Schlitten – den Höhleneingang, nun doch vielleicht furchtsam geworden, immer langsamer und doch zugleich immer geduldiger, erwartungsvoller umkreist und eingekreist? Bin ich dabei allmählich ermüdet, ohne es zunächst zu merken, ohne es danach wahrhaben zu wollen? Meine Eltern haben mir später zuweilen erzählt, wie der Heilige Abend oder doch die Stunden vor diesem Abend verliefen:

in quälender Unruhe, in Sorge um meinen Verbleib. Mein Verschwinden war bald bemerkt worden. Und als ich noch nicht heimgekommen war, als mein Vater vom Dienst und einem anschließenden Zusammensein mit Kollegen nach Hause zurückkehrte, war die Aufregung groß. Etwas mußte geschehen. Die Zeit verstrich. Niemand wußte genau, wie lange ich fort war, weil ich – wie gesagt – mich unbeobachtet fortgestohlen hatte. Die Eltern überlegten ratlos, wohin ich mich gewendet haben könnte. Sie fragten die Spielkameraden aus. Niemand konnte Auskunft geben. Ich hatte niemanden eingeweiht, weil ich niemanden hatte bei mir haben wollen. Ich wollte allein das Abenteuer meiner Erwartungen, meiner kindlichen Weihnachtsneugier bestehen und hatte es inzwischen bekommen: Abenteuer des Alleinseins im eiskalten, einsamen Winterwald, bei allmählich, dann immer rascher sinkendem Tageslicht.

Was von diesen Heiligabend-Stunden im verschneiten Wald vor der Weihnachts-Höhle des Knecht Ruprecht sich in meinem Gedächtnis erhalten hat, sind verwischte Kleinigkeiten: die Erinnerung an eine knisternde Schneestille, an vom Wind seufzendes Geäst, an eine kalte, von mir, meinen Gliedern, meinem Körpergefühl langsam Besitz ergreifende Einsamkeit, ein Abgeschnittensein, ein Leben in einem Zwischenbereich, mit aufkommender, dann wieder niedergekämpfter Angst, von Isolation und Fortsein von allem, von Mutlosigkeit, von einer merkwürdigen Verlorenheit und einem ebenso merkwürdigen Entzücken, während es um mich zu dämmern begann. Ich blieb gebannt. Ich konnte den verlorenen Waldort nicht aufgeben. Ich war unschlüssig. Ich wußte nicht weiter, vermutlich. Ich hatte das Wagnis nicht bestanden, war nicht in die Höhle eingedrungen, sondern hatte sie immer nur angestarrt, hatte vor ihr und ihrem Dunkel haltgemacht und hatte vergessen, was vorher war und was nachher kam.

Auf einmal sah ich mich in meiner Verlassenheit meinem Vater gegenüber. Er hatte sich mit einem Freund auf die Suche gemacht, hatte sich daran erinnert, was er mir von Knecht Ruprechts Versteck verheißen hatte, und hatte dann schnell geahnt, daß ich nur in oder vor ihm aufzufinden sein müßte. Die beiden jungen Männer waren verlegen und froh, als sie mich sahen. Mein Vater hatte mich richtig eingeschätzt. Er hatte nicht die Polizei verständigen müssen. Und nun mußte er mich aus einem Traum hochreißen, den ich nur halb und ganz unvollkommen zu träumen begonnen hatte, an diesem Tage, den man den Heiligen Abend nennt: ein Traum, auf den ich später nicht habe zurückkommen brauchen. Ein Traum, auf den man niemals zurückkommen wird, weil er nicht wiederholbar ist.

MARIE VON EBNER-ESCHENBACH
Das Weihnachtsfest war nahe

Das Weihnachtsfest war nahe, wir konnten die Tage bis zum 24. Dezember schon an den Fingern abzählen, als sich etwas begab, das uns in die größte Aufregung versetzte. Vor unsern Nasen gleichsam verschwanden unsere Puppen. Auf einmal waren alle fort. Eine vollständige Puppenauswanderung hatte stattgefunden.

Das Bett, in das Fritzi gestern noch ihre älteste Tochter, die große Christine, schlafen gelegt hatte – leer. Die Angehörigen Christinens hinweggefegt, als ob sie nie dagewesen wären. Meine blonde Fanchette, die freilich von der Blondheit nur noch den Ruf besaß – denn eine geduldige Friseurin war ich nicht –, ebenfalls unauffindbar. Wir kramten vergeblich nach ihr in unsern Laden, durchforschten alle Schränke und Winkel. Wir liefen ins Kinderzimmer und klagten die armen kleinen Brüder des Raubes unserer Puppen an. Daß wir auch im vorigen Jahre kurze Zeit vor Weihnachten denselben Jammer erlebt und dann unter dem Christbaum ebenso viele Puppen, als wir vermißt hatten, mit glänzend lackierten Gesichtern, reichem Gelock und schön gekleidet sitzen sahen, fiel uns nicht ein. Oh, wir waren dumme Kinder! Ich glaube nicht, daß es heutzutage noch so dumme Kinder gibt.

Pepinka, ärgerlich über die Nachgrabungen, die wir nun auch in dem von ihr beherrschten Reiche zu unternehmen begannen, ließ sich zu einem unvorsichtigen Worte hinreißen. »Geht, geht! sucht eure Puppen dort, wo sie sind.«

»Weißt du, wo sie sind? ... Ja, ja, du weißt es! Wo sind sie?« Wir ließen nicht nach, gaben ihr keine Ruhe, bis sie endlich, um uns loszuwerden, sagte: »Die kleine Greislerin hat sie gestohlen. Grad ist sie mit der Christine über die Gasse gelaufen.«

Gestohlen also! unsere Kinder gestohlen! durch die kleine Greislerin – oh, das leuchtete uns ein. Der konnte man alles Schlechte zutrauen. Ihre Mutter hatte einen Laden, gerade unter einem der Fenster des Kinderzimmers. Wir kauften dort die Glas- und Steinkugeln, mit denen wir eine Art Kriegsspiel spielten. Von der Mutter erhielten wir immer fünf Stück für einen Kreuzer, von der Tochter nur drei. Genügte das nicht, um uns ein Licht aufzustecken über das ganze Wesen dieser Person? Sie, natürlich, war die Puppenentführerin, sie lief herum mit der Christine, an ihr mußte Rache genommen werden. Es mußte! Ich war Feuer und Flamme dafür, und es gelang mir, meine Schwester davon zu überzeugen. Auch die sanfteste Mutter kann grausam werden, wenn es Kindesraub zu bestrafen gilt. Am liebsten würden wir die Missetäterin durchgeprügelt haben – woher aber die Gelegenheit dazu nehmen? Sie bei der Frau Greislerin verklagen? Ach, die tut ihr nichts, die fürchtet sich selbst vor ihr. Was also soll geschehen? Was für ein Gesicht soll unsere Rache haben? Ein schwarzes! machten wir endlich aus. Es war beschlossen, was der Diebin geschehen soll: Wir werden ihr Tinte auf den Kopf gießen.

Pepi war ins Nebenzimmer zu den Kleinen gegangen und hatte die Tür geschlossen; wir glaubten unser nichtsnutziges Vorhaben ungestört ausführen zu können. Ich holte eilends das Fläschchen herbei, das unsern Tintenvorrat enthielt; wir schoben in das Fenster, unter dem der Greislerladen sich befand, einen Schemel und bestiegen ihn. Fritzi öffnete den inneren Fensterflügel und mit Mühe nur ein wenig den äußeren, und ich steckte den mit der Tintenflasche bewaffneten Arm durch den Spalt. Jetzt – hinunter mit dem Guß! Hinunter auf die Greislerin, die natürlich nichts Besseres zu tun hat, als dazustehen und ihm ihr schuldiges Haupt darzubieten.

Die spanische Armada war einst nicht siegesgewisser ausgezogen als wir zu unserer Unternehmung – und ihr Schicksal teilten wir. Die Elemente erhoben sich wider uns. Es stürmte an dem Tage im Rotgäßchen wie anno 1588 auf dem Atlantischen Ozean, und noch dazu gab's ein Gestöber von weichem Schnee. Ein Windstoß entriß meiner Schwester den Fensterflügel und schlug ihn gleich darauf so schnell wieder zu, daß ich kaum Zeit hatte, meinen ausgestreckten Arm zurückzuziehen und das Tintenfläschchen vor dem Sturze zu retten. Sein Inhalt übersprühte die Glasscheibe, tropfte, mit Schnee und Regen vermischt, vom Fenstersimse herab, umhüllte meine Finger mit der Farbe der Trauer.

Laut und lebendig gestaltete sich der Schluß des ganzen Abenteuers. Pepinka mußte etwas von unserm Treiben vernommen haben, denn plötzlich stürzte sie herbei. Ihr Antlitz glich dem rot aufgehenden Monde, ihre Haubenbänder flogen – ich weiß noch recht gut, daß sie eidottergelb waren.

»Ihr Verdunnerten!« rief sie. »Jesus, Maria und Josef! Fenster aufreißen, mitten im Winter! Was fällt euch ein, ihr, ihr ...« Der Rest sei Schweigen. Mögen die Ehrentitel, mit denen sie uns ausstattete, der Vergessenheit anheimfallen. Sie bildeten eine relativ milde Einleitung zu den in prophetischem Tone ausgesprochenen Worten: »Ihr könnt euch freuen. Gleich wird die Polizei über euch kommen!«

Da war mit einemmal alles erloschen, jeder Funke des Hasses gegen die Greislerin und bis aufs letzte Flämmchen unsere lodernde Racheglut. Nur noch einen heißen Wunsch hatten wir, nur mit einer Bitte bestürmten wir Pepinka: Nur die Polizei nicht hereinlassen! Nur der Polizei nicht erlauben, daß sie komme, uns »einzuführen«!

DYLAN THOMAS
Weihnachten in meiner Kindheit

In jenen Jahren in dem Winkel der Stadt am Meer dort, bar aller Geräusche bis auf das ferne Sprechen der Stimmen, die ich zuweilen kurz vorm Einschlafen höre, glich ein Weihnachten so sehr allen anderen, dass ich nie weiß, ob es sechs Tage und sechs Nächte lang schneite, als ich zwölf war, oder zwölf Tage und zwölf Nächte, als ich sechs war.

Alle Weihnachten laufen zu dem zweizüngigen Meer hin, gleich einem kalten Mond, der den Himmel, der unsere Straße war, holterdiepolter hinabpurzelt, und sie halten inne am Rand der eisgesäumten, fischkalten Wellen, und ich stecke die Hände in den Schnee und ziehe raus, was ich drin finde.

Hinein fährt die Hand in das wollweiße, glockenklöppelige Knäuel der Feiertage, das am Rand des liedersingenden Meeres ruht, und heraus kommen Mrs Prothero und die Feuerwehrleute.

Es war am Nachmittag von Heiligabend, und ich war in Mrs Protheros Garten und wartete mit ihrem Sohn Jim auf Katzen. Es schneite. An Weihnachten schneite es immer. In meiner Erinnerung ist der Dezember weiß wie Lappland, nur dass es keine Rentiere gab. Dafür aber Katzen.

Geduldig, kühl und herzlos, die Hände in Socken, warteten wir darauf, die Katzen mit Schneebällen zu bewerfen. Schlank und lang wie Jaguare mit grausigen Barthaaren, fauchend und knurrend, würden sie über die weißen Gartenmauern schleichen und gleiten, und die luchsäugigen Jäger,

Jim und ich, Trapper von der Hudson Bay mit Pelzmützen und Mokassins abseits der Mumbles Road, würden unsere tödlichen Schneebälle nach dem Grün ihrer Augen schleudern.

Die klugen Katzen aber erschienen nie.

So leise waren wir, eskimofüßige arktische Schützen in dem dämpfenden Schweigen des ewigen Schnees – ewig seit Mittwoch –, dass wir Mrs Protheros ersten Ruf aus ihrem Iglu am Ende des Gartens gar nicht hörten. Oder wenn doch, dann war er für uns wie der ferne Werdaruf unserer Feindin und Beute, der benachbarten Eiskatze.

Doch bald schon wurde die Stimme lauter.

»Feuer!«, schrie Mrs Prothero und schlug den Essensgong.

Und da rannten wir durch den Garten, die Schneebälle auf den Armen, zum Haus, und tatsächlich, da quoll Rauch aus dem Esszimmer, und der Gong dröhnte, und Mrs Prothero verkündete Zerstörung wie ein Ausrufer in Pompeji.

Das war besser, als wenn sämtliche Katzen von Wales hintereinander auf der Mauer standen. Schneeballbeladen stürmten wir ins Haus und hielten vor der offenen Tür des verqualmten Raums.

Doch, da brannte etwas; vielleicht war es ja Mr Prothero, der dort immer nach dem Mittagsmahl schlief, eine Zeitung überm Gesicht. Doch er stand mitten im Zimmer, sagte: »Frohe Weihnachten!«, und haute mit einem Pantoffel nach dem Rauch.

»Ruft die Feuerwehr!«, rief Mrs Prothero, den Gong schlagend.

»Die wird nicht kommen«, sagte Mr Prothero, »ist doch Weihnachten.«

Ein Feuer war nicht zu sehen, nur Rauchwolken und Mr Prothero, der mittendrin stand und wie ein Dirigent mit dem Pantoffel fuchtelte.

»Tut doch was«, sagte er.

Und da warfen wir alle unsere Schneebälle in den Rauch – Mr Prothero haben wir, glaube ich, verfehlt – und liefen aus dem Haus zur Telefonzelle.

»Rufen wir auch noch die Polizei«, sagte Jim.

»Und den Krankenwagen.«

»Und Ernie Jenkins, der mag's, wenn's brennt.«

Aber wir riefen bloß die Feuerwehr, und bald kam das Feuerwehrauto auch, und drei lange Männer mit Helm zerrten einen Schlauch ins Haus, und Mr Prothero kam gerade noch rechtzeitig heraus, bevor sie ihn aufdrehten.

Heiligabend hätte nicht lärmiger sein können. Und als die Feuerwehrmänner den Schlauch abstellten und in dem nassen, verrauchten Raum standen, kam Jims Tante, Miss Prothero, die Treppe herunter und lugte zu ihnen herein.

Jim und ich warteten ganz still darauf, was sie wohl zu ihnen sagte. Sie sagte nämlich immer das Richtige. Sie betrachtete die drei langen Feuerwehrmänner mit ihren schimmernden Helmen, die inmitten von Rauch, Asche und zerfließenden Schneebällen standen, und sagte: »Hätten Sie gern etwas zu lesen?«

Vor vielen Jahren, als ich ein Junge war, als es in Wales noch Wölfe gab und Vögel von der Farbe roter Flanellunterröcke die harfenförmigen Hügel entlangsausten, als wir nachts wie tags singend durch Höhlen stromerten, in denen es wie sonntagnachmittags in klammen Bauernhofstuben roch, und wir, Kinnladen wie Diakone, die Engländer und die Bären jagten, noch vor dem Motorwagen, vor dem

Rad, vor dem Pferd mit dem Herzoginnengesicht, als wir sattellos über die dussligen und heiteren Hügel ritten, da schneite und schneite es.

Hier nun sagt ein kleiner Junge: »Letztes Jahr hat's aber auch geschneit. Ich hab einen Schneemann gebaut, den hat dann mein Bruder umgestoßen und ich meinen Bruder, und danach gab's Abendessen.«

»Aber das war nicht der gleiche Schnee«, sage ich. »Unser Schnee wurde nicht nur aus weißen Waschzubern vom Himmel geschüttelt, er kam auch aus der Erde gewallt und schwamm und wehte aus den Armen, Händen und Leibern der Bäume; Schnee wuchs über Nacht auf den Hausdächern wie reines Großvatermoos, bedeckte die Mauern aufs Feinste wie Efeu und legte sich auf den Postboten, öffnete das Tor wie ein stummes, taubes Gewitter weißer Weihnachtskartenfitzel.«

»Gab's auch damals schon Postboten?«

»Mit Triefaugen und Windkirschennase, auf gespreizten, eisigen Füßen sind sie zu den Türen geknirscht und haben mannhaft dagegengefäustelt. Die Kinder aber haben nichts als Glockenläuten gehört.«

»Du meinst, der Postbote hat Rappel-di-rappel gemacht und die Türen haben geläutet?«

»Ich meine, die Glocken, die die Kinder gehört haben, waren in ihnen drin.«

»Ich hör manchmal bloß Donner, aber nie Glocken.«

»Kirchenglocken hat's auch gegeben.«

»In ihnen drin?«

»Nein, nein, nein, in den rabenschwarzen, schneeweißen Glockenstuben, gezogen von Bischöfen und Störchen. Und sie läuteten ihre Botschaft über die bandagierte Stadt, über die gefrorene Gischt der Pulver- und Eiskremhügel, über das knackende Meer. Es war, als dröhnten alle Kirchen vor Freude unter meinem Fenster und als krähten die Wetterhähne zu Weihnachten auf unserem Zaun.«

»Bleib bei den Postboten.«

»Das waren einfach normale Postboten, die mochten das Laufen, die Hunde, Weihnachten und den Schnee. Die haben mit blauen Knöcheln an die Türen geklopft …«

»Unsere hat einen schwarzen Klopfer …«

»Und dann haben sie unter den kleinen zugewehten Vordächern auf der weißen Fußmatte gestanden und geschnauft und gejapst, mit ihrem Atem Gespenster gemacht und von einem Fuß auf den anderen gestampft wie kleine Jungs, die mal müssen.«

»Und dann die Geschenke?«

»Und dann die Geschenke, aber erst nach seinem Obolus. Und der frierende Postbote, eine Rose auf der Knubbelnase, prickelte die teetablettrutschige Bahn des frostig schimmernden Hügels runter. Ist in seinen eisbepackten Stiefeln wie auf Fischhändlerplatten gelaufen. Hat seine Tasche wie einen eingefrorenen Kamelhöcker geschlenkert, ist duselig auf einem Fuß um die Ecke gebogen und war bei Gott weg.«

»Bleib bei den Geschenken.«

»Es gab die Nützlichen Geschenke: mummelnde Schals aus der alten Kutschenzeit und Fäustlinge wie für Riesenfaultiere; Zebratücher aus einem Zeug wie seidiger Kaugummi, die sich bis runter zu den Galoschen tauziehen ließen; blendende Schottenmützen wie Flickenteewärmer und häschenartige Fell- und Sturmhauben für die Opfer kopfschrumpfender Stämme; von Tanten, die immer nur Wolle auf der Haut trugen, gab's schnurrbärtige, schmirgelnde

Leibchen, bei denen man sich fragte, warum die Tanten überhaupt noch Haut hatten; und einmal hab ich von einer Tante, die leider nicht mehr unter uns wieherte, einen kleinen gehäkelten Futtersack bekommen. Und bilderlose Bücher, in denen kleine Jungs, obwohl mit Sprüchen davor gewarnt, auf dem Teich von Bauer Giles Schlittschuh liefen und dann ertranken; und Bücher, die mir alles über die Wespe erzählten, bloß nicht, warum.«

»Weiter mit den Nutzlosen Geschenken.«

»Tüten mit feuchten, bunten Geleebonbons und eine gefaltete Fahne und eine falsche Nase und eine Tramschaffnermütze, dazu einen Apparat, der Fahrkarten lochte und klingelte; nie eine Schleuder; einmal aus Versehen, was niemand erklären konnte, eine kleine Axt; und eine Zelluloidente, die, wenn man sie drückte, ein ganz unentiges Geräusch machte, ein miauendes Muh wie vielleicht von einer ehrgeizigen Katze, die gern eine Kuh wäre; und ein Malbuch, in dem ich das Gras, die Bäume, das Meer und die Tiere mit jeder Farbe ausmalen konnte, die mir gefiel, und noch heute grasen die knallhimmelblauen Schafe auf dem roten Feld unter den erbsengrünen Vögeln mit ihren Regenbogenschnäbeln.

Drops, harte und weiche Karamellbonbons, Lakritze, Knusperl, Kekse, Pfefferminzbonbons, Eiskonfekt, Marzipan und Butterwelsh für die Waliser. Und Truppen schimmernder Zinnsoldaten, die zwar nicht kämpfen, aber immer weglaufen konnten. Und Schlangen-und-Familien- und Fröhliche Leiter-Spiele. Und einfache Hobby-Spiele für den kleinen Ingenieur samt Anleitung.

Ach, für Leonardo so einfach! Und eine Pfeife, bei der die Hunde bellten, wovon der alte Mann nebenan aufwachte und mit seinem Stock gegen die Wand schlug, wovon unser Bild von der Wand polterte.

Und eine Schachtel Zigaretten: Man steckte sich eine in den Mund und stellte sich an die Straßenecke und wartete stundenlang vergebens darauf, dass eine alte Frau einen schalt, weil man eine Zigarette rauchte, und sie dann grinsend aß. Und dann gab's Frühstück unter den Luftballons.«

»Gab's auch Onkel wie bei uns?«

»An Weihnachten sind immer Onkel da.

Immer dieselben. Und am Weihnachtsmorgen hab ich mit hundeschreckender Pfeife und Zuckerkippen die bedeckte Stadt nach den Neuigkeiten der kleinen Welt abgesucht und beim Postamt oder bei der weißen verlassenen Schaukel immer einen toten Vogel gefunden; vielleicht ein Rotkehlchen, seine Feuer alle bis auf eines aus. Männer und Frauen wateten oder stapften mit Wirtshausnasen und windgezausten Wangen von der Kirche zurück, allesamt Albinos, die schwarz-steifen knarrenden Federn gegen den pietätlosen Schnee gekauert.

In allen guten Stuben hingen an den Gasleuchtern Misteln; neben den Dessertlöffeln gab's Sherry und Walnüsse und Flaschenbier und Kräcker; und Katzen, fellumhüllt, betrachteten das Feuer; und das hochgeschichtete Feuer spuckte, bereit für die Kastanien und den Schürhaken für den Glühwein.

Ein paar füllige Männer saßen ohne Kragen in den Salons, fast sicher Onkel, probierten ihre neuen Zigarren, hielten sie prüfend auf Armeslänge von sich, führten sie wieder zum Mund, husteten, hielten sie wieder von sich, als warteten sie auf die Explosion; und ein paar kleine Tanten, in der Küche nicht gebraucht und auch nirgendwo sonst, saßen ganz vorn auf der Stuhlkante, aufrecht und spröde, voller Angst zu zerbrechen, wie verblichene Tassen und Untertassen.«

Nicht viele waren an jenen Vormittagen auf den aufgetürmten Straßen: Immer aber machte ein alter Mann mit beigefarbener Melone, gelben Handschuhen und um diese Jahreszeit Schneegamaschen seinen Verdauungsspaziergang zum weißen Bowlinggrün und wieder zurück, machte ihn stets, ob nass oder Feuer am Weihnachts- oder am Jüngsten Tag; manchmal stapften zwei kräftige junge Männer mit großen lodernden Pfeifen, ohne Mantel und windgezausten Schal, wortlos hinab zum verlassenen Meer, um sich Appetit zu holen, um die Dünste zu lüften, wer weiß, um in die Wellen zu laufen, bis nichts mehr von ihnen blieb, nur noch die zwei kräuselnden Rauchwolken aus ihren unlöschbaren Bruyère-Pfeifen.

Dann schlamperte ich nach Hause, der Soßenduft von anderer Leute Essen, der Vogelduft, der Duft von Brandy, Pudding und Minze, sie ringelten sich mir in die Nase, als aus einer schneeverstopften Seitengasse ein Junge kam, mein Ebenbild, Zigarette mit rosa Filter und die Veilchenvergangenheit eines blauen Auges, dreist wie ein Dompfaff, boshaft vor sich hin grinsend.

Sein Anblick und Gehabe waren mir zuwider, und schon wollte ich meine Hundepfeife an die Lippen führen und ihn von Weihnachten wegblasen, als er ganz plötzlich mit einem Veilchenzwinkern die seine an die Lippen führte und so schrill pfiff, so hoch, so ungeheuer laut, dass mampfende Gesichter, die Backen gansgebläht, sich an Girlandenfenster drückten, die ganze weiß hallende Straße entlang.

Zu Mittag gab's Truthahn und brennenden Pudding, und

nach dem Essen saßen die Onkel am Kamin, alle Knöpfe ge-
löst, die großen feuchten Hände über den Uhrketten, stöhn-
ten ein wenig und schliefen.

Mütter, Tanten und Schwestern flitzten hin und her, mit
Terrinen. Tante Bessie, schon zweimal von einer Aufzieh-
maus erschreckt, trank an der Anrichte wimmernd Holun-
derwein. Dem Hund war übel. Tante Dosie brauchte drei
Aspirin, Tante Hannah aber, die Portwein mochte, stand mitten in dem zugeschneiten Garten und sang wie eine groß-
busige Drossel.

Ich blies Luftballons auf, um zu sehen, wie dick sie sich auf-
blasen ließen, und als sie platzten, was sie alle taten, schreck-
ten die Onkel knurrend hoch. In dem dichten, schweren Nachmittag, die Onkel schnauften wie Delphine, der Schnee fiel
herab, saß ich zwischen Girlanden und Lampions, knabber-
te Datteln, versuchte mich an einem Modellkriegsschiff, wobei ich der Anleitung für kleine Ingenieure folgte, und baute etwas, was man mit einem seetüchtigen Straßenbahnwa-
gen verwechseln konnte.

Oder ich ging, meine strahlend neuen Stiefel quatschten,
in die weiße Welt hinaus zum seewärtigen Hügel, um Jim,
Dan und Jack zu besuchen und durch die stillen Straßen zu
trotten, wobei ich auf dem verborgenen Pflaster riesige Ab-
drücke hinterließ.

»Bestimmt denken die Leute, dass das Nilpferde waren.«

»Was würdest du tun, wenn du auf unserer Straße ein
Nilpferd kommen sähst?«

»Dann würde ich so machen, zack! Ich würd's übers Ge-
länder schmeißen und den Hügel runterrollen, und dann
würde ich's hinterm Ohr kitzeln, und da würd's mit dem
Schwanz wedeln.«

»Und wenn's zwei Nilpferde wären?«

Eisenbeflankt und brüllend stampften Nilpferde scheppernd durch den jagenden Schnee auf uns zu, als wir an Mr Daniels Haus vorbeigingen.

»Stecken wir Mr Daniel einen Schneeball in den Briefkasten.«

»Schreiben wir was in den Schnee.«

»Schreiben wir ›Mr Daniel sieht aus wie ein Spaniel‹ auf seinen Rasen.«

Oder wir liefen am weißen Strand entlang.

»Sehen die Fische, dass es schneit?«

Der stumme Einwolkenhimmel trieb aufs Meer. Jetzt waren wir schneeblinde, auf den Nordhügeln verschollene Reisende, und riesige Hunde, Fässchen unterm Doppelkinn, liefen und tollten zu uns her und bellten »Excelsior«. Wir kehrten zurück nach Hause durch die armen Straßen, wo nur ein paar Kinder mit bloßen roten Fingern in dem radzerfurchten Schnee wühlten und uns hinterherpfiffen. Ihre Stimmen verwehten, als wir bergan stapften, hinein in die Schreie der Kaivögel und das Tuten von Schiffen in der wirbelnden Bucht.

Und dann, beim Tee, wurden die wiederhergestellten Onkel lustig, und der Eiskuchen ragte von der Tischmitte auf wie ein Marmorgrab. Tante Hannah tat einen Schuss Rum in ihren Tee, war ja bloß einmal im Jahr.

Her mit den Fabeln, die wir am Feuer erzählten, während das Gaslicht wie ein Taucher blubberte. Gespenster huhten wie Eulen in den langen Nächten, da ich keinen Blick über die Schulter wagte; Tiere lauerten in dem Kabuff unter der Treppe, wo der Gaszähler tickte.

Und ich weiß noch, wie wir einmal Weihnachtslieder singen gingen, als nicht mal ein Span Mond die fliehenden Straßen erhellte. Am Ende einer langen Straße war die Zufahrt zu einem großen Haus, und in jener Nacht stolperten wir durch das Dunkel der Zufahrt, ein jeder von uns voller Angst, ein jeder einen Stein in der Hand, nur für den Fall, und wir alle zu tapfer, um auch nur ein Wort zu sagen.

Der Wind in den Bäumen machte Geräusche wie von alten und unangenehmen und vielleicht schwimmfüßigen Männern, die in Höhlen ächzten. Wir erreichten die schwarze Masse des Hauses.

»Was sollen wir denen bringen? ›Hark the Herald?‹«

»Nein«, sagte Jack. »›Good King Wenceslas‹. Ich zähl bis drei.«

Eins, zwei, drei, und dann sangen wir los, die Stimmen hoch und scheinbar fern in dem schneefilzigen Dunkel um das Haus herum, in dem niemand uns Bekanntes wohnte. Wir standen eng beieinander, nahe der dunklen Tür.

Good King Wenceslas looked out
On the Feast of Stephen ...

Und dann fiel eine kleine, trockene Stimme wie von einem, der lange nicht mehr gesprochen hat, in unseren Gesang mit ein: eine kleine, trockene, eierschalendünne Stimme von der anderen Seite der Tür: eine kleine, trockene Stimme durchs Schlüsselloch. Und als wir dann nicht mehr rannten, waren wir vor unserem Haus; die gute Stube war schön; Luftballons trieben unter dem wärm-flaschengluckernden Gas; alles war wieder gut und strahlte über die Stadt.

»Vielleicht war's ein Gespenst«, sagte Jim.

»Vielleicht waren's Trolle«, sagte Dan, der ständig las.

»Gehen wir rein, vielleicht ist ja noch Wackelpudding übrig«, sagte Jack.

Und das taten wir dann.

Am Weihnachtsabend war immer Musik. Ein Onkel spielte die Fiedel, ein Vetter sang »Cherry Ripe«, ein anderer Onkel »Drake's Drum«. Es war sehr warm in dem kleinen Haus.

Tante Hannah, die jetzt beim Pastinakenwein war, sang ein Lied über blutende Herzen und Tod und dann eines, in dem sie sagte, ihr Herz sei wie ein Vogelnest; und da lachten alle wieder; und dann ging ich zu Bett.

Beim Blick aus meinem Fenster aufs Mondlicht und den endlosen rauchfarbenen Schnee sah ich die Lichter in den Fenstern aller anderen Häuser auf unserem Hügel und hörte deren Musik in die lange, stetig einbrechende Nacht aufsteigen. Ich drehte das Gas herunter, ich legte mich ins Bett. Ich sagte zu dem nahen, dem heiligen Dunkel ein paar Worte, dann schlief ich ein.

WENN'S WIEDER GESCHÄHE –
WIE VOR LANGER ZEIT

MARIE LUISE KASCHNITZ
Wenn's wieder geschähe –
wie vor langer Zeit

Der heilige Joseph stand in Rom, in der Krippenausstellung, beinahe lebensgroß und aus Holz geschnitzt. Er trug keinen lockigen Greisenbart, er lächelte nicht gütig, er hob die Hände nicht anbetend empor. Die Gruppe, zu der er einmal gehört hatte, war abhanden gekommen.

Er war allein, solange die Menge der Besucher an ihm vorbeiströmte, und noch mehr, als mit dem fortschreitenden Abend die Säle sich leerten. Und wahrscheinlich erreichte seine Einsamkeit den Höhepunkt, als in der Weihnacht die Ausstellung geschlossen wurde, als die Lichter gelöscht waren und statt der Schritte und Stimmen der Menschen andere geheimnisvolle Geräusche sich erhoben.

Zu dieser Stunde nämlich begannen sich auf all den kleinen Krippenbühnen die Gestalten zu bewegen. Die Hirten erhoben ihre Stäbe, die Obstverkäuferinnen in den kleinen Bogenhallen beugten sich vor, und die Heiligen Drei Könige trieben ihre Reittiere an. Überall ertönten die eindringlichen Klänge von winzigen Dudelsäcken und die Stimmen der kleinen Wachsengel, die sich an ihren Fäden bewegten und sangen.

Und dann geschah es auch dem alten heiligen Joseph, daß er erwachte und sich langsam von den Knien erhob. Dieser heilige Joseph war ohne Zweifel ein sehr trauriger Mann, und wenn er, wie die andern, zum Bewußtsein kam, konnte er nur zum Bewußtsein seiner Traurigkeit kommen. Er hatte einmal, vor sehr langer Zeit, mit seiner Frau Maria in Bethlehem Unterkunft gesucht, und die alten Bekannten hatten sich alles andere als freundlich benommen. In einem Stall war schließlich das Kind zur Welt gekommen, von dem Maria wußte, daß es Gottes Kind war. Maria war sehr glücklich gewesen, aber er selbst hatte das Kind betrachtet und die unangenehmsten Vorgefühle gehabt. Die Menschen, hatte er gedacht, sind böse und habgierig, sie werden sich nicht ändern um dieses kleinen Kindes willen.

Einen Augenblick lang war auch ihm wunderlich zumute gewesen, und zwar als das Licht des großen Sternes durch eine schadhafte Stelle im Dach gerade auf die Krippe fiel. Da hatte er eine Stimme sehr Sonderbares erzählen hören: von Apfelbäumen, die im Winter blühen, von Rosenknospen, die im Schnee aufbrechen, von Flüssen, die Wein statt Wasser führen, und von Quellen, aus denen Honig springt. Er hatte das alles auf des Kindes Leben bezogen, aber das war dann ein recht ärmliches geworden und hatte am Kreuz geendet.

An das alles dachte der alte Joseph, als er sich in der Krippenausstellung von den Knien erhob. Ich will doch sehen, dachte er, wie es jetzt zugeht, wo schon zwei Jahrtausende vergangen sind. Ich will sehen, ob es noch immer Kriegsknechte gibt und hartherzige Wirte und Mütter, die sich um ihrer Söhne willen die Augen aus dem Kopfe weinen.

Er ging durch den nächsten Saal und betrachtete ein wenig herablassend seine Namensbrüder, die so demütig lächelten und dem Kinde die Windeln hielten. Und dann machte er ein paar raschere Schritte und gelangte durch einen Säulenhof auf die Straße hinaus.

Dort erregte seine Erscheinung nicht das geringste Erstau-

nen. Er sah genau aus wie einer der vielen alten Männer, die
ihr Leben lang schwer gearbeitet haben und deren Rücken
krumm und deren Glieder steif geworden sind. Er wurde
gestoßen und geschoben von der Menge, die dem Weihnachtsmarkt zustrebte, und als er dort angelangt war, sah
er sich voller Verwunderung um. Denn überall auf dem langen Platz standen Buden voll glitzernder, funkelnder Dinge.
Um den Platz herum fuhren mit großer Geschwindigkeit
Wagen ohne Pferde, und über den Buden erhoben sich ho-
he Paläste, in deren Sälen vor gemalten Sommerlandschaf-
ten Tausende von Lichtern brannten. Die verschlungenen
Stäbe der Kirchengitter zeigten die Namenszüge der Maria
und des Kindes, und auf dem Marmorbrunnen hoben wilde
Flußgötter zwischen Palmen und Meeresrosen ihre Hände
zu der Taube des Heiligen Geistes empor. Es war alles nicht
mit Nazareth und nicht einmal mit Jerusalem zu vergleichen,
und einen Augenblick hatte der alte Joseph die Vorstellung,
er befände sich im Paradies.

Aber diese glückliche Stimmung hielt nicht lange an. Wenn
dies das Paradies ist, dachte Joseph von Nazareth, so müssen
auch die Menschen anders geworden sein. Dann könnte so
etwas wie in den Gasthöfen von Bethlehem nicht mehr vorkommen. Er beschloß, diese paradiesischen Menschen mit
seiner alten Geschichte auf die Probe zu stellen. Und natürlich bestanden die Leute, die er um ein Nachtlager, um Essen und Trinken und um bunte Bälle für den kleinen Jesus
anging, diese Probe nicht.

Der Türhüter des fürstlichen Palastes tippte sich an die
Stirn, der Wurstverkäufer schalt über die Bettelei, und der
Besitzer der bunten Bälle schüttelte sich vor Lachen, daß der
alte Mann eines Neugeborenen Vater sein sollte. Und nun mit

einemmal veränderte für den alten Joseph der ganze Platz sein Gesicht. Die Fahrzeuge schossen so bedrohlich und wild dahin, als hätten sie es darauf abgesehen, den alten Mann zur Strecke zu bringen, das metallene Spielzeug an den Ständen funkelte böse, und unter dem scharfen Knall der Büchsen sanken die hübschen Puppen an der Schießbude traurig hin.

Der alte Joseph fragte, was dies und jenes zu bedeuten habe, und er gewann den Eindruck, daß all die bunten Dinge Kriegsspielzeuge seien und daß die Menschen nichts anderes im Sinn hätten, als so schnell als möglich dahinzurasen und sich gegenseitig ein Leid anzutun. Er fragte nicht mehr, sondern setzte sich auf die Kirchentreppe, gerade neben einen großen Tannenbaum, der dort lehnte und der ebenso trotzig und ebenso einsam aussah wie er selbst. Und weil er es müde war, mit den Menschen zu sprechen, redete er den schwarzen Tannenbaum an.

Du hast einen schönen Stamm, sagte der alte Zimmermann.

Aber der Baum bewegte seine Zweige unwillig. Ich bin nicht meines Stammes wegen hier, sagte er. Ich bin ein Christbaum, der nicht verkauft worden ist. Ein überflüssiges Ding.

Bei diesen Worten horchte der alte Joseph auf und sah den Tannenbaum nachdenklich an. Ich weiß nicht, sagte er, warum du dich darüber grämst, kein Christbaum zu sein. Seit der Geburt des kleinen Jesus ist nichts besser geworden.

Der Baum wiegte seine Zweige bedenklich hin und her. Und dann erzählte er dem alten Joseph von den Wäldern des Nordens, aus denen er stammte. Er erzählte ihm von den wilden, trotzigen Seelen, die dort in der Weihnachtszeit wie ein zorniges Heer durch die Täler schweifen und die Weihnachtslieder in den Dörfern mit ihrem Gesang zu übertönen versuchen.

Und was geschieht ihnen? fragte der alte Joseph erschrocken.

Aber statt zu antworten, neigte der Baum seinen Wipfel, und als der alte Zimmermann ihm mit dem Blick folgte, sah er einen kleinen Knaben, der zwischen den nächtlichen dunklen Buden daherkam und gerade auf sie zu. Es war ohne Zweifel ein kleiner römischer Knabe, aber weil er nur ein kurzes weißes Kittelchen anhatte und überaus freundlich lächelte, hielt ihn der alte Joseph für das Jesuskind, und der Tannenbaum schien derselben Meinung zu sein.

Man sollte ihm etwas schenken, sagte er aufgeregt.

In diesem Augenblick fiel dem alten Joseph, der sich an diesem Abend schon an so viel erinnert hatte, noch etwas ein. Er sah sich selbst und Maria und Jesus in dem zerfallenen Stall in Bethlehem, über dem auch ein Nadelbaum stand. Auch dieser Baum hatte sprechen können, und auch dieser Baum hatte, wie die Palme und der Ölbaum, dem Kinde etwas schenken wollen. Aber er hatte es nicht gewagt, weil er finster, trotzig und stachlig war. Er hatte ganz steif dagestanden, und das Kind Jesus hatte zu ihm aufgeschaut und seine Arme zum Himmel erhoben. Es hatte eine Menge kleiner Sternchen aus dem Himmel herabgezogen und sie dem Baum übergehängt. Und damit war Licht im Stall gewesen, lauter strahlendes Licht.

Der heilige Joseph dachte an die alte Geschichte.

Wenn das wieder geschähe, dachte er. Wenn das wieder geschähe.

In diesem Augenblick begannen alle Glocken der großen

Stadt Rom zu läuten, und die elektrischen Straßenlaternen gingen aus.

Der alte Joseph dachte an die trotzigen, zornigen Seelen, die jetzt in den fernen Wäldern dahintreiben mußten, und an die großen Engel, die, wie er meinte, hier an die Glocken schlugen. Er fühlte, wie ihm das Wasser in die Augen stieg, und obwohl er sich darüber ärgerte, konnte er die Tränen doch nicht zurückhalten. Er sah das Kind vor dem Tannenbaum stehen und die Arme bewundernd erheben.

Und dann sah er in der plötzlichen Dunkelheit auch die glitzernden Sterne am Himmel, und weil seine Augen voll Tränen standen, schienen sie ihm herabzustürzen und mitten in den Zweigen des Tannenbaumes zu schweben. Er hörte wieder die Stimme, die von Honigquellen und Weinflüssen sprach, und war überzeugt davon, daß zwischen damals und heute nur wenig Zeit vergangen war, nur ein ganz unwesentlicher Bruchteil Zeit.

Ich bin ganz sicher, daß in diesem Augenblick der alte Joseph wieder auf die Knie sank. Ich glaube auch, daß er nun langsam wieder zu Holz wurde, aus dem er vor vielen Jahrhunderten geschnitzt worden war. Aber wie er zurück in die Krippenausstellung gekommen ist, das weiß ich nicht.

RAFIK SCHAMI
Die zweite Geburt Christi

Vor nicht allzu langer Zeit, sah Gott immer deutlicher, dass die Erde auf eine Katastrophe zusteuerte. Da er die Erde besonders liebte, dachte er, am besten wäre es, wenn Jesus noch einmal auf die Erde käme, um sie vielleicht diesmal zu retten. Nach demselben Verfahren, orientierte er sich an den herrschenden Imperien auf Erden. Damals war es das römische Reich gewesen und heute das westliche Weltimperium.

Aber wohin sollte er ihn schicken?

Am besten nach Europa, woher viel Gutes und Böses der neuen Zeit gekommen war. Und Jesus sollte im Herzen Europas zur Welt kommen. Er legte seinen Finger auf den Atlas und traf den kleinen bayrischen Ort Türk, bei Marzoll, nicht weit von Badreichenhall nahe der österreichisch-bayrischen Grenze. »Meinetwegen hier«, sagte er.

In einer verlassenen Scheune im tief verschneiten Bayern lag Jesus in einer Krippe, Maria und Joseph standen bei ihm. Maria ärgerte sich über die Kälte und den penetranten Gestank vom nahen Schlachthof, Josef ertrug alles geduldig. Doch bald nervten Kälte und Gestank auch den kleinen Jesus und er wünschte mediterrane Düfte, Licht und Wärme. Maria lächelte gerührt.

Plötzlich erhellte sich die Scheune und wurde so warm, dass die meterhohen Schneemassen vom Dach hinunter rutschten. Der Raum duftete nach Olivenöl, Thymian und Basilikum.

»Das kann er«, flüsterte Josef, und legte seinen Mantel auf einen Hocker. Es wurde ihm ziemlich warm.

Die Scheune strahlte so stark, dass ein armer Landstreicher aus der Ferne das Licht sah und tapfer durch den Schnee stampfend auf die Scheune ging.

Er schob vorsichtig die Tür auf und trat ein.

»Grüß Gott«, rief er und kam näher.

»Grüß dich«, erwiderte Jesus.

»Heilige Maria, Mutter Gottes! Das Baby spricht!«

»Ja, das kann er«, erwiderte Maria, nicht ahnend, dass die Anrede nicht sie persönlich meinte, sondern nur ein Ruf der Verwunderung war. Wäre der Mann aus Bayern gewesen, hätte er »Jessas Maria und Josef« gerufen, aber er stammte aus Mainz.

»Ihr schaut auch ausländisch aus. Woher kommt ihr?«

»Vom Himmel«, antwortete Josef.

»Ah! So, so!«, war das einzige, was der Landstreicher über die Zunge brachte.

»Habt ihr einen Schluck für mich?«

»Wasser, hier bitte!«, rief Josef und überreichte ihm seine Feldflasche.

»Er will einen Schnaps«, erklärte Jesus und wandte sich dem Landstreicher zu, »trink, es ist Schnaps!«

Der Mann mit den zerzausten Haaren nahm einen Schluck. Er hustete, »Was issen des?«, fragte er und wischte seinen Mund mit seinem Ärmel.

»Arak, sechzigprozentiger«, antwortete das Baby.

»Ihr sprecht eine merkwürdige Sprache, auch das Baby, und trotzdem verstehe ich euch. Was ist das für eine Sprache?« Er versuchte mit den Fremden gepflegtes Deutsch zu sprechen.

»Das ist Aramäisch, unsere Sprache. Aber wir sprechen alle Sprachen der Erde und trotzdem will uns keiner verstehen«, antwortete Maria. Jesus nickte dazu.

»Ich will auch Armenisch sprechen«, sagte der Landstreicher.

»Aramäisch, Aramäisch heißt sie, und ab jetzt kannst auch du das. Wie heißt du?«, sagte Jesus.

»Ich? Georg und ich war mal ein glücklicher Zimmermann, bis sich die Leute in den Beton verliebten.«

»Ach, ein Kollege«, sagte Josef freudig.

Georg, der Landstreicher, verstand alles und wunderte sich nur ein bisschen über den so anderen Klang.

»Und weshalb seid ihr gekommen?«

»Jesus sollte die Erde retten«, antwortete Maria nicht ohne Stolz.

»Ich wäre nur froh, wenn es bei dieser Mission ohne Kreuzigung geht«, sagte das Baby leise, als spräche es mit sich selbst.

*

Drei Ausländer stampften im Schnee.

Caspar, ein dunkelhäutiger Perser, seine Mutter Afrikanerin, Melchior, ein Rumäne, seine Mutter Italienerin und Balthasar, ein Kurde aus Syrien, dessen Vorfahren aus China stammten.

Sie kamen aus Österreich bis zum neu errichteten Schlagbaum. Ein Polizist winkte sie zu sich: »Na, feiert ihr Karneval?«

»Nein, nein«, erwiderte Melchior, »das sind unsere ... Nationaltrachten ... Alltagskleider der Sterndeuter.«

»Ach so, du bist also echt schwarz«, fragte der Polizist ungläubig, weil die drei sehr gutes Deutsch sprachen. Er rieb mit seiner Hand an Caspars Gesicht, »echt wie Kohle«, sagte er, als er seine blanken Finger betrachtete, »und wohin des Weges Brüder?«, seine Stimme triefte vor Ironie.

»Wir wollen zum König der Herrlichkeit gehen«, riefen die drei Könige im Chor, »er ist bereits geboren, und der Stern führt uns zu ihm.«

»Der Stern? Ach so? Seid ihr Journalisten?«, fragte er etwas unsicher.

Die drei schüttelten den Kopf, »Wir sind die weisen Sterndeuter, im Volksmund manchmal Könige genannt.«

»Sonst noch was? Name!«

»Balthasar... Melchior...Kasper«, riefen die Könige durcheinander.

»Und wohin wollen die Herren?«

»Wir wollen zum König der Welten. Und dieser Stern da oben leitet uns den Weg«, rief Balthasar etwas ungeduldig und zeigte auf den Stern mit dem langen Schweif am dunklen Himmel.«

Der Polizist schaute nach oben und sah den sonderbaren Stern. »Mit einer Drohne auch noch«, flüsterte er. Die drei Könige verstanden nicht, wie ein erwachsener Mensch einen Stern für eine männliche Biene hält.

»Pässe«, rief der Polizist.

Die Sterndeuter schauten einander verdutzt an. Denn sie hatten bis jetzt noch nie Pässe gebraucht. Melchior aber beruhigte sie. Er war ein hervorragender Zauberer. Im Nu überreichte er dem Polizisten drei Pässe. »Hier«, sagt er. Dieser blätterte in den Pässen herum, fand aber nirgends ein Visum. Er schaute die drei misstrauisch an, »Kommen Sie bitte mit hier herein«, sagte er und dachte an seinen Kollegen Hans Ritter, der berühmt für seine Kreuzverhöre war, so berühmt, dass seine Kollegen ihn »Kreuzritter«, nannten.

*

»Mama«, rief Jesus besorgt, »Ich höre Kreuz.«
»Mach dir keine Sorge«, sagte Maria und streichelte ihm das Gesicht. Sie dachte, der Schrecken und der Schmerz von damals sitzen dem Jungen noch in den Knochen.

*

Das Kreuzverhör dauerte eine halbe Stunde, doch die Polizisten kamen nicht weiter. Weihrauch und Myrre ließen sie noch durchgehen, aber die Goldmünzen im Kästchen des dritten Fremden waren mehr als verdächtig.

Sie beschlossen sich naiv zu stellen, und da sie sich an dieser Stelle der Grenze langweilten, und die Fremden als willkommene Ablenkung sahen, und die drei sich im Verhör mit verrückten, aber unterhaltsamen Antworten abschirmten, denen allerdings zu misstrauen war, wollten sie den drei Verdächtigen einfach nachgehen.

»Also, meine Herren, wir wünschen eine gute Reise zu Ihrem Herrn der Welten.«

»Danke«, antwortete Melchior.

»Endlich«, flüsterten Balthasar und Kaspar.

Sie stampften in den Schnee und warfen zwischendurch einen Blick zum Stern hinauf.

Vier bewaffnete Polizisten folgten ihnen unauffällig bis zur Scheune.

Jesus freute sich und lachte den Königen entgegen. Der betrunkene Georg lallte auf Aramäisch: »Das ist ja Karneval!«

Die drei Könige knieten sich vor der Krippe nieder und streckten ihre Hände mit den Geschenken aus. Josef sammelte sie ein.

»Wie damals« flüsterte Maria.

Die drei Könige sangen ihr Lied:

Wir kommen daher aus dem Morgenland,
wir kommen geführt von Gottes Hand.
Wir wünschen euch ein fröhliches Jahr:
Kaspar, Melchior und Balthasar.

Es führt uns der Stern zur Krippe hin,
wir grüßen dich Jesus mit frommem Sinn.
Wir bringen dir unsre Gaben dar:
Weihrauch, Myrrhe und Gold fürwahr.

*

Die alte Tür der Scheune krachte zu Boden, vier Polizisten mit gezückten Waffen stürmten herein, »Keine Bewegung«, rief der Kreuzverhörer und wusste nicht, wohin er seine Pistole richten sollte.

»Nein«, schrie Jesus, »das fängt ja schrecklich an. Ich will nicht mehr!«

Urplötzlich war es dunkel in der Scheune und eiskalt und es stank penetrant nach Schlachthof. Ein Polizist schaltete schnell seinen starken Handscheinwerfer ein und alle staunten über den einsamen Landstreicher, der mitten in der leeren Scheune hockte und glücklich vor sich hin lallte.

WAS WAR DAS FÜR EIN FEST?

ALEXANDROS PAPADIAMANTIS
Geschenke auf Schwingen

Ein Engel Gottes, dem die Welt der Berechnungen und Begierden fremd war, stieg am letzten Tag des Jahres aus den Höhen herab, schlug seine Flügel zusammen und verbarg sie. Er brachte den Bewohnern der Hauptstadt, deren Schutzengel er war, Geschenke mit aus dem Reich des Herrn.

In der Hand hielt er einen Stern, aus seiner Brust pulsierte Leben und Kraft, und seinem Mund entstieg der Odem göttlichen Seelenfriedens. Diese drei Geschenke wollte er all denen überreichen, die sie willig entgegennähmen.

Zuerst ging er in ein herrschaftliches Haus. Dort sah er die Lüge und Scheinheiligkeit, den Stumpfsinn und Leerlauf des Lebens, wie sie dem Mann und der Frau ins Gesicht geschrieben waren, und er hörte die beiden Sprößlinge Worte in einer unbekannten Sprache stammeln. Der Engel mit seinen drei Himmelsgeschenken machte sich eilends fort.

Er kam zur Hütte des Armen. Der Mann verbrachte seine Abende im Wirtshaus. Die Frau mühte sich ab, fünf Kinder mit einem Bissen trockenen Brotes zum Schlafen zu bringen und verfluchte den Tag, an dem sie sich verehelicht hatte. Um Mitternacht kam das Gespons zurück; von dem aufgebrachten Weibe übel beschimpft, schlug er mit einem knorrigen Stock auf sie ein, und nicht viel später legten sich beide ohne Nachtgebet schlafen und schnarchten bald laut und schwer. Der Engel machte sich fort.

Er betrat ein großes, festlich erleuchtetes Gebäude. Dort

gab es viele Zimmer mit Tischen, über die Menschen sich beugten und kartenspielend ohn' Unterlaß Geld zählten. Sie sahen fahl und trübsinnig aus, waren jedoch mit Herz und Seele bei der Sache. Der Engel schlug seine Flügel vors Gesicht, um nichts mehr sehen zu müssen, und lief rasch davon.

Auf der Straße traf er viele Menschen, die schwer vom Wein aus den Schenken kamen, andere, schlimmer betrunken, aus den Spielhöllen. Er sah die einen, wie sie sich unschicklich benahmen, die anderen, wie sie dem heiligen Basilius, dessen Festtag anstand, mit Lästerworten die Schuld zuschoben. Der Engel bedeckte die Ohren mit den Flügeln, um nichts mehr hören zu müssen, und ging vorbei.

Schon brach der erste Tag des neuen Jahres an, und trostsuchend betrat der Engel eine Kirche. Direkt am Tor sah er Menschen Münzen zählen, einzig, daß sie keine Spielkarten in den Händen hielten; und im Hintergrund erblickte er eine goldgeschmückte Gestalt, die trug eine Mitra auf dem Kopf wie ein persischer Satrap aus der Zeit des Großkönigs Dareios und gebärdete sich geziert und gespreizt. Rechts und links sangen ein paar Leute mit gekünstelter Stimme: *Sehet den Bischof, den Hohenpriester!*

Der Engel fand keinen Trost. Er nahm die auf Schwingen mitgeführten Geschenke – den Stern, dazu bestimmt, der Menschen Geist zu erhellen, den Odem, der in der Lage war, Seelen Linderung zu bringen, und das Leben, dafür geschaffen, in der Menschen Herzen zu schlagen, spannte seine Flügel auf und kehrte heim in die himmlischen Höhen.

Was war das für ein Fest?

Der kleine Junge hockte auf dem Fußboden und kramte in einer alten Schachtel, aus der er einiges zutage förderte, ein paar Röllchen schmutzige Nähseide, ein verbogenes Wägelchen und einen silbernen Stern. Was ist das? fragte er und hielt den Stern hoch in die Luft. Die Küchenmaschinen surrten, der Fernsehapparat gab Männergeschrei und Schüsse von sich, vor dem großen Fenster bewegten sich die kleinen Stadthubschrauber vorsichtig auf und ab. Der Junge stand auf und ging unter die Neonröhre, um den Stern, der aus einer Art von Glaswolle bestand, genau zu betrachten.

Was ist das? fragte er noch einmal. Entschuldige, sagte die Mutter am Telefon, das Kind plagt mich, ich rufe dich später noch einmal an. Damit legte sie den Hörer hin, schaute herüber und sagte: Das ist ein Stern. Sterne sind rund, sagte der kleine Junge. Zeig mal, sagte die Mutter und nahm dem Jungen den Stern aus der Hand. Es ist ein Weihnachtsstern, sagte sie. Ein was? fragte das Kind. Jetzt hab' ich es satt, schrie der Mann auf der Fernsehscheibe, und warf seinen Revolver in den Spiegel, was beträchtlichen Lärm verursachte. Die Mutter drückte auf eine Taste, der Lärm hörte auf und das Bild erlosch.

Etwas von früher, sagte sie in die Stille hinein. Von einem Fest. Was war das für ein Fest? fragte der kleine Junge. Ein langweiliges, sagte die Mutter schnell. Die ganze Familie stand in der Wohnstube um einen Baum herum und sang

Lieder, oder die Lieder kamen aus dem Fernsehen, und die ganze Familie hörte zu. Wieso um einen Baum? sagte der kleine Junge, der wächst doch nicht im Zimmer. Doch, sagte die Mutter, das tat er, an einem bestimmten Tag im Jahr. Es war eine Tanne, die man mit brennenden Lichtern oder mit kleinen bunten Glühbirnen besteckte und an deren Zweige man bunte Kugeln und glitzernde Ketten hängte. Das kann nicht wahr sein, sagte das Kind. Doch, sagte die Mutter, und an der Spitze des Baumes befestigte man den Stern. Er sollte an den Stern erinnern, dem die Hirten nachgingen, bis sie den kleinen Jesus in seiner Krippe fanden. Den kleinen Jesus, sagte das Kind aufgebracht, was soll denn das nun wieder sein?

Das erzähle ich dir ein andermal, sagte die Mutter, die sich an die alte Geschichte erinnerte, aber nicht genau. Der Junge wollte aber von den Hirten und der Krippe gar nichts hören. Er interessierte sich nur für den Baum, der im Zimmer wuchs und den man verrückterweise mit brennenden Lichtern oder mit kleinen Glühbirnen besteckt hatte. Das muß doch ein schönes Fest gewesen sein, sagte er nach einer Weile.

Nein, sagte die Mutter heftig. Es war langweilig. Alle hatten Angst davor und waren froh, wenn es vorüber war. Sie konnten den Tag nicht abwarten, an dem sie dem Weihnachtsbaum seinen Schmuck wieder abnehmen und ihn vor die Tür stellen konnten, dürr und nackt. Und damit streckte sie ihre Hand nach den Tasten des Fernsehapparates aus. Jetzt kommen die Marspiloten, sagte sie. Ich will aber die Marspiloten nicht sehen, sagte der Junge. Ich will einen Baum und ich will wissen, was mit dem kleinen Sowieso war. Es war, sagte die Mutter ganz unwillkürlich, zur Zeit des Kaisers Augustus, als alle Welt geschätzet wurde.

Aber dann erschrak sie und war wieder still. Sollte das alles noch einmal von vorne anfangen, zuerst die Hoffnung und die Liebe und dann die Gleichgültigkeit und die Angst? Zuerst die Freude und dann die Unfähigkeit sich zu freuen und das Sichloskaufen von der Schuld? Nein, dachte sie, ach nein. Und damit öffnete sie den Deckel des Müllschluckers und gab ihrem Sohn den Stern in die Hand. Sieh einmal, sagte sie, wie alt er schon ist, wie unansehnlich und vergilbt. Du darfst ihn hinunterwerfen und aufpassen, wie lange du ihn noch siehst. Das Kind gab sich dem neuen Spiel mit Eifer hin.

Es warf den Stern in die Röhre und lachte, als er verschwand. Aber als es draußen an der Wohnungstür geklingelt hatte und die Mutter hinausgegangen war und wiederkam, stand das Kind wie vorher über den Müllschlucker gebeugt. Ich sehe ihn immer noch, flüsterte es, er glitzert, er ist immer noch da.

QUELLENVERZEICHNIS

Hans Christian Andersen (1805-1875)
Der Tannenbaum, S. 88
Aus: H. C. Andersen, Märchen. Übersetzt von Mathilde Mann © Insel Verlag Leipzig 1909.

Elizabeth von Arnim (1866-1941)
Weihnachten in einem bayrischen Dorf, S. 268
Aus: Elizabeth von Arnim, Weihnachten. Ausgewählt und übersetzt von Angelika Beck. © Insel Verlag Frankfurt am Main und Leipzig 2000.

Thomas Bernhard (1931-1989)
Von sieben Tannen und vom Schnee … Eine märchenhafte Weihnachtsgeschichte, S. 115
Aus: Thomas Bernhard, Werke. Band 14: Erzählungen. Kurzprosa. Herausgegeben von Hans Höller, Martin Huber und Manfred Mittermayer. © Suhrkamp Verlag Frankfurt am Main 2003.

Walter Benjamin (1892-1940)
Ein Weihnachtsengel, S. 11
Aus: Walter Benjamin, Berliner Kindheit um neunzehnhundert. © Suhrkamp Verlag Frankfurt am Main 1987.

Peter Bichsel (*1935)
24. Dezember, S. 45
Aus: Peter Bichsel, Zur Stadt Paris, Geschichten. © Suhrkamp Verlag Frankfurt am Main 1995.

Bertolt Brecht (1898-1956)
Das Paket des lieben Gottes, S. 120

Aus: Bertolt Brecht, Ausgewählte Werke in sechs Bänden, Band V.
© Suhrkamp Verlag Frankfurt am Main 1997.

Alex Capus (*1961)
Lone Ranger, S. 161
Aus: Mein Weihnachtsbild. Herausgegeben von Gesine Dammel.
© Alex Capus. Abdruck mit freundlicher Genehmigung des Autors.

Marie von Ebner-Eschenbach (1830-1916)
Das Weihnachtsfest war nahe, S. 283
Aus: Marie von Ebner-Eschenbach, Erzählungen. Autobiographische
Schriften. Winkler Verlag, München 1958.

Hans Fallada (1893-1947)
Bei uns war es am allerschönsten, S. 259
Aus: Hans Fallada, Damals bei uns daheim. Erlebtes, Erfahrenes, Er-
fundenes. Aufbau Verlag GmbH & Co. KG, Berlin, 1977, 2011.

Marieluise Fleißer (1901-1974)
Als wir noch auf das Christkind warteten, S. 50
Aus: Marieluise Fleißer, Gesammelte Werke. Vierter Band: Aus dem
Nachlaß. Herausgegeben von Günther Rühle in Zusammenarbeit mit
Eva Pfister. © Suhrkamp Verlag Frankfurt am Main 1989.

Peter Härtling (1933-2017)
»Es hätte sehr feierlich sein können«, S. 223
Aus: Peter Härtling, Werke. Band 7. Herausgegeben von Klaus Sib-
lewski. © 1997, Verlag Kiepenheuer & Witsch GmbH & Co. KG, Köln.

Peter Handke (*1942)
Lebensbeschreibung, S. 200
Aus: Peter Handke, Begrüßung des Aufsichtsrats. © Suhrkamp Ver-
lag Frankfurt am Main 1981.

O. Henry (1862-1910)
Das Geschenk der Weisen, S. 107
Aus dem Englischen von Eva Demski. © Insel Verlag Berlin 2018.

Hermann Hesse (1877-1962)
Schaufenster vor Weihnachten, S. 33
Aus: Hermann Hesse, In Weihnachtszeiten. Betrachtungen, Gedichte und Aquarelle des Verfassers. Ausgewählt und mit einem Nachwort versehen von Volker Michels. Insel Verlag Frankfurt am Main und Leipzig 2001. © Suhrkamp Verlag Frankfurt am Main.

E. T. A. Hoffmann (1776-1822)
Der Weihnachtsabend, S. 234
Auszug aus: E. T. A. Hoffmann, Nußknacker und Mausekönig, in: E. T. A. Hoffmann, Werke, Band 2. Insel Verlag Frankfurt am Main 1967.

Richard Hughes (1900-1976)
Der Weihnachtsbaum, S. 86
Aus: Richard Hughes, Das Walfischheim. Märchen. Übertragung von Käthe Rosenberg. © Suhrkamp Verlag Frankfurt am Main 1953.

Erich Kästner (1899-1974)
Ein Kind hat Kummer, S. 218
Aus: Erich Kästner, Als ich ein kleiner Junge war. © Atrium Verlag AG, Zürich 1957 und Thomas Kästner.

Marie Luise Kaschnitz (1901-1974)
Wenn's wieder geschähe – wie vor langer Zeit, S. 301
Was war das für ein Fest?, S. 319
Aus: Marie Luise Kaschnitz, Gesammelte Werke in sieben Bänden. Herausgegeben von Christian Büttrich und Norbert Miller. Band 4: Die Erzählungen. © 1983 Insel Verlag Frankfurt am Main.

Nikos Kazantzakis (1883-1957)
Weihnacht mit Sorbas, S. 251
Aus: Nikos Kazantzakis, Alexis Sorbas. Aus dem Neugriechischen
von Alexander Steinmetz, überarbeitet von Isidora Rosenthal-Kama-
rinea. © 1982 by Langen Müller in der F. A. Herbig Verlagsbuchhandlung GmbH, München. Mit freundlicher Genehmigung des Langen
Müller Verlags GmbH, München.

Heinrich von Kleist (1777-1811)
Weihnachtsausstellung, S. 40
Aus: Heinrich von Kleist, Berliner Abendblätter. In: Heinrich von
Kleist, Sämtliche Werke. Brandenburger Ausgabe. Band II/7. Verlag
Stroemfeld/Roter Stern, Frankfurt am Main, Basel 1997.

Siegfried Kracauer (1889-1966)
Weihnachtlicher Budenzauber, S. 21
Aus: Siegfried Kracauer, Straßen in Berlin und anderswo. © Suhr-
kamp Verlag Frankfurt am Main 1964.

Karl Krolow (1915-1999)
Eine Weihnachtserinnerung, die ich nicht vergaß, S. 277
Aus: Geschichten vom Christkind und vom Weihnachtsmann. Aus-
gewählt von Peter Wenzel. Insel Verlag Frankfurt am Main und
Leipzig 2003. © Peter Krolow. Abdruck mit freundlicher Genehmi-
gung.

Manfred Kyber (1880-1933)
Der kleine Tannenbaum, S. 67
Aus: Manfred Kyber, Gesammelte Märchen. Christian Wegner Ver-
lag, Hamburg 1949.

Selma Lagerlöf (1858-1940)
Großmutters Weihnachtsgeschichte, S. 57
Auszug aus: Die heilige Nacht. Übersetzt von Marie Franzos. Nym-

phenburger in der F. A. Herbig Verlagsbuchhandlung GmbH, München 1948.

Else Lasker-Schüler (1869-1945)
Der Weihnachtsbaum, S. 100
Aus: Else Lasker-Schüler, Gesammelte Werke in drei Bänden. Band 3.
© Suhrkamp Verlag Frankfurt am Main 1996.

Root Leeb (*1955)
Karussell, S. 17
Originalbeitrag. © Root Leeb. Abdruck mit freundlicher Genehmigung der Autorin.

Ludwig Marcuse (1894-1971)
Weihnachten ist Sichverlieben, S. 105
Aus: Ludwig Marcuse, Mein zwanzigstes Jahrhundert. Copyright © 1975 Diogenes Verlag AG Zürich.

Thomas Meinecke (*1955)
Fünfmal werden wir noch wach, S. 15
Aus: Thomas Meinecke, Mit der Kirche ums Dorf. Kurzgeschichten.
© Suhrkamp Verlag Frankfurt am Main 1986.

Paul Nizon (*1929)
Die weißen Strümpfe, S. 62
Aus: Paul Nizon, Aber wo ist das Leben, Ein Lesebuch. © Suhrkamp Verlag Frankfurt am Main 1983.

Sheila O'Flanagan (*1958)
Luftgitarre unterm Weihnachtsbaum, S. 134
Aus: Sheila O'Flanagan, Das kleine Glück am Weihnachtsabend. Aus dem Englischen von Susann Urban. © Insel Verlag Berlin 2019.

Alexandros Papadiamantis (1851-1911)
Geschenke auf Schwingen, S. 317
Aus dem Griechischen von Andrea Schellinger.
Aus: Weihnachtsüberraschungen. Ausgewählt von Gesine Dammel.
Insel Verlag Frankfurt am Main und Leipzig 2004. Für die deutsche
Übersetzung: © Andrea Schellinger. Abdruck mit freundlicher Ge-
nehmigung der Übersetzerin.

Alfred Polgar (1873-1955)
Der Maronibrater, S. 30
Aus: Alfred Polgar, Kreislauf. Kleine Schriften, Band 2. © 1982, Ro-
wohlt Verlag GmbH, Hamburg.

Ernst Penzoldt (1892-1955)
Der Mann, der dabei war, S. 171
Aus: Ernst Penzoldt, Die Liebende und andere Prosa aus dem Nach-
laß. © Suhrkamp Verlag Frankfurt am Main 1958.

Doron Rabinovici (*1961)
Lichtspiele, S. 125
Aus: Der 24. Dezember. Neue Weihnachtsgeschichten. Herausgege-
ben von Susanne Gretter. Suhrkamp Verlag Berlin 2011. © Doron
Rabinovici. Abdruck mit freundlicher Genehmigung des Autors.

Joachim Ringelnatz (1883-1934)
Weihnachtserinnerungen, S. 232
Aus: Weihnachtserinnerungen. In: Weihnachten mit Ringelnatz.
Diogenes Verlag, Zürich 2009.

Rafik Schami (*1946)
Die zweite Geburt Christi, S. 307
Originaltitel. © Rafik Schami. Abdruck mit freundlicher Genehmi-
gung des Autors.

Wilhelm Schmid (*1955)
Wozu Weihnachten?, S. 13
Aus: Wilhelm Schmid, Die Kunst der Balance. 100 Facetten der Lebenskunst. © Insel Verlag Frankfurt am Main und Leipzig 2005.

Jules Supervielle (1884-1960)
Ochs und Esel bei der Krippe, S. 175
Aus: Jules Supervielle, Ochs und Esel bei der Krippe. Übertragen von Gustav Rademacher. © Insel Verlag Frankfurt am Main 1961.

Uwe Tellkamp (*1968)
Wer hat den schönsten Weihnachtsbaum?, S. 71
Aus: Uwe Tellkamp, Der Turm. Geschichte aus einem versunkenen Land. Roman. © Suhrkamp Verlag Frankfurt am Main 2008.

Ludwig Thoma (1867-1921)
Der Christabend, S. 246
Aus: Ludwig Thoma, Gesammelte Werke. Band IV. Piper Verlag, München 1956.

Dylan Thomas (1914-1953)
Weihnachten in meiner Kindheit, S. 287
Aus dem Englischen von Eike Schönfeld. © Insel Verlag Berlin 2019.

Ludwig Tieck (1773-1853)
Weihnachtsmarkt in Berlin, S. 25
Aus: Ludwig Tieck, Weihnacht-Abend. Mit einem Nachwort von Uwe Schweikert. Insel Verlag Frankfurt am Main und Leipzig 2002.

Felix Timmermans (1886-1947)
Sankt Nikolaus in Not, S. 205
Aus: Felix Timmermans, Der Heilige der kleinen Dinge und andere Erzählungen, Jubiläumsausgabe, Band IV. © Insel Verlag Frankfurt am Main 1974.

Eleni Torossi (*1947)
Der Weihnachtsbaum meiner Kindheit, S. 82
Aus: Weihnachtsüberraschungen. Geschichten. Ausgewählt von
Gesine Dammel. Insel Verlag Frankfurt am Main und Leipzig 2004.
© Eleni Torossi. Abdruck mit freundlicher Genehmigung der Auto-
rin.

Karl Heinrich Waggerl (1897-1973)
Worüber das Christkind lächeln musste, S. 197
Aus: Karl Heinrich Waggerl, Sämtliche Weihnachtserzählungen.
© Otto Müller Verlag, 3. Auflage, Salzburg 2017.

Robert Walser (1878-1956)
Zwei Weihnachtsaufsätzchen, S. 274
Aus: Robert Walser, Sämtliche Werke in Einzelausgaben. Band 19.
© Suhrkamp Verlag Zürich 1978 und 1985.

Es begab sich aber zu der Zeit (Lukas 2, 1-16), S. 167;
Da Jesus geboren war (Matthäus 2, 1-16), S. 169
Aus: Die Bibel. Altes und Neues Testament. Elberfelder Übersetzung,
revidierte Fassung. Voltmedia GmbH, Paderborn 2005. Sonderaus-
gabe mit freundlicher Genehmigung des R. Brockhaus Verlags, Wup-
pertal.

Stille Nacht, Zaubernacht

Weihnachten ist die Zeit der Wunder. Das größte aller Wunder feiern wir Jahr für Jahr. In der Weihnachtszeit geschehen aber auch andere Wunder, kleine und nicht ganz so kleine: Wunder der Freundschaft und Freundlichkeit, Wunder der Liebe, Wunder, die man nicht erklären kann, und Wunder, die keiner Erklärung bedürfen. Die schönsten dieser Wunder sind hier versammelt: Erzählungen über einen zauberschönen Tag, an dem mit einem Mal sich alles zum Besseren wenden kann.

Mit Geschichten von Thomas Bernhard, Bertolt Brecht, Truman Capote, Axel Hacke, Marie Luise Kaschnitz, Erich Kästner, Alexander Kluge, Siegfried Lenz, Paul Maar, Carson McCullers, Eugen Roth, Patrick Roth, William Saroyan, Urs Widmer, Barbara Wood und vielen anderen.

Die Wunder zu Weihnachten. Geschichten, die glücklich machen. Herausgegeben von Clara Paul. insel taschenbuch 4401. 235 Seiten

NF 337/1/7.16

»Ach, wie schön war das damals ...«

Weihnachten,
so schön, wie es
früher einmal war

Weiße Weihnachten mit fröhlichen Rodelpartien, ein bunt geschmückter Weihnachtsbaum voller Süßigkeiten und Lametta, das
Haus erfüllt vom Duft nach warmen Plätzchen und nach Tannennadeln – und knisternde Spannung, während wir auf das Christkind warteten ...
Alle Jahre wieder werden an den Weihnachtstagen auch Erinnerungen an frühere Feste wach und wie schön es damals war. Davon erzählen auch die Autorinnen und Autoren dieses Bandes:
Joachim Ringelnatz, Marie Luise Kaschnitz, Walter Benjamin,
Joseph Roth, Hanns-Josef Ortheil u. v. a.

Weihnachten, so schön, wie es früher einmal war. Die
schönsten Geschichten. Ausgewählt von Gesine Dammel. insel
taschenbuch 4667. 157 Seiten.

NF 414/1/10.18

Das Vorlesebuch für die schönste Zeit des Jahres

Weihnachtszeit ist Vorlesezeit. Die schönsten Advents- und Weihnachtsgeschichten zum Vorlesen für die ganze Familie präsentiert dieser Band: Heiteres und Besinnliches, Klassisches und Moderndes für Jung und Alt.

Von den Weihnachtsfesten ihrer Kindheit, von einer geheimnisvollen Weihnachtsverdoppelung, von einer schönen Bescherung am Heiligen Abend und dass die Suche nach dem passenden Geschenk nicht immer einfach ist, davon erzählen in diesem Band Walter Benjamin, Marie von Ebner-Eschenbach, David Henry Wilson, Paul Maar, Erich Kästner, Elizabeth von Arnim, Ludwig Thoma, Marie Luise Kaschnitz, Martin Suter u. v. a.

Die schönsten Weihnachtsgeschichten zum Vorlesen.
Ausgewählt von Gesine Dammel. insel taschenbuch 4180.
179 Seiten

NF 210/1/07.14